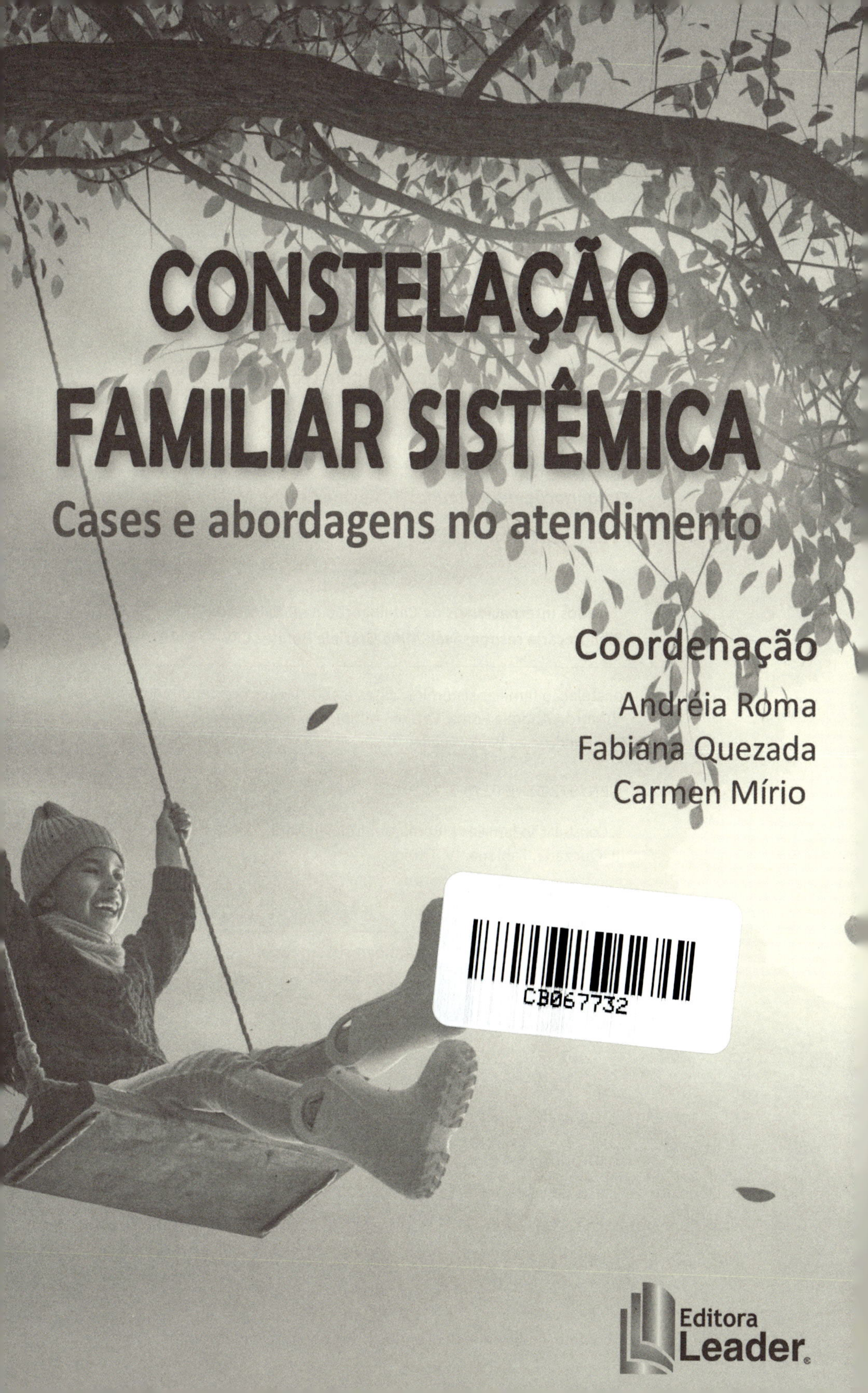

CONSTELAÇÃO FAMILIAR SISTÊMICA

Cases e abordagens no atendimento

Coordenação

Andréia Roma
Fabiana Quezada
Carmen Mírio

Copyright© 2020 by Editora Leader
Todos os direitos da primeira edição são reservados à Editora Leader

Os artigos publicados nesta obra refletem a experiência e o pensamento de cada coautor, não havendo necessariamente relação direta ou indireta, de aceitação ou concordância, com as opiniões ou posições dos demais convidados.

Diretora de projetos:	Andréia Roma
Revisão:	Editora Leader
Capa:	Editora Leader
Projeto gráfico e editoração:	Editora Leader
Livrarias e distribuidores:	Liliana Araújo
Atendimento:	Rosângela Barbosa
Organização de conteúdo:	Tauane Cezar e Milena Mafra
Diretor financeiro:	Alessandro Roma

Dados Internacionais de Catalogação na Publicação (CIP)
Bibliotecária responsável: Aline Graziele Benitez CRB-1/3129

C342   Constelação familiar sistêmica: cases e abordagens no atendimento/
        [Coord.] Andréia Roma, Carmen Mírio, Fabiana Quezada.
1. ed.   1.ed. – São Paulo: Leader, 2020.

ISBN: 978-65-990178-2-7

1. Constelação familiar. I. Roma, Andréia. II. Mírio, Carmen
III. Quezada, Fabiana. IV. Título.

CDD 158.1

Índices para catálogo sistemático:
1. Constelação familiar

2020
Editora Leader Ltda.

Escritório 1:
Depósito de Livros da Editora Leader
Rua Eratóstenes Azevedo, 204
Jd. São José – São Paulo – SP – 02969-090

Escritório 2:
Av. Paulista, 726 – 13° andar, conj. 1303
São Paulo – SP – 01310-100

Contatos:
Tel.: (11) 3991-6136
contato@editoraleader.com.br | www.editoraleader.com.br

Agradecimento

Cada projeto finalizado por nós, da Editora Leader, é motivo de orgulho e satisfação porque, além de compartilharmos conhecimento, estamos contribuindo para o desenvolvimento pessoal e profissional de milhares de leitores Brasil afora.

O conceito que nos guia é o da inovação e de levar temas atuais a nossos leitores, o que só é possível graças aos profissionais que participam de nossas obras. Assim, quero agradecer especialmente a Fabiana Quezada, advogada, empreendedora e palestrante, e Carmen Mírio, terapeuta, advogada e jornalista, que assinam a coordenação a meu lado. Duas mulheres competentes e dedicadas que acreditaram na importância deste projeto.

Este *Constelação Familiar Sistêmica: cases e abordagens no atendimento* conta com a participação de 26 coautores, a quem agradeço por participarem com sua expertise em temas que afetam todas as pessoas, como sucesso profissional e financeiro, área afetiva, crianças e adolescentes, abuso sexual, o trabalho sistêmico na advocacia, microfisioterapia, relacionamentos, abortos, estupro, luto, entre outros.

Agradeço à consteladora formadora e psicoterapeuta integrativa Liane Pinto, pois juntas preparamos o prólogo que dá uma visão bastante didática sobre as Constelações. Ela também assina o primeiro capítulo, "A cura de um é a cura de todos. Amar é uma escolha transformadora. O olhar amoroso cura – o amor é pura sanação".

Quero agradecer também a Lubélia de Paula, especialista em Constelação Familiar e Empresarial pelo apoio e indicações concedidas para a realização desse projeto.

Meus sinceros agradecimentos ainda a Andrea Emboaba, Beatriz de Paula Porto, Deise Vanessa Peixoto de Carvalho, Glória Esther Gomes, Gustavo Oliveira Lima, Janice Grave Pestana Barbosa, Jocelene de Oliveira Barradas, Juliana Carlos Leite, Leomar Meith, Maiara Cristina Peguin Bellaver, Mara Fernandes, Marcelo Cardoso, Marcelo U. Syring, Márcia Rodrigues Daian, Marco Meda, Josi Meda, Maria Angélica Schlickmann Pereira Hayar, Elaine Sayuri Itikawa, Adriano Toshio Miura, Oliria Mattos e Washington Luiz A. Santos.

Agradeço a todos vocês, coautores, que colaboraram para podermos revelar como essa metodologia intervém sobre um tema específico para que se reconheçam as razões que levaram ao desequilíbrio familiar e que reflete nas dificuldades enfrentadas pelos constelados. Através do conteúdo produzido por nossos coautores você descobrirá como, por meio das Constelações, se poderá organizar o que estava fora do lugar, sempre com um olhar amoroso sobre a história daquela família.

Agradeço a todos que colaboraram para a realização de mais este projeto e, também, a Deus, pela graça de encontrar tantas pessoas de valor para compartilhar conhecimento que faz a diferença na vida de muitas outras.

Afinal, um livro muda tudo!

Andréia Roma

CEO da Editora Leader e
Diretora de Projetos

Mitos e verdades

O que significa constelação?

A Constelação Familiar é uma intervenção pontual sobre um tema específico nominado pelo cliente ou não (campo de informações trabalhará o assunto emergente mais importante no momento). Permite reconhecer os motivos que possam ter ocasionado o desequilíbrio no sistema familiar que repercute na queixa do constelado.

Através desse trabalho revelam-se as dinâmicas ocultas de uma família, sendo possível identificar acontecimentos que, mesmo desconhecidos, podem acarretar questões importantes para uma pessoa. Frequentemente têm origem em fidelidades familiares a membros ancestrais do sistema familiar, em nome de um amor arcaico.

O olhar amoroso sobre a história com consciência e aceitação pode trazer transformações inacreditáveis na medida que incluímos o que antes estava impossibilitado de ser visto.

Por que este nome?

O termo constelação familiar foi a melhor tradução possível para a língua portuguesa da palavra original em alemão

*"Familien**stellen**"* (*"Familien**stellen**"*: Onde *"Familien"* = família; ***"stelle"*** = estrela; *"stellen"* = fonecer; *"Familienstellen"* = serviços à família, ou em livre interpretação: visão global para prestar serviços à família – que também poderia ser traduzido por "colocação familiar". Historicamente sabe-se que nos Estados Unidos o nome foi adaptado para *"Family Constelations"*, mais palatável que a tradução ao pé da letra.

Quais benefícios de ser constelado?

Promover a organização do que antes estava "fora do lugar" na vida pessoal e no sistema familiar. Quando temos a oportunidade de incluir os ancestrais não vistos ou os excluídos promove-se uma cura ou harmonização que reverbera na linha de tempo e alcança muito além de nós. Constelar é colocar em movimento o que antes estava engessado no sistema familiar, é liberar-se de amarras, trazer um novo olhar para a vida e escolher viver em plenitude. Você se cura, cura o seu sistema e abre a possibilidade de curar aqueles que estão próximos de você através da ressonância.

Por que eu tenho que reconhecer meus pais?

Os pais geraram a vida, são os únicos nessa ação e, se estamos vivos hoje, eles foram muito bem-sucedidos nesse ato. Nos deram tudo! Reconhecer isso é estar apto a viver a vida em sua plenitude. Rejeitá-los é rechaçar a vida em essência.

De que forma não reconhecendo meus pais isso me afeta?

Somos biologicamente 50% de cada um, se rejeito o pai ou a mãe excluo-me pela metade, se enjeito os dois, anulo-me 100%, ou seja, é impossível desfrutar a vida. Lembrando que: mãe é igual à saúde física, dinheiro e emoção; pai é igual à saúde mental, realização profissional e realidade; os dois juntos são abundância e relacionamento amoroso. Se há falta de algo na vida... você já sabe a quem tomar!

O que significa sistema familiar?

O sistema familiar é a nossa família e ancestrais. Início nuclear com o pai, a mãe e os filhos. O sistema familiar estendido abrange os tios/as e primos/as, os avós e bisavós.

Segundo Bert Hellinger no livro "O Amor do Espírito" pertencem ao nosso sistema familiar:

1. Filhos. Portanto, nós mesmos e nossos irmãos e irmãs. Não somente os que vivem, mas também os natimortos, e todos que foram abortados. Pertencem também à família os filhos que foram ocultados ou dados. Para a consciência coletiva todos eles fazem parte completamente e sem diferenciação.

2. Fazem parte os nossos pais e todos seus irmãos biológicos. Também os parceiros anteriores dos pais fazem parte.

3. Os avós.

4. Além dos parentes consanguíneos e parceiros anteriores, também fazem parte de nossa família aqueles através dos quais, pela sua morte ou destino, a família teve uma vantagem; por exemplo, através de uma herança considerável. Também fazem parte aqueles através dos quais, à custa de sua saúde e vida, a família enriqueceu.

5. Aqueles que foram vítimas de atos violentos através de membros de nossa família tornam-se parte dela.

6. Quando membros de nossa família são vítimas de crimes, especialmente se perdem a vida, os assassinos passam a fazer parte de nossa família.

Quanto tempo dura uma constelação?

O tempo de uma constelação é imprevisível, pode durar 10 minutos ou uma hora, depende de várias coisas. Em geral gira em torno de 20 a 40 minutos.

Eu posso constelar no lugar de outra pessoa?

Nas Novas Constelações Quânticas diante da anuência do campo podemos constelar por nós, pelo cônjuge ou parceiro(a) estável (graças à existência da comunidade de destino); pelos filhos menores (algumas vezes por filhos maiores); em alguns casos pelos irmãos mais novos; pela empresa (sócios majoritários); pela equipe de trabalho (chefia); algumas doenças severas do sistema familiar (raramente).

O que significam os representantes em uma constelação, e qual o papel deles?

Nas constelações os representantes captam as informações do campo e as transformam em movimento enquanto o cliente assiste. Não é necessário que o representante tenha qualquer conhecimento prévio, apenas colocar-se a serviço sem qualquer intenção abdicando de pensamentos e julgamentos pessoais, seguindo um movimento involuntário guiado por uma consciência superior. Nas Novas Constelações, especialmente nas Quânticas, nem todos podem servir de representantes porque exige uma capacidade de centramento e esvaziar-se de si para estar a serviço, sem julgamento ou intenção, deixando-se mover pelo campo.

Quantas vezes eu preciso fazer e de quanto em quanto tempo?

Nas Novas Constelações Quânticas você pode fazer uma vez na vida para um tema específico (ou tema em aberto) ou quantas vezes quiser, sem limite de tempo, desde que esse seja um movimento natural e respeitoso.

É uma terapia?

Constelação familiar NÃO é terapia, ainda que possa ter um efeito terapêutico. As terapias têm uma regularidade, ainda que sejam classificadas de "terapias breves". As constelações não exigem regularidade.

Sumário

Prólogo 13

A cura de um é a cura de todos
Amar é uma escolha transformadora
O olhar amoroso cura – o amor é pura sanação 33
    Liane Pinto

Constelação Sistêmica e o
Sucesso Profissional e Financeiro 55
    Andrea Emboaba

Constelação Familiar aplicada à área afetiva.......................... 69
    Beatriz de Paula Porto

Constelação Familiar para Crianças e Adolescentes................ 79
    Carmen Mírio

Abuso Sexual: Vamos conversar sobre? 91
    Deise Vanessa Peixoto de Carvalho

O Reposicionamento faz Florescer 107
    Fabiana Quezada

Acredito que só o AMOR traz a cura! 117
    Glória Esther Gomes

A mãe, a gestação e o "tomar" – relacionamento
com a mãe x dificuldade para engravidar. 127
    Gustavo Oliveira Lima

O trabalho sistêmico na advocacia 137
    Janice Grave Pestana Barbosa

Constelação Familiar: aplicações e *cases* 147
    Jocelene de Oliveira Barradas

Sucesso profissional 157
    Juliana Carlos Leite

Empresa conectada com o terreno 169
    Leomar Meith

Consultoria dinâmica sistêmica constecoaching 179
    Lubélia Maria Davanse de Paula
    Suzana Nunes Bertoncini

Microfisioterapia e Constelação Familiar 191
    Maiara Cristina Peguin Bellaver

Nunca te vi, mas sempre te amei...
Filhos não nascidos, abortos, inseminação artificial
e síndrome do gêmeo desaparecido 199
    Mara Fernandes

Constelação Individual 213
    Marcelo Cardoso

Constelação estrutural num caso de
insatisfação profissional 225
    Marcelo U. Syring

Constelações familiares, organizacionais e
sociais em territórios de grandes tragédias 235
    Márcia Rodrigues Daian

Constelação Familiar nos Relacionamentos 251
    Marco Meda
    Josi Meda

As Constelações Familiares Sistêmicas e a
Nova Medicina Germânica:
um novo olhar para a doença 261
    Maria Angélica Schlickmann Pereira Hayar
    Elaine Sayuri Itikawa
    Adriano Toshio Miura

As possibilidades de ressignificar a história familiar
e mudar o destino das famílias depois de
consequências ligadas ao estupro e ao incesto 271
    Oliria Mattos

O uso das constelações familiares nos
processos de elaboração do luto por animais 283
    Washington Luiz A. Santos

Prólogo

Você está pronto para mergulhar em um novo paradigma? Esse é o nosso convite. Olhar com olhos de ver, viver com presença, estar focado no autoconhecimento e desenvolver-se através da aceitação e transformação, ter atitudes a partir da consciência expandida.

Não estamos sós! Fazemos parte de sistemas que se inter-relacionam mutuamente. Nas próximas páginas você mergulhará em conceitos que vão revolucionar a sua forma de ver o mundo e de relacionar-se.

Este capítulo introdutório tem como objetivo trazer conceitos básicos, assim como um breve referencial histórico para os leitores que têm um primeiro contato com esse tema tão atual – as Constelações Familiares.

Em realidade esse trabalho não está relacionado com as estrelas, mas, metaforicamente, pode-se comparar o que espacialmente vemos através das representações – o agrupamento familiar e suas conexões – com a imagem de uma constelação sideral – um agrupamento de estrelas, no qual cada uma ocupa o seu único lugar possível dentro desta formação.

O termo constelação familiar foi a melhor tradução possível para a língua portuguesa da palavra original em alemão

"Familienstellen"[1]. Historicamente sabe-se que nos Estados Unidos o nome foi adaptado para *"Family Constelations"*, mais palatável que a tradução ao pé da letra.

O que se pode Constelar

Podem ser tratados diversos assuntos: saúde física ou emocional, alívio de sintomas; harmonização de relacionamentos interpessoais, temáticas conjugais; assuntos sobre empresas, organizações e negócios, prosperidade; questões judiciais em ações interpostas ou em fase anterior ao ajuizamento; dificuldades no âmbito escolar – se algo está desordenado na vida, nesse momento, e relaciona-se com o cliente é passível de ser constelado. (Não constelamos situações do passado, exceto se trouxerem consequências diretas no presente. Não constelamos interpretações. Por exemplo: **C**liente: Eu quero constelar um acidente que aconteceu quando eu tinha três anos (passado). **CO**nstelador: Por quê? **C:** Porque nesse acidente eu perdi os dentes. **CO:** Como assim? **C:** Porque hoje eu tenho problemas nos dentes. **CO:** Então você quer constelar uma solução para os seus problemas dentários? **C:** Sim! – Relacionar o acidente com o sintoma apresentado é uma interpretação. O que a cliente quer é resolver um problema dentário presente agora. Se o acidente estiver relacionado ao sintoma o campo irá mostrar.

O que é Campo

Estamos vinculados a campos de informação unificados que vibram em uma mesma ressonância por afinidade energética de registros e histórias ancestrais, de consciência, de emoções. Campos morfogenéticos: biológicos, genéticos; campos mórficos: atitudes, comportamentos, pensamentos; campos de

---

[1] *"Familienstellen"*: Onde *"Familien"* = família; ***"stelle"*** = estrela; *"stellen"* = fonecer; *"Familienstellen"* = serviços à família, ou em livre interpretação: visão global para prestar serviços à família – que também poderia ser traduzido por "colocação familiar".

pertencimento: limitam, protegem e geram culpa. Estamos conectados em campos de força que nos dão identidade pelo que vivemos, pelo que acreditamos, pelo que nossa família acredita ou viveu. Muitas vezes, sem saber, estamos aprisionados em campos porque vibramos naquela energia. O nome disso é ressonância e nos faz pertencer em virtude da sintonia.

O campo de Constelação

Nas constelações estamos imersos em um grande campo "vivo" de movimentos e revelações, um conjunto de informações que pairam acima do nível consciente, que viabilizam o trabalho. Traz o conhecimento registrado além da percepção temporal e espacial (localidade) do sistema a ser constelado. A maioria delas foi gerada antes de nascermos ou, ainda que nascidos, não tínhamos um sistema nervoso com maturidade para registrá-las. Trazemos referências de até sete gerações inscritas em nosso DNA – a informação está lá, entretanto, inacessível através dos registros racionais. Cada cliente é a chave para o campo que se abre. Esses campos são compatíveis com o trabalho realizado nas constelações familiares que desvendam finais inesperados que, entretanto trazem "um sentido" em si, ainda que seja uma sensação inexprimível em linguagem racional. Nem todas as constelações são compreensíveis linearmente, porque atuam em outra frequência de compreensão.

Quem pode Constelar

Nas Novas Constelações Quânticas, diante da anuência do campo, podemos constelar por nós, pelo cônjuge ou parceiro(a) estável (graças à existência da comunidade de destino); pelos filhos menores (algumas vezes por filhos maiores), em alguns casos pelos irmãos mais novos, pela empresa (sócios majoritários); pela equipe de trabalho (chefia); algumas doenças severas do sistema familiar (raramente).

O que são os Representantes

Nas constelações os representantes captam as informações do campo e as transformam em movimento enquanto o cliente assiste. Não é necessário que o representante tenha qualquer conhecimento prévio, apenas colocar-se a serviço sem qualquer intenção abdicando de pensamentos e julgamentos pessoais, seguindo um movimento involuntário guiado por uma consciência superior.

Nas Novas Constelações (especialmente as Quânticas) nem todos podem servir de representantes porque exige uma capacidade de centramento e esvaziar-se de si para estar a serviço sem julgamento ou intenção deixando-se mover pelo campo.

O que não é Constelação

Constelação não é religião

Nem poderia ser ou ter qualquer conotação religiosa. Segundo Bert Hellinger, toda religião é excludente, forma guetos, traz em si a diferença entre os meus, iguais a mim, que acreditam no mesmo que "eu" e "os outros". As religiões são formadas por crenças. Como consteladores estamos abertos a todas as formas de pensar, incluímos tudo como se apresenta, então, uma constelação espírita ou protestante, poderia excluir pessoas adeptas a crenças católicas ou umbandistas, ou de quaisquer outras religiões e a constelação não é excludente, é inclusiva.

Nas constelações acessamos campos de informação explicados pela física quântica, pela química e pela biologia. Se faz mister não confundir com incorporação ou transe mediúnico que são distintos na essência e percepção, assim como, têm diferente conotação.

Constelação não é Mágica

Constelação não é mágica, embora pareça pelos resultados "fantásticos e inacreditáveis" que certas pessoas obtém em curto espaço de tempo. Primeiro, é importante frisar que a pessoa que constela tenha um comportamento futuro compatível com o tema constelado, assuma a responsabilidade pela transformação desejada e comprometa-se com o resultado. Os resultados dependem do quanto o constelado permitiu a profundidade do campo de constelação, o quanto entregou-se sem julgamento e, também, pela importância do tema para todo o sistema familiar. Importante frisar que seu sucesso depende da proposta adequada ao tema inicial a ser constelado. É, é lógico, da habilidade, competência e seriedade do constelador.

Constelação não é Profissão

Ser constelador é um caminho de autoconhecimento e autocura constante. Como pessoas passamos por períodos nos quais estamos "em revisão", passando tormentas, na "noite escura da alma". Nesses momentos necessitamos liberdade para parar e respirar. Faz parte do processo. Ter a constelação como profissão impossibilita esse momento de sanação profunda quando mergulhamos para nos renovar – tal uma fênix. Um constelador se faz de autoconsciência, discernimento, muito estudo, experiências pessoais e prática; é necessário tempo para apropriar-se da filosofia e viver de acordo com ela. É um caminho para a vida, não para sustento econômico. Bert Hellinger diz que não há problema em ganhar dinheiro com as constelações, há problema em constelar como forma de ganhar a vida – a prosperidade é uma energia que se conquista tomando pai e mãe, isso leva tempo. Um constelador há que estar engajado nessa missão de tomar os pais, o que é uma construção paulatina.

Constelação não é Adivinhação nem ponto de vista

O campo revela as informações necessárias, o constelador

não adivinha nem pressupõe nada e, muito menos, emite a sua opinião pessoal sobre o que se passa com o cliente.

Breve histórico

Bert Hellinger foi o responsável pela compilação e organização de diversas teorias e técnicas[2] somando-as com seus estudos de autoconhecimento e sua experiência pessoal, dando origem às primeiras Constelações Familiares. Conectado ao campo de informações, também canalizou conhecimentos dando um corpo coeso tendo como plataforma as Ordens do Amor[3]. O resultado desse trabalho é muito mais do que uma técnica, propõe uma filosofia de vida sintonizada com o movimento da ancestralidade e da vida em si. O Ministério da Saúde incluiu, em março de 2019, a Constelação Familiar no rol de procedimentos disponíveis no Sistema Único de Saúde (SUS). A abordagem foi incluída no escopo das Práticas Integrativas e Complementares (PICs) como forma de ser uma terapia complementar que pode contribuir para a saúde e bem-estar da população (ainda que não tenha o caráter de terapia).

Como a própria vida, as Constelações Familiares possuem uma evolução natural e foram se modificando com o decorrer do tempo. Desenvolveram-se através de sólidas observações através de uma visão sistêmica e fenomenológica.

---

[2] Surge da união de diversas terapias como o psicodrama (Moreno), esculturas familiares (Satir), terapia contextual (Boszormenyi-Nagy), terapia familiar escultural (Salvador Minuchin), terapia familiar estratégica (Jay Haley), psicologia da comunicação associada à terapia familiar sistêmica (grupo de Palo Alto – Gregory Bateson, Don Jackson, Paul Watzlawick, John Weakland), hipnose ericksoniana (Milton Erickson), gestalt terapia (Fritz Perls, Hefferline e Goodman), análise transacional (Eric Berne), terapia primal (Arthur Janov), psicanálise (Freud), além da teoria geral dos sistemas (Ludvig Von Bertalanfy), programação neurolinguística (Richard Bandler e John Grinder).

[3] São leis universais que definem a vida e as relações, desde o nascimento até a morte e valem em qualquer cultura: 1. Hierarquia ou Precedência; 2. Dar e tomar; 3. Pertencimento.

Visão Sistêmica

O primeiro sistema, no qual já estamos inseridos por direito, mesmo que depois sejamos excluídos, é o sistema familiar. Nos sistemas todas as partes estão interligadas e relacionam-se entre si sem limites de espaços-temporais, ou seja, fatos acontecidos com antepassados podem influir diretamente na vida presente de descendentes.

Olhar sistemicamente é ir além dos interesses individuais e crenças[4] limitantes, é estar disposto a reconhecer-se e ver o outro, é aceitar que todos estão a serviço de Algo Maior e tudo acontece por Amor, ainda que seja um amor arcaico inconsciente por um ancestral que necessita ser visto através das atitudes dos seus descendentes, apesar desse movimento não ser compreendido. Tudo tem um motivo para ser e a consequência desejada é poder aprender, reorganizar as Ordens do Amor (na concepção de Bert Hellinger) ou as Forças do Amor[5] (segundo o entendimento de Brigitte Champetier de Ribes), dar e receber com equilíbrio na troca. Ao mesmo tempo, significa compreender que todos estamos sujeitos à história ancestral e suas compensações e, portanto, vinculados uns aos outros na hierarquia do tempo. Muitas vezes perdemos o grande cenário, nossa vida é um recorte dentro do sistema familiar, no contexto histórico-temporal da família. Vivemos só um pequeno pedaço da história, um período muito curto para compreender todas as circunstâncias envolvidas: tragédias, danos, mudanças, compromissos, dores, legados, conquistas...

Fenomenologia

A fenomenologia é ferramenta basilar para as Constelações Familiares, caracterizando-as em sua essência. Em termos gerais, trata-se de reconhecer o fato em si, sem opiniões preconcebidas. O que é, é, a ninguém cabe julgar.

---

[4] "O sistema de crenças é o conjunto de crenças que possuímos em um dado momento". (Bandler e Grinder, 1995).
[5] De acordo com Brigitte Champetier de Ribes são quatro as Forças do Amor: 1. Aceitação, 2. Ordem, 3. Inclusão e 4. Equilíbrio.

É uma atitude de observação do fenômeno que se mostra na relação que estabelecemos com os outros, no mundo. Utilizá-la requer prática e foco. O método fenomenológico tem estado presente nas práticas budistas de plena consciência há 2.500 anos.

Bert Hellinger discorre seus entendimentos fundamentados na observação da repetição dos fenômenos. O feito de agregar a fenomenologia ofereceu-nos a percepção do todo e seus detalhes com acuidade. Assim, trouxe à luz as dinâmicas sistêmicas permitindo o aparecimento de imagens surpreendentes, integrativas, reveladoras e sanadoras.

Análise Transacional – AT

Bert Hellinger antes de ser constelador estudou psicanálise e análise transacional; trabalhou como analista por vários anos. Uniu sua experiência em AT com o trabalho que surgia – as primeiras constelações. Fez sua síntese de tal maneira que as Constelações Familiares de Bert Hellinger são diferentes das demais (filosofia, teoria e prática) precisamente pela inclusão dos ensinamentos de AT que possuía.

A Análise Transacional é uma teoria do desenvolvimento humano desenvolvida a partir da década de 1950 nos EUA pelo psiquiatra canadense Eric Berne. Caracteriza-se por ser uma teoria dinâmica da estrutura da personalidade; uma psicoterapia sistemática; uma teoria da comunicação; e tem como objetivos: o crescimento pessoal; a mudança pessoal; a autonomia.

É uma abordagem humanista, que trata de maneira prática e compreensível os aspectos mais importantes da personalidade, do desenvolvimento humano, da comunicação e das transações interpessoais. Compreende que o terapeuta é igual ao seu cliente.

Considera que todos podem ter acesso ao "Estado Adulto do Eu" e decidir por si mesmos (inclusive um enfermo psiquiátrico estabilizado). O Adulto é responsável, vive no presente e age de forma consciente. A única exceção é quando o indivíduo sofre alguma questão orgânica grave.

Segundo a Análise Transacional estamos divididos em três Estados do Eu: Estado Pai, Estado Adulto e Estado Criança; alternamos esses estados conforme nos relacionamos com outra pessoa.

Gestalt Terapia

"Gestalt" é uma palavra alemã que significa "configuração", ou seja, a maneira peculiar como cada sujeito estrutura a percepção de si mesmo e do mundo. É uma abordagem psicoterapêutica desenvolvida pelos teóricos Fritz Perls, Laura Perls e Paul Goodman entre as décadas de 1940 e 1950. Tem ênfase na responsabilidade pessoal, no vivenciado no momento presente, através da experiência individual. Traz princípios como a autorregulação e ajustamento criativos do indivíduo, observando-se: aqui e agora; atenção e aceitação da experiência; responsabilidade, considerando o meio ambiente e o contexto social, que constituem o ser de um modo geral. Para a Gestalt Terapia é fundamental a relação que se estabelece entre o terapeuta e o cliente.

Esculturas Familiares

Virgínia Satir, criadora da técnica, utilizava-a principalmente no contexto de sua reconstrução familiar, como ela descrevia o conflito intenso do cliente com a história de sua família de origem. O cliente evocava as imagens e trazia sua árvore genealógica com a descrição dos relacionamentos e todos os detalhes vivenciáveis da vida das pessoas da família.

Os membros familiares eram colocados a fim de tornar clara a estrutura familiar através de uma representação espacial dos relacionamentos. Os papéis eram assumidos pelos próprios membros familiares ou participantes do *workshop*, e cada membro familiar mostrava sua imagem da família. As esculturas elucidavam como as formas de comunicação e regras familiares eram vividas, de formas diferentes, entre os membros da família.

Bert Hellinger buscou embasamento teórico para suas observações nos estudos de Virgínia Satir e seu método das "Esculturas Familiares", principalmente quando possibilita uma pessoa estranha, convocada a representar um membro da família, passar a se sentir exatamente como a pessoa a qual representa, às vezes reproduzindo, de forma exata, sintomas físicos da pessoa a qual representa, mesmo sem saber nada a respeito dela.

Evolução das Constelações – tradicionais ou antigas

As constelações familiares seguem evoluindo, estão vivas e em constante movimento. Inicialmente foram consideradas uma forma de terapia, até porque originaram-se da compilação de muitas técnicas terapêuticas[6]. Nesse momento eram invasivas – ainda que não se soubesse disso. O constelador detinha o poder, tomava o saber para si, interferia no campo morfogenético e movia os representantes. Os representantes falavam a partir de suas percepções e, assim, também influenciavam os movimentos. As constelações tradicionais oportunizavam que os representantes prestassem testemunhos sobre as emoções sentidas no campo de constelação; ao final buscava-se uma imagem curadora representativa do trabalho realizado para o cliente. A Constelação era uma representação fixa, imóvel, unicamente dirigida pelo constelador e pelo constelado, quando posicionava cada representante.

A partir de 2000 lentamente descobriu-se que não se trata de psicoterapia. Faz-se necessário deixar a prepotência do "constelador-terapeuta" e compreender que é uma força superior que move o campo. Entretanto, desde 2011, compreendeu-se que os

---

[6] Surge da união de diversas terapias como o psicodrama (Moreno), esculturas familiares (Satir), terapia contextual (Boszormenyi-Nagy), terapia familiar escultural (Salvador Minuchin), terapia familiar estratégica (Jay Haley), psicologia da comunicação associada à terapia familiar sistêmica (grupo de Palo Alto – Gregory Bateson, Don Jackson, Paul Watzlawick, John Weakland), hipnose ericksoniana (Milton Erickson), gestalt terapia (Fritz Perls, Hefferline e Goodman), análise transacional (Eric Berne), terapia primal (Arthur Janov), psicanálise (Freud), além da teoria geral dos sistemas (Ludvig Von Bertalanfy), programação neurolinguística (Richard Bandler e John Grinder).

consteladores também pertencem a essa força maior. Não é diferente de nós. Somos nós! Acontece quando existe uma conexão profunda com a força da vida[7].

Novas Técnicas nas novas Constelações Familiares

As constelações do Hellinger Sciencia®, as novas constelações familiares, desdobram-se diante dos olhos como um desabrochar natural quando se está pronto para a evolução, para algo mais profundo. Elas são como uma nova vida e refletem as experiências do coração, não são divididas ou separadas pela mente limitada. A cada movimento interno percebido com o coração colabora para que se abra a novos planos.

Nestas novas constelações familiares é imperativo abandonar o "eu" e suas amarras conceituais (crenças, julgamentos, padrões restritivos), abandonar aquilo que se tenta conseguir (ilusório e limitante). É necessário se entregar ao movimento com plena confiança, sem controle, sem expectativa.

A Nova Constelação Familiar Sistêmica de Bert Hellinger

As novas constelações familiares de Bert e Sophie Hellinger utilizam um mínimo de palavras e é desejável que aconteçam em silêncio, momento no qual apenas se observa os movimentos dos representantes que vão desemaranhando e incluindo os excluídos.

A Constelação se desenvolve em silêncio. Tampouco existe a necessidade do tema ser dito. Muitas vezes nenhuma palavra é proferida. Os movimentos dos representantes são guiados por uma Consciência Maior. Encaminhada a questão a Constelação pode ser interrompida sem ser finalizada, o movimento foi iniciado e tem condições de prosseguir sozinho para um desfecho.

---

[7] Quer dizer que as Constelações conferem muita Autonomia, muita Responsabilidade para o indivíduo. Antes se sentia o peso do sistema, de tudo que aconteceu antes, de tudo que predeterminou a vida da pessoa. Havia uma passividade diante dos acontecimentos e se precisava constelar para resolver as intrincações. Agora observamos que quando o cliente aceitar e agradecer todo o passado se Cura.

Evolução das Constelações – Quânticas

Atualmente, as novas constelações quânticas fundamentam-se nos ensinamentos de Bert Hellinger associados a uma releitura atualizada a partir da Física Quântica proposta por Brigitte Champetier de Ribes. Hoje temos a consciência de que o constelador através de seu servir transformador é o último a entrar no sistema familiar. Sendo assim, é o menor. Por isso não pode interferir. É primordial deixar o campo atuar. De acordo com a Força do Amor[8], da Ordem: *"os elementos mais antigos têm a preferência sobre os mais jovens"* [9]. Também considera-se que o constelador está humildemente destituído "do saber", mantém-se centrado, sintonizado com outro nível de consciência que lhe permite receber a informação necessária. Entrega-se no fluir do campo. Ser constelador das Novas Constelações Quânticas é um trabalho de centramento e conexão plena, quando o constelador passa a sentir-se parte de algo muito maior que ele. Conexão exige disciplina. Nesse lugar há plenitude e respeito.

O que proporcionará a cura nessa abordagem é a energia de sanação, que movimenta e sustenta o campo, presente no cliente. Ele é a chave que abre e fecha a oportunidade de sanação. Está a serviço do seu sistema familiar. Todos os presentes estão à serviço de Algo Maior, do destino coletivo, do sistema familiar do cliente, do destino pessoal do cliente e, finalmente, dele. O constelador é o responsável pelo trabalho realizado, todavia a força de cura está no cliente.

Ao constelador é vetado aconselhar o cliente em qualquer direção, isso seria um desrespeito. Considera-se o cliente um adulto consciente[10] que tem todas as condições de fazer

---

[8] RIBES, C. Brigitte. Las Fuerzas del Amor: las nuevas constelaciones familiares. Madrid: Gaia, 2017.

[9] _____. Las Fuerzas del Amor: las nuevas constelaciones familiares. Madrid: Gaia, 2017.

[10] Só é possível constelar adultos que se encontrem no "Estado Adulto do Eu". Se uma criança tem uma questão grave os pais constelam por ela. Toda questão infantil é um espelho do que está acontecendo com os pais ou uma fidelidade a eles, aos avós ou à ancestralidade.

as melhores escolhas para a sua vida. Aqui revela-se a atitude quântica (uma vez mais), respeitando e acolhendo as decisões do cliente. Essa postura está relacionada com o assentimento em si, que gera uma força sanadora, a sintonia com a vida e a gratidão. Dizer ao cliente o que deve ou não fazer é relegá-lo a um estado infantil e colocar-se acima dele, o que piora a sua situação pois tira-lhe força. Desrespeita às Ordens da Ajuda[11] elencadas por Bert Hellinger: *"a ajuda deve ser prestada de igual à igual"*[12], portanto: de adulto à adulto. Nas Novas Constelações Quânticas só há condições de constelar quando o cliente está no "Estado Adulto do Eu".

Importante ressaltar que existem dois planos atuando simultaneamente em sincronicidade durante as Novas Constelações Quânticas:

1. O plano da realidade presente: o que vemos, o que acontece aqui e agora e

2. O plano quântico que, por definição, é atemporal e não-localizado. Por vezes "o quântico" permite que o cliente e seu representante estejam inseridos no campo ao mesmo tempo, em momentos históricos e ações diferentes, como no caso descrito adiante.

Nas Novas Constelações Quânticas os representantes têm um movimento autônomo e involuntário que guia a constelação até um desenlace imprevisível. Aqui existe uma decisão consciente do constelador: a atitude de renunciar a dirigir a constelação. Bert Hellinger já trazia, em 2002, no livro "A Fonte não precisa

---

[11] Ordens da Ajuda segundo Bert Hellinger: 1. Dar o que temos e tomar aquilo que precisamos, 2. Respeitar as circunstâncias e os limites em ajudar, 3. Ajudar de igual a igual, 4. Empatia ao sistema familiar, 5. Ajudar sem julgamento a partir do coração, 6. Ajudar sem lastimar. Ordens da Ajuda segundo Brigitte Champetier de Ribes: 1. Equilibrar o dar e receber, 2. Respeitar o destino do cliente, 3. Ajudar de adulto a adulto, 4. A ajuda é sistêmica, 5. Toda cura provém de uma reconciliação. Aqui eu acrescento o que compreendo ser a sexta ordem da ajuda através do olhar quântico: Ajudar olhando a realidade (com plena aceitação).

[12] Em: HELLINGER, Bert. O amor do espírito. Goiânia: Atman, 2012. HELLINGER, Bert. Ordens da ajuda. Patos de Minas: Atman, 2013.

perguntar pelo caminho", o conceito de "deixar o campo atuar", ou seja, que nas constelações os representantes estão movidos pelas Forças do Campo. Não temos que intervir em nada. Entretanto, custou-se até a apropriação total do conceito, foi necessário um tempo para entendimento e maturação.

Somente quem tem permissão de dirigir-se ao campo é o cliente falando do lugar de pequeno. Os ancestrais podem acolher sua solicitação ou não. Entretanto, destaca-se que o cliente, a partir de seu "Estado de Eu Adulto"[13], pode olhar toda a cena, aceitá-la conscientemente e escolher seguir. Assim, não fica aprisionado nas decisões ancestrais ou desígnios do passado. No momento atual pode escolher fazer diferente daquilo que seu representante mostra. Por exemplo: se o representante do cliente estiver "na morte" caído ao solo e não conseguir se levantar, o cliente pode escolher viver a partir daquela imagem instigadora e provocativa que o convida à ação consciente.

Nas novas constelações quânticas sabe-se que tudo é movimento.

Viver é a maneira de estar conectado e agradecer a Algo Maior. Tal convicção leva a outras observações através das Constelações Familiares Sistêmicas e Quânticas. A sintonia com a vida, o "sim" e a gratidão antecedem as Forças do Amor. No "sim" e na gratidão as Forças estão ordenadas e fluem naturalmente. A decisão pessoal do "sim" e agradecer a tudo como é, cria sanação imediata.

As ideias principais

Ainda faz parte desse entendimento a plena aceitação (ou conscientizar-se para tal ação) abrindo mão do julgamento, das críticas e exclusões geradas pelo desrespeito àqueles que são diferentes. Tudo faz parte: o que existe, o que existiu e o que está por vir. Não cabe a ninguém dizer o que é digno. Dignidade é res-

---

[13] Segundo a Análise Transacional estamos divididos em três Estados do Eu: Estado Pai, Estado Adulto e Estado Criança. (Livros elencados na bibliografia.)

peitar tudo como é, ainda que confronte nossa forma de pensar e agir; é dar um lugar a tudo que existe – se existe, tem permissão para existir e tem uma razão para tal.

A paz e o dom da reconciliação

A paz começa no coração, desvela-se através do olhar amoroso de assentimento. Uma paz real, aqui e agora. Quanticamente sabe-se que todos estão interligados e em ressonância. O que cada ser faz interfere além de si mesmo. Interfere no todo!

Entregar-se à reconciliação dissolve o "gosto amargo" e proporciona sentir que "finalmente está bem"... Dispor-se à paz é dispor-se a ver adiante das fidelidades do que foi ensinado como verdade absoluta pelos nossos sistemas familiares.

A vida como um presente no presente

Quando se está no Presente, recebe-se a Vida como um presente. Somente aqui e agora se pode fazer os movimentos necessários para plantar e colher o que se deseja. O passado já passou, viver nele, recordando-se de fatos, é negar a Vida que reverbera a cada respiração. O futuro ainda não chegou e depende das nossas atitudes e escolhas agora! Viver no futuro pode causar ansiedade ou planos não realizados por falta de Presença!

No aqui e agora, integrando toda a Força que vem da Ancestralidade, assumindo a própria Responsabilidade a partir do Adulto Consciente pode fazer toda a diferença na Vida! Assim fica-se livre para Ser! Livre para estar no mundo com presença!

O trabalho realizado nas Constelações vai muito além do racional.

Bem-vindo a essa nova concepção!

	Quadro Comparativo		
	Constelação Familiar Sistêmica Tradicional	Nova Constelação Familiar (Bert / Sophie)	Nova Constelação Familiar Sistêmica e Quântica (Brigitte)
1	Movimento da Alma	Movimento do Espírito	SIM, Centramento
2	Tema é fundamental	Preferencialmente não tem tema	Pode ter tema ou não (sem tema)
3	Apresenta algum controle por parte do Constelador e do constelado	Sem controle	Sem nenhum controle
4	Não se pode constelar por outra pessoa	É possível constelar por outra pessoa um tema relevante com a anuência do Constelador que sente a propriedade e a prontidão do campo – Comunidades de destino Uma mulher por seu marido e vice-versa Um pai/uma mãe por seu filho	É possível constelar por outra pessoa um tema relevante com a anuência do Constelador que sente a propriedade e a prontidão do campo – Comunidades de destino Uma mulher por seu marido e vice-versa Um pai/uma mãe por seu filho
5	Tem interferência do Constelador nos Representantes	Preferencialmente não tem interferência do Constelador nos Representantes	Não tem absolutamente nenhuma interferência do Constelador nos Representantes

6	Representantes falam	Representantes não falam Pode ser feita em absoluto silêncio	Representantes não falam Pode ser feita em absoluto silêncio Constelado fala frases pontuais "Eu escolho a Vida!"
7	Representantes centrados e, teoricamente, sem intenção. (Não tínhamos o completo entendimento desse conceito).	Representantes centrados em "estado meditativo" sem intenção e a serviço do campo	Representantes profundamente centrados em "estado meditativo" sem nenhuma intenção e inteiramente a serviço do campo
8	Representantes devem se mover lentamente; podem ser movidos pelo constelador	Representantes movem-se levados pelo campo em um movimento lento	Representantes movem-se somente se levados pelo campo em um movimento lento
9	Representantes não têm a liberdade de entrarem no campo	Representantes não têm a liberdade de entrarem no campo	Representantes têm a liberdade de entrarem no campo se ocorrer um chamado através de uma sensação física ou emocional
10	Na maioria das vezes sabemos quem são os representantes	Podemos saber quem são os representantes ou não, isso não é importante	Podemos saber quem são os Representantes ou não, isso não é importante

11	Ao terminar busca-se o bem-estar de todos	Ao terminar é imprescindível que o constelado e seu representante estejam bem. Aos outros cabe a sua responsabilidade de lidar com o que é seu. A Constelação já assinalou o que deve ser observado (está em movimento) em quem não se sente bem no seu término	Ao terminar é imprescindível que o constelado e seu Representante estejam bem. Aos outros cabe a sua responsabilidade de lidar com o que é seu. A Constelação já assinalou o que deve ser observado (está em movimento) em quem não se sente bem no seu término
12	É possível ter um entendimento da história	É possível ter um entendimento da história ou não, isso não é importante	É possível ter um entendimento da história ou não, isso não é importante
13	Pode confortar o ego	Não tem por objetivo confortar o ego	Não tem por objetivo confortar o ego
14	Existe uma possibilidade de entendimento racional	Muitas vezes não há compreensão racional, nem ela é buscada ou considerada importante	Muitas vezes não há compreensão racional, nem ela é buscada ou considerada importante

15	Sem esforço	Sem esforço ou expectativa, a serviço	Sem nenhum esforço ou expectativa, completamente a serviço
16	Os abortos devem ser falados e vistos porque é importante saber o seu lugar na família	Os abortos são vistos porque é importante sinalizar o lugar de cada filho na família Nem sempre são explicados Assim eles são reintegrados no sistema	Os abortos fazem parte da intimidade do casal bastando que alguém os reconheça e honre profundamente com Amor Assim eles são reintegrados no sistema e por ressonância todos recebem a informação de forma inconsciente
17	Inclusão dos excluídos	Inclusão dos excluídos	Possibilidade de inclusão de muitos dos excluídos do sistema ou a representação de muitos deles ou todos relacionados com o que está sendo trabalhado
18	Silêncio é importante	Silêncio e esvaziar-se são fundamentais Postura de respeito	Silêncio e esvaziar-se são fundamentais Postura de respeito e servir de todos os presentes
19	Sem constelação geral	Sem constelação geral	Com possibilidade de constelação geral

20	O campo segue o seu movimento natural na maioria das vezes	O campo sempre segue o movimento mesmo que a constelação seja interrompida	O campo sempre segue o movimento mesmo que a Constelação seja interrompida
21	Não se fala em vida passada	Vida passada é admitida	É considerado o conceito da possibilidade de outra dimensão de experiência sem mencionar vida passada por ser crença
22	É um campo arriscado se não for bem conduzido	A constelação está entregue ao Centro Vazio. Pode ser um campo arriscado se não for bem conduzido	A constelação está entregue a Algo Maior, o campo está mais protegido, entretanto, se mal conduzido pode acarretar danos

Andréia Roma

Filha de Joeci Gomes de Lima e Benedita de Paula Lima.

Fundadora e diretora de projetos da Editora Leader.

Liane Pinto

Filha de Idelvira Fagundes Pinto e Clóvis Viana Pinto.

Consteladora formadora | Psicoterapeuta integrativa.

1

A cura de um é a cura de todos
Amar é uma escolha transformadora
O olhar amoroso cura –
o amor é pura sanação

Liane Pinto

Liane Pinto

Meu nome é **Vida**! Sou filha de um encontro sagrado de Amor. Agradeço aos meus pais biológicos e digo SIM a tudo como é. Trago vocês no meu coração, no meu DNA e honro a história dos meus ancestrais.

Filha de Idelvira Fagundes Pinto e Clóvis Viana Pinto. Agradeço aos meus pais adotivos todo Amor e a possibilidade da construção de ser quem eu sou!

Tornei-me Maestra Consteladora e Formadora por Amor e Gratidão!

Estou no mundo das constelações desde 1997. Graduada em Ciências Jurídicas e Sociais (PUCRS/1992) e Psicologia (ULBRA/2010). Sou fundadora e CEO do Instituto SIM*gu*Lar de Formação das Novas Constelações Familiares Sistêmicas e Quânticas, sendo a pioneira a apresentar esse curso de formação no Rio Grande do Sul. Maestra com Formación Avanzada, Certificación de La Capacidad Consteladora e Expert nas Novas Constelações Familiares pelo INSCONSFA – Madrid. Idealizadora do PROGRAMA CONCILIAR® – Um novo olhar para a solução; PROGRAMA JUS SISTÊMICO® – Por um Direito de Paz; PROGRAMA EDU*fen*® – Educação Fenomenológica. Criadora do método CONSTELAÇÃO CIR CULAR INDIVIDUAL.

Reverbero a Cura que ainda se faz em mim a cada encontro. Escrevo matérias para jornais e revistas comentando fatos do cotidiano sob a visão sistêmica e quântica; realizo palestras, constelações em grupo e individuais (presenciais e a distância) e participo de Formações no Brasil e exterior.

Bem-vindo(a)!

"A Cura de um é a Cura de todos"! Liane Pinto

SIM*gu*Lar

EDU*fen*

CONSTELAÇÃO CIR CULAR INDIVIDUAL

Novas Constelações Familiares Sistêmicas e Quânticas

"Quem julga as pessoas não tem tempo para amá-las." Madre Tereza

Nos últimos anos temos sido arrebatados pela maneira sistêmica de ver o mundo. Também o termo "quântico" tomou notoriedade trazendo explicações para o que era impossível de se explicar. Essa expansão foi inevitável e alcançou as mais diferentes áreas.

As Constelações Familiares evoluíram. Atualmente nos beneficiamos com as Novas Constelações Familiares (Bert[1] e Sophie Hellinger) e as Constelações Quânticas (Brigitte Champetier de Ribes[2]).

A partir do enfoque das **Novas Constelações Familiares Sistêmicas e Quânticas** desenvolvo diversos programas autorais[3],

---

[1,2] Foi com ele (Bert) que comecei minha caminhada, quando ainda estava no auge do vigor. Sinto-me abençoada e reverencio sua obra e seu saber. Mergulho nessa Filosofia de Vida desde 1997. Em 2014 conheci o trabalho de Brigitte Champetier de Ribes e percebi que as alterações que vinham acontecendo no meu modo de constelar e na minha percepção já estavam relacionadas com a abordagem quântica. A força da sintonia e ressonância do campo se fazia presente. Tornei-me Maestra Consteladora e Formadora por Amor e Gratidão às transformações que tive e sigo tendo na minha vida. Agradeço ao Universo a oportunidade de estar presente enquanto a história se escreve...

[3] Programa Jus Sistêmico®; Programa Conciliar®; Edu*fen*® – Educação Fenomenológica; Projeto Evoluir SIM*gu***Lar** de vivências sistêmicas; Programa SIMMesmo de Autoconhecimento Sistêmico, Método Constelação Circular Individual®; além de atendimentos em grupos (Encontro Constelar) e constelações individuais – ambos presenciais ou a distância; ministro palestras, Workshops e Curso de Formação no Brasil e exterior.

alcançando excelentes resultados: muitas reconciliações através de um olhar amoroso, que produzem cura e trazem paz a todos os envolvidos. As reconciliações são muito mais fortes do que a soma das duas partes, criam algo novo.

Um dos maiores presentes do campo de constelação é a ressonância. A cura reverbera em todos os presentes e, ainda mais, alcança seus sistemas familiares. Basta que um membro da família olhe para algo com profundidade, respeito e amor para que todo o sistema familiar se beneficie incluindo a informação que fica disponível para todos os seus membros. A sanação ecoa de forma atemporal na linha do tempo, curando ancestrais e eliminando a dor para os descendentes. Também atua de forma não localizada, ou seja, não há limite espacial (de território). A cura viaja por estradas invisíveis. Nessa abordagem podemos constelar a distância com a mesma eficácia, por tratar-se de uma abordagem quântica.

Como vivemos dentro de sistemas sobrepostos e carregamos muitos registros em nosso DNA[4], nunca estamos sozinhos, trazemos nosso sistema familiar conosco. Em contrapartida, a dor do outro também influencia o todo. Interagimos em sistemas complexos e interconectados. Por isso, o slogan que apresenta o meu trabalho e com o qual encerro os encontros constelares (constelações em grupo) é:

"A Cura de um é a Cura de todos"!

Eu me permito ser quem sou
Meu lugar no mundo

Esse título do primeiro Workshop da Formação de Novos

---

[4] As informações codificadas que guardamos inscritas no DNA podem ser transformadas, são mudanças no funcionamento de um gene, herdadas e se perpetuam. A explicação para o fato está na epigenética – que significa: aquilo que está "por cima da genética" – ou seja, uma camada extra "invisível" de "dados" que leva às informações alteradas pelas experiências. Por exemplo: um trauma de afogamento pode ocasionar que os descendentes carreguem a informação de que água é perigoso, portanto, para sua preservação, a prole vindoura terá medo de piscina, mar, rio, podendo originar, inclusive, as fobias.

Consteladores do INSTITUTO SIM*gu*Lar é tão transformador que ganhou autonomia, transformando-se em um trabalho com potência própria e já teve várias edições no Brasil e exterior. Quando estou no presente recebo a vida como um presente.

Somente aqui e agora posso fazer os movimentos necessários para plantar e colher o que desejo. O passado já passou, viver nele (recordando-se de fatos) é negar a vida que reverbera a cada respiração. O futuro ainda não chegou e depende das nossas atitudes e escolhas agora. No presente, integrando toda a força que vem da ancestralidade, assumindo total responsabilidade sobre seus atos a partir do adulto consciente constrói-se uma vida de qualidade para ser vivida. Assim é possível viver com liberdade para ser livre, para estar presente no mundo.

Para tanto, é preciso integrar o pai e a mãe sem objeções. O pai apresenta o mundo, o exterior. Traz a realidade tal como ela é. Quem toma[5] o pai tem realização profissional e sanidade mental porque vê o mundo real, vive de verdades, não se alimenta de ilusões. O pai nos conecta com o presente. A mãe nutre. Traz aconchego desde o ventre, a primeira morada, refere-se ao âmbito interior, foi nossa primeira relação, inicialmente simbiótica. Quem toma a mãe está alinhado com a prosperidade e a saúde física. A mãe nos conecta com o passado e com as emoções. Quem toma os dois vive em abundância[6]. Juntos, pai e mãe, presenteiam um lugar no mundo – o lugar de filhos! Assim é gerada uma identidade, consequência do espaço-tempo! (Filho de quem, nascido quando e onde, qual o número na fila dos irmãos...)

---

[5] Tomar é maior que aceitar e receber (sugerem possibilidade de negar). Tomar é um nível mais profundo, é uma concordância com algo que já está posto. Tomar não demanda escolha. SOARES, Elza. O Que Significa Tomar nossos Pais? (2017). Disponível em: <https://www.youtube.com/watch?v=k8TqkDSTWGM>. Acesso em: 28 ago. 2019.

[6] Abundância é ter o que se necessita para viver em plenitude. Esse é um conceito abstrato e variável de acordo com as necessidades pessoais.

Na compreensão sistêmica pai e mãe são uma unidade[7] – os pais! Dessa unidade a vida faz-se como algo novo (um salto quântico) – os filhos! A vida está elaborada sobre polaridades que se unificam e levam a um estágio superior. Somos o fruto da fusão de 50% de um homem e de 50% de uma mulher que disseram "sim" à continuidade da vida. Nossa existência não aconteceria sem a permissão inconsciente dos pais e, depois, não permaneceria sem o desejo deles. Uma gravidez pode ser interrompida, se há gestação e parto é porque, previamente, houve um "sim".

Estar em sintonia com a vida é tomá-la como ela é. A vida se faz plena a partir de tomar os pais, reconhecer-se como filho de dois, sem escolher o predileto. Tomar a vida que veio de cada um, com sua história inteira e, por isso mesmo, construiu a jornada dessas pessoas e da ancestralidade. Ser apenas filho(a)! – O que permite, no futuro, ocupar o lugar de pais.

Quando ocupamos o nosso lugar no mundo, filhos dos nossos pais, netos dos avós, somadas às próprias vivências, a Paz reina. Cabemos no nosso tamanho e percebemos a nossa grandeza. A Vida flui sem obstáculos!

Rejeitar os pais gera sintomas graves, é um desrespeito às Forças do Amor[8] e desorganiza a vida em muitos aspectos. Em um nível profundo, quando julgamos os pais estamos em desordem e criando uma desarmonia que causa consequências para todo o sistema familiar. Curiosamente quando alguém decide receber tudo de seus pais, incluindo o que considera "ruim", o sistema familiar brinda essa pessoa com bênçãos. Já quando rechaçamos partes: "isso eu quero e isso eu não quero", o sistema familiar compreende que essa escolha é uma exclusão. Traz em si a máxima de que aquilo que foi excluído precisa ser integrado. Então, a situação se repete até que possa haver a completa integração das polaridades

---

[7] A capacidade de amar no relacionamento afetivo nasce de tomar os pais: não como indivíduos e, sim, como uma unidade de casal. Tomar os pais como um casal (que são) conecta-nos com Algo Maior, com a aceitação da vida.
[8] De acordo com Brigitte Champetier de Ribes são quatro as Forças do Amor: Aceitação, Ordem, Inclusão e Equilíbrio. Há mais explicações no capítulo anterior.

e o salto quântico para um outro patamar de compreensão. A repetição de fatos existe como possibilidade de resolver aquilo que ainda não foi visto, honrado, agradecido e liberado na família; é uma tentativa de solucionar e concluir um ciclo. A integração daquilo que antes estava em oposição libera e abre todas as novas e infinitas possibilidades.

Um amor cego aumenta a dor

Através da visão sistêmica compreendemos que nos vinculamos em um amor cego ainda em tenra idade. Responsabilizamo-nos inconscientemente por terminar tarefas inacabadas que necessitam ser cumpridas, finalizando um ciclo que os antepassados não conseguiram, não quiseram ou não puderam terminar.

Ainda no útero, na divisão das células e seu desenvolvimento, nos sentimos a própria Vida, estamos empoderados de um movimento que nos permite "pensar" que damos conta de tudo. A vida pulsa e se desenvolve, estamos protegidos pela Natureza, nos "acreditamos" onipotentes. Movidos por essa transformação crescente nos sentimos "grandes" e assumimos lealdades através de dois sentimentos básicos: *"Por amor a ti, eu faço como tu, sofro como tu, sigo como tu"* ou *"Por amor a ti eu pago por ti, sofro por ti, expio por ti a tua história interrompida e não finalizada"*. Um amor cego edifica a dor!

Polaridade, integração e paradoxo

No julgamento abdicamos de reconhecer a importância da totalidade dos fatos (como foram) para a história familiar. Ignoramos as leis de equilíbrio e compensação, os acordos invisíveis e os compromissos transgeracionais. Cerceamos a realidade em prol das crenças.

Na discordância há uma "crença de verdade" polarizada. Cria-se uma força impeditiva ao salto quântico porque a integração é bloqueada. Fica impossível compreender que aquilo que ocupa uma polaridade está à espera de sua contraparte e deseja a integração com seu "opositor" complementar para dar o salto quântico (que acontece na reconciliação) onde é possível seguir em algo novo e com amor criativo.

Assim, quem toma partido trabalha para a guerra, exclui. Sente-se bem no papel de "bondoso salvador", protegendo uma das partes do conflito. Está alijado do "Estado Adulto do Eu"[9], identificado com as regras ensinadas no passado que dão origem a boa consciência pelo medo de deixar de pertencer. Por isso, exclui – um paradoxo!

O tal Salto Quântico

Energia, matéria e informação representam a mesma coisa em diferentes estados. Informação é o que resta quando já não há matéria nem energia. Nesse lugar, onde antes houve algo, agora existe a informação sobre "esse algo" que, de pronto, não está aprisionado em um lugar específico, está disponível e pode ser acessado por quem tiver habilidades (através de centramento e não intencionalidade) de conectar-se com o registro histórico.

Quando acontece um *insight*, um entendimento repentino sobre algo, quando acessamos uma informação inesperada, damos um salto quântico de forma inconsciente e surge um novo pensamento, e daí uma nova forma de agir. Uma informação leva luz à algo que antes não sabíamos. Isso significa que quando aprendemos algo novo através desse processo nunca mais retornaremos ao "não saber" anterior, essa informação fica gravada porque surge de forma profunda e "explosiva". A cada salto quântico tornamo-nos mais lúcidos. Podemos dizer, de maneira ilustrativa, que os saltos quânticos são pequenas explosões de luz que acontecem quando unimos polaridades e criamos algo novo, um pensamento novo, uma nova realidade – o próximo passo.

---

[9] Segundo a Análise Transacional estamos divididos em três Estados do Eu: Estado Pai, Estado Adulto e Estado Criança. (Livros elencados na bibliografia.)

Na maioria das vezes não há conhecimento de quais foram as polaridades que se uniram, mas a mudança e a intensidade da energia liberada nesse novíssimo olhar é, subitamente, perceptível. Todo aprendizado, principalmente os mais profundos, aconteceu a partir dos saltos quânticos.

A Física Quântica explica um fenômeno que acontece no interior dos átomos nos quais os elétrons, motivados por quantidades precisas de energia, podem se deslocar para níveis superiores de energia de maneira instantânea. Esse fenômeno ainda hoje desafia os nossos conceitos de espaço e tempo – entre uma órbita e outra o elétron desaparece e depois reaparece. Igualmente, descobriu-se que essa partícula pode viajar no tempo. Estar no futuro e no passado, sugerindo a existência de outras dimensões, onde por um curto período de tempo ele tem lugar (espaço). Nossas profundas transformações agora são traduzidas em biologia, química e física que dão o substrato para a história e filosofia. Tudo está integrado. É ter olhos de ver.

Essa verdade quântica nos influencia diretamente porque somos feitos de grandes e impensáveis "espaços vazios". Por exemplo, a eletrosfera, na verdade, corresponde a uma "nuvem" eletrônica, um mar de possibilidades onde o elétron pode ser encontrado – princípio da incerteza quântica. Somos formados de células, compostas de átomos, com partículas girando, entre elas há espaços vazios. A matéria está cheia de vazios. Temos múltiplas e infinitas direções a seguir e variados desfechos a viver, cada qual depende da escolha anterior.

O olhar do observador

Somos cocriadores da nossa realidade

Quanticamente sabemos que o olhar do observador muda a experiência[10]. O olhar transforma as circunstâncias e o resultado final.

---

[10] Na Experiência da Dupla Fenda o elétron "resolveu" agir diferente – sendo ao mesmo tempo onda e partícula – já que ele "sabia" que estava sendo observado.

Existem dois caminhos claros:

1. Não aceitação, queixa, reclamação[11]: transformando-nos em vítimas ou algozes aprisionados nessa vibração e polaridade; afastados da realidade e da possibilidade de ação positiva;

2. Aceitar com gratidão os fatos: a oportunidade de aprender e seguir enriquecidos pela experiência, que não foi "ruim", mas sim, um "ótimo" instrumento de aprendizado. Viver o empoderamento com o resultado obtido, integrando-o com alegria. O "mal" é tão necessário quanto o "bem", são elementos opostos com a mesma força a serviço da integração.

A nossa realidade é cocriada a partir da vibração que geramos. A realidade do mundo subatômico é a nossa essência. Somos constituídos de átomos, moléculas, energia e vibração. Os padrões vibracionais que sintonizamos determinam a energia de ressonância da nossa vida. Libertamo-nos da polaridade quando escolhemos expandir a visão, ter mais consciência da Unidade de Tudo.

Segundo a Física Quântica, tudo que acontece interfere no Todo, todos os acontecimentos reverberam. Cada partícula (e também cada um de nós) traz informações das demais partículas (dos "Outros"). Estamos interconectados e somos movidos por Forças Maiores (a serviço) saibamos ou não.

Sobre o amor

A grande cura é o Amor. Isso já foi dito por muitos das mais diversas maneiras. Mas experimentá-lo em sua essência é um outro modo de ver, de sentir e de viver a vida: com aceitação em tempo real. Isso é uma construção diária. Amor que domina, aprisiona, não é amor, é opressão em polaridade... Ainda, assim, está a serviço da integração do Amor Incondicional... e, por isso, traz em si a possibilidade de transcender!

O Amor que falo é anterior a todos "os amores", talvez o único verdadeiro sem qualquer interesse pessoal exceto o de Ser

---

[11] REclamar: clamar duas vezes, potencializar a queixa.

e servir. Sistemicamente estudamos as quatro Forças do Amor. A mais importante é o Amor em si – a Aceitação a tudo como é, como foi e como será. Simplesmente entregar-se nessa vibração permitindo que se expanda a partir do coração.

Entretanto, saber é diferente de apropriar-se e viver isso realmente. Experienciar em meditação, em um ambiente adequado com conforto nas melhores condições com luz, temperatura, música e perfume, estando com os cinco sentidos preparados para perceber é uma situação extraordinária. Vivenciá-lo como hábito cotidiano é um desafio e uma conquista: mover-se no mundo com consciência e ação coerentes, aceitando o estado humano imperfeito de ser, em eterna evolução... e amar! Bert Hellinger já dizia que o perfeito está morto, acabado. Estamos em constante atualização.

Cada um é como é e cumpre um papel e uma missão dessa forma. Precisa ser assim para fazer acontecer outra força do amor: o equilíbrio entre o dar e o receber, ou seja, trocando em miúdos, também a "máxima do reequilíbrio" quando houve um dano e a necessidade de reparação. Estamos todos a serviço dos diversos sistemas aos quais pertencemos, iniciando pelo sistema familiar, até o sistema nação... Como integrantes da família, a nível profundo, é importante compreender e acolher humildemente que somos guiados. Estamos vinculados ao destino coletivo. Só alcançamos a autonomia do destino pessoal ao aceitarmos a família e sua história exatamente como foi, respeitando-a, honrando-a e deixando-a no passado. Despedindo-nos e seguindo o fluxo.

Todavia, nesse momento impõe-se falar de outro paradoxo: como indivíduos somos responsáveis por nossas atitudes e suas consequências, daquilo que podemos escolher – como reagir frente às circunstâncias.

Amor é atitude

Aprendemos o amor com os pais, amando-os. Tudo o que nos separe do Amor Incondicional aos pais, interpor-se-á entre nós e os outros. Se houver um "movimento interrompido do amor" para o pai ou a mãe (nos primeiros anos), haverá, também, para o parceiro. Quando o amor fluir naturalmente para os pais, alcançará os outros.

Os pais fizeram o melhor que puderam dentro das suas possibilidades e limitações. Como nós, são pessoas emaranhadas com o passado. Quando pudermos respeitá-los, aceitá-los e agradecê-los (sem críticas e julgamentos infantis ou arrogantes) por serem tal como são, em sua imperfeição humana e sua grandiosidade pela vida, o amor desaguará além de nós.

Aqui compreendemos o amor como uma forma de viver a vida, um caminho, um princípio baseado no respeito, na aceitação e na gratidão; é uma presença de fundo. Distancia-se do conceito de sentimento idealizado romântico (inacessível por se afastar da realidade) para algo mais prático, palpável, observado através das atitudes.

No conhecimento sistêmico, Amor significa: *"te tomo tal como és"* – incluindo o sistema do outro, o seu passado e o seu destino. Opõe-se ao desejo de querer mudá-lo(a), que significa falta de amor por ele(a), sendo o germe da separação. Idealizar alguém é faltar-lhe com o respeito; é vê-lo através de uma projeção. Denota uma vontade oculta de que o(a) companheiro(a) desapareça tal como é e se transforme no ideal almejado. É um desejo assassino. Esta pessoa começa, então, a entrar em uma disputa de poder na qual o amor é eliminado.

O amor adulto ama o outro como é, agradecendo-o por ser assim; renuncia que o outro se encarregue das necessidades alheias e assume a responsabilidade pelas carências e pela cura pessoal.

Reparação dos danos

Somente quando estamos no "Estado Adulto do Eu" conseguimos responsabilizar-nos pelos equívocos e danos cometidos. Só damo-nos conta da gravidade dos nossos atos e suas consequências se olharmos com amor e responsabilidade para tudo que aconteceu. Esse momento é seguido pela providência a ser tomada, aceitando as implicações do que fizemos e seus resultados. Inclusive a represália advinda como resposta aos nossos atos, o silêncio punitivo, a despedida... cada um com a ação (ou reação – conforme seu entendimento) possível no momento. Só podemos retribuir com o que temos e somos seres em graus diferentes de evolução e compreensão.

Bert Hellinger diz que somente uma criança pode ser inocente. Um adulto responsabiliza-se pelas ações e escolhas tomadas, admite a culpa consciente, não a despeja sobre a outra pessoa (abdicando da autoria do ato); assume o compromisso da reparação. Reparar um dano é uma conduta de amor consigo e com o outro, mas, principalmente, com os futuros descendentes que, por amor cego, tentarão concluir o ciclo inacabado, resolvendo o que não foi resolvido, declinando de viver a sua própria vida por fidelidade.

Somos a primeira geração com conhecimentos, ferramentas e consciência para diminuir a carga que será atribuída aos nossos descendentes. Esse é um presente que mostra um caminho de evolução na compreensão. Estamos fazendo história – uma história de amor, reconciliação, reparação e saltos quânticos para muito além do que podemos atualmente entender, ainda adstritos na mente linear.

Amor também é graduar a ressonância
Ressonância e escolha pessoal

Tudo no universo opera através de vibração. A ressonância é permanente quando duas pessoas se relacionaram. Mesmo que estejam distantes elas seguirão tendo uma relação interativa[12]. Tudo que uma faz afeta a outra pessoa. Todos

---

[12] De acordo com a Física Quântica, quando temos duas partículas próximas que são posteriormente separadas, observa-se que ainda continuam reagindo uma à outra. Ou seja, se movimentarmos uma, a outra também se movimenta. Não importa a distância seguem interagindo porque foram "tocadas" pela energia da outra.

os movimentos são compartilhados, estamos em movimento constante. Observe que as frequências mais altas são mais poderosas que as frequências mais baixas.

Assim, quando um dos dois está pior, a energia piora para os dois. Se um dos dois está melhor (alegria, força, amor) a energia dos demais também se eleva. Todos recebem essa mesma ressonância. Por exemplo: se estou em gratidão, todos (que se relacionam ou se relacionaram comigo) recebem essa ressonância e podem escolher a gratidão. Existe liberdade em escolher com o que sintonizar: gratidão ou permanecer naquilo que estamos sentindo.

Então, o inverso também acontece: se alguém está deprimido ou se sente culpado isso irá afetar aos outros por sintonia. Qual é a solução? Estar consciente e continuamente perceber e escolher o que sentir. É possível sentir uma tristeza injustificada, sem motivo aparente, por razão ignorada, porque há uma ressonância com um conflito, uma tragédia de uma ou várias pessoas que estão em sintonia. Esse é o momento valoroso da consciência e da escolha: seguir na ressonância ou fazer/sentir outra coisa.

Amar ao invés de excluir faz toda a diferença

Amar ao invés de excluir faz toda a diferença. Quando "respiro no coração" e incluo tudo, acolhendo as diferenças, ao mesmo tempo sinto-me fazendo parte, incluída e vibrando em amor. Olhar com amor não é interferir; é agir ajudando a alimentar uma frequência de cura natural; expandir a frequência e ser um canal e instrumento para mais amor.

Sobre as crises, a integração e o modelo quântico

As crises são necessárias. Convidam-nos a olhar para algo que acontece na vida e soltá-lo. Cada dificuldade é, verdadeiramente, um recurso que gera mais autonomia. Pode mostrar-se em diversas áreas: uma questão de saúde, de relacionamento, de trabalho... Entretanto, seu objetivo é sempre promover uma Integração.

Nossa vida é a matéria prima para mais aprendizado. As dificuldades vão surgindo como uma metáfora espelhando o que é necessário liberar. Assim, o que está dentro, está fora, fazemos parte de um Todo Maior e somos o próprio Todo. Esse é o modelo quântico. Em uma visão profunda não existe "o outro"... Esse "outro" sou eu. A meta do Vazio Criador é levar-nos a uma reunificação interna e com tudo o que nos rodeia. O que me dirige à reflexão de que, quanticamente, compreendemos que além do Vazio Criador, essa força criadora original presente em tudo, a Grande Consciência, existe "aquilo além do Vazio Criador", o que "não é Vazio Criador" – outra polaridade, que, por lógica, inferimos existir mas, ainda, é incompreensível e intocável por nós, assim como o próprio Vazio Criador em si, ainda que estejamos vinculados a ele, como partícula do Universo e, portanto, também, como onda. Às vezes sou partícula, aqui e agora, às vezes sou onda, quando me permito o salto quântico, a conexão e a integração além de mim.

1º Caso

O efeito do olhar amoroso

Tudo aconteceu durante uma Constelação. Ainda que teoricamente saibamos o efeito do olhar amoroso, ver a cena se descortinando ao vivo é um presente. A cliente veio constelar uma dificuldade de relacionamento com um dos filhos que se colocava emocionalmente distante.

- **Inicialmente no campo**
Representantes[13] da cliente e do filho.

No transcurso da constelação evidenciaram-se as intrincações com os ancestrais. Ela estava identificada com a dor de uma

---

[13] Os representantes são deslocados por uma força do campo e se deixam levar sem interferência, expectativa ou intenção. A arte do constelar e do representar está vinculada às fronteiras que ainda estamos desbravando aliadas à Física Quântica e Biologia.

antepassada que sofreu muito com a perda de vários membros da família. Havia muita raiva e pesar. Seu filho estava afastado, paralisado, olhando o ancestral que provocou essa dor. Muitos foram chamados pelo campo. Mãe e filho não se olhavam. Cada qual com todos os sentidos no foco de sua atenção (antepassada e ancestral). Com o desenrolar da constelação mãe e filho se olham e se abraçam fortemente após a ancestral e o assassino se reconciliarem.

- **O diferencial nessa constelação:**
Olhar amoroso transformador

Conforme os movimentos aconteciam a cliente olhava com muito amor para todos os envolvidos e percebia-se que compreendia com seu coração, muito além do racional, o que acontecia e integrava as informações mostradas pelo campo. Pouquíssimas frases sanadoras foram ditas.

Foi o olhar de completo Amor da cliente sobre tudo que acontecia que proporcionou a cura. Houve uma mudança perceptível na energia da sala que se inundou de Amor e gerou uma forte ressonância de magnitude inefável. Ao final a cliente sentia-se energizada e tomada de alegria.

Visualização do olhar amoroso para você

Tome um tempo... Respire agora. Respire acolhendo tudo. Sinta a vibração do Amor te preenchendo e se expandindo ao teu redor. Crie essa imagem, conecte-se com essa frequência. Agora olhe para algo que te desagrada em ti ou na tua vida, sem julgamento, olhe com Amor para isso.

Abstenha-se de fazer, pensar ou desejar. Apenas olhe e ame essa questão assim como ela é, compreendendo que ela tem um propósito de ser, por pelo menos três minutos. Isso criará uma nova ressonância, uma ligação amorosa onde antes havia dor. Olhe com Amor! Crie um novo campo de informação.

Visualização do olhar amoroso para outra pessoa

Tome um tempo... Respire agora. Respire acolhendo tudo. Sinta a vibração do Amor te preenchendo e se expandindo ao teu redor. Crie essa imagem, conecte-se com essa frequência. Agora olhe com Amor, sem julgamento para alguma dificuldade de alguém ou para uma pessoa que lhe pediu ajuda.

Abstenha-se de fazer, pensar ou desejar. Apenas olhe e ame essa questão assim como ela é, compreendendo que ela tem um propósito de ser, por pelo menos três minutos. Isso criará uma nova ressonância, uma ligação amorosa onde antes havia dor. Olhe com Amor! Crie um novo campo de informação.

2º Caso

Eu decido: estou viva e ficarei viva!

Frequentemente os campos de constelação nos mostram muitos antepassados mortos com os quais os clientes estão emaranhados em fidelidades através de um amor cego.

A cliente veio constelar pelo filho adolescente que tinha dificuldades de se relacionar com seus iguais, também sentia-se apático. Desistiu do tema inicialmente de seu interesse após assistir a palestra de abertura e resolveu constelar um tema pessoal. Sentia-se entristecida, sem vontade de viver.

- **Inicialmente no campo**

Somente a representante da cliente.

Ao entrar no campo sua representante perambulou com os olhos entreabertos sem encontrar um lugar e, depois, deitou-se em posição fetal no solo. O campo revelou que ela estava identificada com uma série de abortos de ancestrais. Conforme foram entrando os representantes dos abortos a representante da cliente conseguiu afastar-se um pouco e agarrou-se às pernas da representante de sua mãe que já tinha entrado no campo. Pouco a pouco sentaram-se no chão e a representante da cliente aninhou-se no colo da representante de sua mãe. A cliente chorava muito olhando a cena. Passado um tempo ficou claro que a representante da cliente necessitava apropriar-se mais desse momento.

- **O diferencial nessa constelação**
Inserção da cliente no campo

A cliente foi convidada a entrar no campo com a decisão consciente de viver, apropriada da força da ancestralidade. Enquanto sua representante tomava da mãe, a cliente caminhava lentamente atravessando a sala e dizendo em voz alta, em tom afirmativo: seu nome, sua idade, sua filiação e sua decisão: *"Eu estou viva e escolho viver a minha vida, aqui e agora, no presente"*! Ao final a cliente sentia-se muito leve e aliviada. Dias depois entrou em contato informando que o filho estava transformado, falante e se relacionando na escola.

- **Exercício de reencontro consigo**

De olhos abertos imagine que você está diante de você mesmo, a uma distância de 1,5 m. Olhe para você. Agora ocupe o lugar da cópia. Como sua cópia olha para você? Vá trocando os lugares e diga: *"Eu me vejo, eu me acolho como sou, com amor. Eu me permito ser quem sou"*! até sentir a completa integração. Pode ser que ao final vocês tenham se aproximado e ocupem o mesmo espaço – completa integração.

Se em algum momento um de vocês olhar para algum lugar diferente, ocupe esse lugar, integre com Amor e volte para o lugar que ocupava anteriormente a esse movimento.

- **Exercício de reconciliação com outra pessoa**

De olhos abertos imagine que você está diante da pessoa com a qual você deseja se reconciliar, a uma distância de 1,5 m. Olhe para ela. Agora ocupe o lugar dela. Perceba como ela olha para você. O que sente? Vá trocando os lugares até sentir uma integração no seu coração. Do seu lugar (somente quando você estiver se representando) você pode dizer para a outra pessoa: *"Eu te vejo! Obrigada por seres como és! Obrigada pela oportunidade de evolução"*!

Se em algum momento um de vocês olhar para algum lugar diferente, diga a esse lugar: *"Eu te vejo e te incluo com Amor! Obrigada"*! Integre com Amor e volte para o lugar que ocupava anteriormente a esse movimento.

Visualizações extras

Reconexão

Sente-se confortavelmente com os pés no chão e coluna ereta. Respire. Perceba o espaço que você ocupa. Perceba sua energia. Respire profundamente.

A partir do seu coração conecte-se, através de um fio de luz, com a Mãe Terra, com o coração de ferro e fogo do planeta. Sinta a energia subindo pela sua coluna em direção ao seu coração.

A partir do seu coração conecte-se, através de um fio de luz, com o Pai Céu e a luz da tua estrela. Sinta a energia descendo a partir da sua cabeça, pela sua coluna, em direção ao seu coração.

Sinta essas energias correrem a sua coluna em uma dança de integração, limpando e energizando seu corpo e, ao mesmo tempo, reconectando você às forças do Céu e da Terra.

Sinta o seu coração, acalme as energias e absorva para si o tanto de energia que você necessita. O restante você inunda a sala, distribui para o ambiente.

Respire. Sinta-se conectado.

Células felizes

Sente-se confortavelmente com os pés no chão e coluna ereta. Respire. Perceba o espaço que você ocupa. Perceba sua energia. Respire profundamente.

Vá interiorizando-se a cada respiração. Escolha um sistema do corpo, agora um órgão (o órgão que você sentir a maior necessidade de olhar amoroso, de cuidados).

Olhe para esse órgão com Amor. Leve a sua respiração até esse órgão. Leve vida! Agora foque uma célula. Olhe essa célula com amor. Entre nela. Mergulhe em seus espaços vazios e preencha de amor e felicidade. Agora vá para o núcleo celular. Entre nele. Mergulhe em seus espaços vazios e preencha de amor e felicidade. Agora penetre no nucléolo. Mergulhe em seus espaços vazios e preencha de amor e felicidade.

Você chegou até a dupla hélice do DNA, olhe com Amor para todos os 23 pares de cromossomos herdados de seus pais e da ancestralidade. Diga "sim" à todas as histórias contida neles.

Perceba que com isso a sua célula já está sorrindo feliz. Essa felicidade se expande para as células vizinhas, o órgão inteiro sorri[14], também o sistema ao qual esse órgão pertence. Agora todo corpo vibra e sorri, todas as suas células estão felizes! Você é puro "sim" e está disponível para descortinar todas a infinitas possibilidades.

Respire. Sinta-se conectado com essa energia de cura.

Tomar pai e mãe

Sente-se confortavelmente com os pés no chão e coluna ereta. Respire. Perceba o espaço que você ocupa. Perceba sua energia. Respire profundamente.

Imagine atrás de você, ao lado esquerdo, a sua mãe biológica ou energia feminina. Se houve alguma figura feminina importante na sua infância imagine ao lado de sua mãe.

Imagine atrás de você, ao lado direito, o seu pai biológico ou energia masculina. Se houve alguma figura masculina importante na sua infância imagine ao lado do seu pai.

---

[14] Segundo Brigitte Champetier de Ribes já relatou em diversos *workshops* através do sorriso verdadeiro (de coração) atingimos o estado de onda, saímos de um estado de defesa e estamos abertos para o novo.

Atrás dos seus pais você imagina os seus avós.

Imagine que do coração deles sai um fio dourado em direção às costas dos seus pais, na altura do coração deles. É a força da vida!

Imagine que do coração dos seus pais sai um fio dourado em direção as suas costas na altura do seu coração. É a força da vida!

Sinta-se preenchido dessa energia e conectado a eles através da força da Vida!

Então você se vira e olha para os seus pais e seus avós. Faz uma reverência a eles baixando a cabeça e diz: *"Obrigada! Eu digo sim à vida que veio de vocês! Eu sou o pequeno e vocês os grandes. Tomo meu lugar de filho. Agora eu sigo."*

Imagine que você se vira, sentindo a força que vem da sua ancestralidade. Na sua frente está o seu caminho. Você começa a caminhar dizendo: *"Eu escolho viver a minha vida"!*

Assim, eu finalizo o texto, possibilitando que você tome a força de toda ancestralidade, no seu lugar de neto(a), de filho(a), no seu lugar no mundo! Onde a sua força é real e infinita, com seus caminhos abertos para todas as novas possibilidades, pronto para o próximo salto quântico que o lançará a um patamar de mais compreensão, transformação e cura.

"A Cura de um é a Cura de todos"!

Referências

BARRET, Sondra. Os segredos das suas células. São Paulo: Cultrix, 2016.

BARTLET, Richard. La física de los Milagros: cómo acceder a todo el potencial de la conciencia. Barcelona: Sirio, 2009.

BERNE, Eric. Análise Transacional em Psicoterapia. São Paulo: Summus, 1967.

CARDON A.; LENHARDT V.; NICOLAS P. Análisis transaccional: conócete a ti mismo a través de tus relaciones con los demás. Barcelona: Amat, 2017.

CHILDRE, D.; MARTIN, H.; ROZMAN, D.; McCRATY, R. La inteligencia del corazón: cómo conectar con la intuición del corazón. Barcelona: Obelisco, 2017.

DANUCALOV, Á. D. M.; SIMÕES, R. S. Neurofisiologia da meditação. São Paulo: Phorte, 2006.

EDWARDS, Gill. El triángulo dramático de Karpman: cómo transcender los roles de perseguidor, salvador o víctima. Madrid: Gaia, 2011.

GATI, D. Alejandro. La biologia no miente: revolución em salud. Barcelona: Sincronía, 2017.

HELLINGER, Bert. A fonte não pergunta pelo caminho: um livro de consulta. Patos de Minas: Atman, 2005.

HELLINGER, Bert. La verdad en movimento. Buenos Aires: Alma Lepik, 2008.

HELLINGER, Bert. Mística cotidiana: caminos de experiências espirituales. Buenos Aires: Alma Lepik, 2008.

HELLINGER, Bert. O amor do espírito. Gioânia: Atman, 2012.

HELLINGER, Bert. Ordens do amor: um guia para o trabalho com constelações familiares. São Paulo: Cultrix, 2014.

LIPTON, H. Bruce. A biologia da crença: o poder da consciência sobre a matéria e os milagres. São Paulo: Butterfly, 2007.

MCTAGGART, Lynne. El campo: em busca de la fuerza secreta que mueve el universo. Málaga: Sírio, 2002.

RIBES, C. Brigitte. Empezar a Constelar: apoyando los primeros pasos del constelador, en sintonía con el movimiento del espíritu. Madrid: Gaia, 2010.

RIBES, C. Brigitte. Las Fuerzas del Amor: las nuevas constelaciones familiares. Madrid: Gaia, 2017.

ROSENBLUM, B.; KUTTNER, F. O enigma quântico: o encontro da física com a consciência. Rio de Janeiro: Zahar, 2011.

SHELDRAKE, Rupert. Uma nova ciência da vida: a hipótese da causação formativa e os problemas não resolvidos da biologia. São Paulo: Cultrix, 2013.

STADEN, S. V. Siranus. Energía cuántica: el secreto de las transformaciones y sanaciones extraordinarias. Barcelona: Obelisco, 2013.

STEWART I.; JOINES V. AT hoy: una nueva introducción al análisis transaccional. Madrid: CCS, 2017.

Referências de internet

GIL, HECTOR. La filosofía de las constelaciones familiares: entrevista a Brigitte Champetier (2016). Disponível em: <https://www.revistaesfinge.com/entrevistas/item/1362-la-filosofia-de-las-constelaciones-familiares-entrevista-a-brigitte-champetier>. Acesso em: 30 ago. 2019.

RIBES, C. Brigitte. Las Nuevas Constelaciones Familiares (2017). Disponível em: <https://www.insconsfa.com/art_las_nuevas_constelaciones_familiares.php>. Acesso em: 02 set. 2019.

SOARES, Elza. O Que Significa Tomar nossos Pais? (2017). Disponível em: <https://www.youtube.com/watch?v=k8TqkDSTWGM>. Acesso em: 28 ago. 2019.

Constelação Sistêmica e o Sucesso Profissional e Financeiro

Andrea Emboaba

Andrea Emboaba

Filha de Ernesto e Idalina.
Terapeuta, Palestrante, Escritora, Treinadora de Desenv. Humano, especialista em Constelação Familiar, Direito Sistêmico, Empresarial.
Participa de Projetos como o do Instituto Dankeno no DF, atuando como Consteladora dos Deputados Federais que fazem parte do programa de diferenciação parlamentar. Em parceria com Patricia Brazil, atua como Consteladora das mulheres empreendedoras que participam da plataforma 'Ela Sonha Ela Faz' e com Tatiana Vial, referência em Inteligência Comunicativa, atuando também como Consteladora de forma complementar em diversos projetos.

Você já parou para pensar que o seu sucesso profissional pode estar vinculado com a relação que você possui com a sua mãe?

Sim, simples assim, vou explicar um pouco mais sobre isso.

Por vezes, distinguimos e separamos o nosso sucesso pessoal e nos relacionamentos do nosso sucesso profissional. Contudo, eles seguem as mesmas leis do êxito e do fracasso e estão interligados, pois os seus resultados se afetam diretamente.

O nosso êxito profissional e financeiro depende, portanto, do nosso primeiro êxito na vida, o nosso nascimento e o nosso primeiro contato com a mãe.

O alemão Bert Hellinger, filósofo, teólogo e psicoterapeuta, pesquisou profundamente em suas experiências com dinâmica de grupos, terapia primal, análise transacional e processos de hipnose terapêutica, e demonstrou, por exemplo, que um movimento interrompido em direção à mãe é um obstáculo decisivo para o sucesso em nosso trabalho.

As Constelações abordam esses assuntos e promovem aprendizados e vivências que apoiam os participantes a integrar esse conhecimento e ressignificar eventuais desordens.

Mas temos que estar preparados para encarar essas considerações, pois se eu tivesse ouvido isso até os meus 30 anos, com certeza não teria dado a importância que esse tema traz.

Temos que ter em mente que todo ser humano tem que querer mudar o cenário construído durante toda uma vida, e tomar isso para si de fato, só assim as coisas mudam, como num passe de mágica, mas essa mágica pode levar um tempo dependendo das suas convicções, crenças, pontos de vista e julgamentos. Uma vez que se libertar de tudo isso, a mágica acontece. O que quero dizer aqui, basicamente, é que não adianta forçar ninguém a fazer uma Constelação, pois não terá o efeito esperado para quem ainda não está preparado para olhar para seus emaranhados familiares e assim tomar as rédeas da sua vida e seguir em frente.

1º. Passo para o sucesso é o TOMAR PAI E MÃE
Premissa básica para o sucesso profissional e financeiro

O que é Sucesso Profissional?

"O **sucesso profissional** é um conceito subjetivo. Reconhecimento no mercado, conforto financeiro, carro da empresa, viagens internacionais, "virar chefe", ter o próprio negócio ou alcançar um cargo no alto escalão da empresa podem ser a medida do **sucesso** para algumas pessoas.

Para outras, a ideia de sucesso profissional está ligada a ter mais tempo para a família, ter desafios intelectuais, ou até trabalhar menos. Independentemente do que você considera sucesso profissional, existem atitudes que podem ajudá-lo a trilhar o caminho para atingir e manter seus objetivos de carreira."[1]

Considerando a citação acima e o conteúdo referente às dicas para se alcançar o sucesso profissional, contidas no link do qual foi extraída esta citação, aqui trago dicas importantes neste sentido, de uma forma mais leve e palpável, de forma definitiva, pois com seu sistema familiar em ordem (que é o objetivo de uma Constelação, colocar o sistema em ordem), e depois de ter tomado pai e mãe, seguramente você vai encontrar o seu sucesso profissional e financeiro.

Nossos pais são a base de tudo em nossas vidas.

---
[1] Fonte: https://www.guiadacarreira.com.br/carreira/como-obter-sucesso-profissional/

Na questão Profissional e Financeira, Bert Hellinger diz que a "Mãe é a cara do sucesso", o ganhar dinheiro, pois é ela que nutre, o Pai é o que abre o caminho à carreira e à manutenção do dinheiro, ou seja, ambos trazem, então, a Prosperidade.

> *"Enquanto nós temos reivindicações e julgamentos aos nossos pais, nós podemos ficar impedidos de chegar ao sucesso."* Bert Hellinger

Mas tomo muito cuidado em colocar isso como regra pois diante de vários casos há situações que se invertem ou outras em que a lealdade é com o insucesso familiar como um todo, não propriamente dito com o pai ou a mãe. Por isso, o diagnóstico inicial é muito importante.

O que é exatamente tomar pai e mãe?

Acredito que aqui seja o passo mais importante e ao mesmo tempo mais desafiador que enfrentamos:

Olhar para os pais e agradecer por tudo que recebeu durante a vida é o que permitirá seguir adiante.

Os pais são nossos primeiros acessos às emoções, ao afeto, à atenção, ao carinho, ao amor, mas também à dor, à insatisfação e às frustrações.

Independentemente de qualquer coisa, nada muda o fato de eles serem os seus pais, mesmo que você nunca os tenha conhecido. E quanto antes você os aceitar, mais rápido você vai seguir a vida de forma leve e plena, com tudo o que ela tem a te oferecer. O vínculo que temos com eles é o nosso mais importante contato com a vida, e mais uma vez repito, independentemente de tê-los conhecido ou convivido com eles. Quando excluímos nossos pais biológicos sejam eles quem foram, estamos, num nível profundo, rompendo com a nossa própria vida. Isso não exclui os momentos difíceis que passamos. Mas como filhos, nós os honramos quando deixamos com eles todas as consequências sobre aquilo que foram.

Aceitá-los exatamente como eles são, saber que eles são tão humanos quanto nós e estão sujeitos aos erros e acertos, como nós.

Entender que eles foram os melhores para você, independentemente de quem eles foram, independentemente de terem vivido com você, independentemente de você tê-los conhecido.

Quando olhamos esses pais a partir de um lugar diferente, podemos tomar a força que vem deles e, apesar de eles não terem conseguido construir um vínculo de afeto que tanto almejamos a vida toda, podemos nos libertar para fazer diferente com as pessoas que amamos.

Simplesmente abrir mão do julgamento e acusações, lembrar que eles assim como nós são pessoas humanas e imperfeitas, que eles também fazem parte de um contexto maior, que também são filhos, netos, bisnetos e também passaram por muita dor, e não conseguiram e não conseguem em grande parte fazerem diferente, eles são os melhores que eles conseguem ser.

Tomar nossos pais é tomar a vida como ela foi apresentada a você, sem questionar, apenas tomá-la e seguir adiante.

Tem um livro que retrata muito bem isso que se chama "Onde estão minhas Moedas", de Joan Garrida Bacardí, o qual recomendo a leitura.

Minha professora do curso de Constelação costumava dar um exemplo que elucida muito bem isso, que é mais ou menos assim:

É como se estivéssemos com muita sede e pedíssemos um copo de água a alguém, e essa pessoa nos desse um copo de água, num copo de plástico, meio sujo, água natural, sem gelo, com uma aparência meio estranha, porém era tudo que ela tinha naquele momento para oferecer, e nós pegamos aquele copo de água na mão e, mesmo morrendo de sede, começamos a reclamar, que o copo está velho, a água sem gelo, meio turva, e começamos a enumerar mil e uma coisas sobre aquele velho copo de água, e não bebemos a água, permanecemos com o copo nas mãos apenas questionando e intencionando que queríamos que fosse diferente. Porém a única coisa que tínhamos que fazer era tomar aquela água, pois, ela saciaria a nossa sede e teríamos então força para seguir nosso caminho, mas não o fazemos e vamos cada vez mais ficando sem força, sedentos por algo que está a nossa frente...

É isso, só temos que tomar a vida que nossos pais nos deram, seja como for, pois eles nos deram tudo que puderam, eles nos deram nosso maior bem que é a nossa vida, e isso deveria nos bastar.

Quando tomamos a vida deles, absolutamente tudo flui.

Caso real

Nos meus atendimentos, dou a opção de termos uma sessão de terapia sistêmica uma semana antes da Constelação de fato, assim damos mais força a própria Constelação quando ela acontece.

Bom, mas vamos aos fatos deste caso específico:

A cliente perdeu o pai há alguns anos e tem um péssimo relacionamento com a mãe, e quando me procurou além de apontar esses fatos disse que sua situação financeira estava muito comprometida.

Então durante a consulta, expliquei a ela sobre as leis sistêmicas e mostrei que o primeiro passo a dar era olhar para esses pais com aceitação, entendendo que ela só precisava tomar a vida que foi dada por eles a ela na sua totalidade e sem julgamento, literalmente aceitando-os como são. Passei dois exercícios que ela deveria fazer todos os dias por uma semana, até o nosso próximo encontro. E claro que ela aceitou prontamente.

Dois dias depois desse nosso encontro ela teve um evento para vender seus produtos, e sua mãe estaria junto, e ela estava muito ansiosa com esse fato, de ambas trabalharem juntas naquele momento e conseguir permanecer no lugar de filha, olhando para a mãe como filha e a aceitando exatamente como ela é.

Evento aconteceu como previsto, porém o que não era previsto foi a fluidez com que tudo ocorreu, ambas trabalharam durante o evento em completa harmonia e de 150 peças que tinham no estande só restaram cinco. Ela me mandou uma mensagem emocionada, dizendo que o estande dela parecia um imã e todos paravam lá, e que os demais estandes não venderam quase nada e o dela com fila o tempo todo, ela ficou de fato impactada com o resultado dos nossos exercícios e voltou para Constelar muito mais preparada e de coração aberto.

O sorriso e a satisfação em seu rosto eram contagiantes, ela me disse que não entendia como, mas que depois que tudo se desenrolou como eu havia dito, via que tudo fazia sentido e que estava em êxtase com tudo o que estava vivendo. Por fim ela Constelou e duas ou três semanas depois me mandou outro áudio, dizendo que a relação com a mãe de fato mudara, que estava muito mais leve e fluída e que mais um evento aconteceu e mais uma vez o resultado financeiro foi inesperado.

Mas vou exemplificar com outro caso de muito sucesso, pois foi baseado nele que me tornei uma consteladora: o meu caso.

Não vou entrar em muitos detalhes, mas as constelações salvaram minha vida. Eu vivi momentos de altos e baixos, passei fome em três fases da minha vida, e sempre lutei muito para me manter, nunca estava feliz nos meus trabalhos e muitas dificuldades me rodeavam, e não entendia porque eu fazia tudo certo e sempre dava um passo para a frente e dois para trás.

Até que entendi e comecei meu processo de honrar e tomar meus pais, e como mágica minha vida transformou. Antes vivia endividada e numa busca de algo que eu nem sabia o que era, depois de tomá-los tudo foi pago, e hoje sempre tenho economias para qualquer eventualidade, consigo pagar cursos e cursos que sempre sonhei fazer e nunca pude, moro numa casa que amo, e faço tudo que tenho vontade, dentro dos meus limites, é claro, pois como dito acima, cada um tem seu ponto de vista sobre o Sucesso, e hoje me considero uma pessoa bem sucedida profissionalmente e financeiramente. E aquele vazio que existia em mim, que vivia buscando preencher desapareceu, me sinto plena e completa e a vida flui de forma que nunca imaginei ser possível.

As 3 Leis Sistêmicas, também chamadas de Ordens do Amor: forças que regem os relacionamentos humanos

Tomar Pai e Mãe faz parte de uma das três Leis Sistêmicas, também chamadas de Ordens do Amor: forças que regem os relacionamentos humanos, lei conhecida como Hierarquia.

Os relacionamentos são bem sucedidos quando conseguimos atender a essas necessidades e equilibrá-las.

> Essas são leis naturais ocultas que modelam e regem o comportamento dos sistemas de relações humanas.
>
> Na família e no grupo familiar existe uma necessidade de vínculo e de compensação, partilhada por todos, que não tolera a exclusão de nenhum membro. Bert Hellinger

2º. Passo é o Movimento

Para que haja cura, harmonia e paz, além da presença das Leis Sistêmicas nos relacionamentos, é preciso que haja movimento, seja uma mudança no olhar, a inclusão, a ocupação do lugar dentro do sistema ou o caminhar até os pais. Isso também reflete na questão profissional e financeira.

Por exemplo: Um Pai que foi excluído por qualquer razão que seja, por ele ter abandonado a família, um Pai ausente, um Pai alcoólatra, ou até mesmo o Pai estuprador que ninguém toca no assunto, pela dor que isso causou e ainda causa, porém esses Pais sejam eles quem foram pertencem ao sistema familiar e devemos dar um lugar a eles. Veja, esse lugar não quer dizer fisicamente, mas apenas sistemicamente e reconhecer que esse homem, por pior que tenha agido, é responsável pela sua vida, ele lhe deu a vida, e a vida é o bem mais precioso que temos. Você não precisa concordar com tudo o que passou, mas dar um lugar a esse Pai é fundamental para que seu sistema esteja equilibrado e que tudo flua de forma harmônica em sua vida.

Qual o primeiro movimento? Toma-se a vida. Ela nos é presenteada. Recebemos a vida ao tomá-la com tudo o que pertence a ela.

O que tomamos primeiro são nossos pais como eles são. Ao tomar nossos pais tais como são, tomamos nossa vida.

Apenas quando existir um olhar para aquilo que o sistema evita, uma aceitação de que existem dinâmicas sobre as quais não se tem consciência e, verdadeiramente, sentir e saber que os pais deram o maior presente que jamais irá receber de outras pessoas, que é a vida, só assim será possível seguir em frente, em direção à própria vida.

É olhar para tudo como foi e aceitar de fato, e tomar de fato, pelo preço que custou a eles e a você. Sei que não é uma tarefa fácil, eu passei por uma experiência assim, tomar os meus pais levou algum tempo, mas quando eu consegui, senti os efeitos imediatos em minha carreira e minha estabilidade financeira, por isso hoje estou aqui escrevendo tudo isso para você, pois a Constelação mudou a minha vida, ou melhor, salvou minha vida.

Tomar e honrar pai e mãe

Ainda na questão Tomar e Honrar nossos Pais, nosso maior sucesso foi chegar à vida. Não há sucesso maior. Ter recebido a vida é o maior de todos os sucessos. Sem este, não haveria outros, e quando nos conscientizamos disso é libertador, é como se tirassem amarras das nossas pernas e descobrimos que nunca havíamos caminhado de fato, na verdade estamos sendo arrastados pela vida.

O sucesso é uma lei da vida. Toda vida é bem sucedida. O importante é tomarmos a vida como vida. Vida e mãe são internamente o mesmo. Quem rejeita sua mãe rejeita a vida.

Se algo na vida é colocado em ordem, também se consegue ordem no campo profissional. Êxito na vida e êxito na profissão, simples assim, basta organizar seu sistema, se colocar no seu lugar, tomar e honrar seus pais e tudo segue na mais perfeita ordem.

Isto tem efeito em muitas áreas também. Quem não tomou sua mãe não pode tomar seu parceiro. A mesma relação que temos com a mãe e com o pai reflete-se na relação de casal, mas isso já faz parte de outro tema.

Sucesso e o Trabalho

Isto se mostra também em nosso trabalho e em nossa profissão. Quem tomou de sua mãe e de seu pai pode transmiti-lo no trabalho. Quer dizer: o trabalho lhe dá prazer. A falta de sucesso no trabalho está totalmente conectada ao nosso sistema familiar de origem e se não tomarmos Pai e Mãe estamos fadados ao fracasso, seja ele financeiro ou seja ele de frustração, pois muitas vezes ganhamos muito dinheiro, mas somos totalmente infelizes com a nossa profissão.

Aquele que sente o trabalho como uma carga não tomou a mãe.

A relação com a mãe se reflete em nossa relação com a profissão e em nossa relação com o dinheiro. Quem não tomou a mãe não pode ter dinheiro. Pode obtê-lo, no entanto, isto lhe causa prazer? Tudo está inter-relacionado.

Muitos me perguntam o que é a Honra aos pais, e eu costumo dizer que é simplesmente aceitá-los como eles são, sem julgamentos, trazendo a consciência que eles foram os melhores que eles puderam, pois também seguiram um padrão e foram leais ao seu sistema de origem e em quase 100% dos casos tudo que fizeram foi de forma inconsciente.

Aqui também pode entrar outro ponto: muitas vezes por amor aos pais, podemos bloquear nosso sucesso profissional e financeiro, inconscientemente é claro, como se disséssemos assim: Se meus pais não atingiram o sucesso eu também não posso. Aqui chamamos de lealdade a nossa família, também chamado de Amor Cego, pois acabamos nos boicotando por amor a eles. Nesse caso quando se constela, cortamos essa interligação de lealdade e podemos seguir nossa vida, sem culpa.

O Cliente

Como essa questão de Tomar e Honrar os pais é tão complexa para a maioria das pessoas, após a Constelação, costumo sempre dar a "lição de casa" para todos os meus clientes, faço uma meditação de Honra aos Pais específica de acordo com a história do constelado, e isso ajuda no movimento, trazendo com mais facilidade e rapidez os resultados esperados.

Abaixo um exemplo clássico da Meditação de Honra aos Pais:

Meditação Sistêmica

Meditação de Honra aos Pais

Preparo

▪ Sente em um lugar confortável, onde não será interrompido (a) por 10 minutos;

▪ De olhos fechados Imagine seu pai e sua mãe biológicos a sua frente (mesmo que não tenha conhecido um deles ou mesmo os dois, imagine uma Luz no lugar);

■ Algumas frases abaixo podem não ser possíveis de dizer, e tudo bem, fale o que for possível, mas fale com o coração.

Se conecte com eles e diga em voz alta:

Querido Papai, Querida Mamãe.

Eu amo vocês.

Eu Honro Vocês.

Vocês são os grandes e eu a(o) pequena(o).

Mesmo não concordando com tudo como foi, eu não tinha e não tenho o direito de julgá-los.

Peço perdão pelos meus julgamentos e cobranças, eu não sabia como era.

Agora eu entendo e recebo a vida de vocês exatamente como foi e como é.

Eu digo SIM à vida.

Eu digo SIM, eu digo SIM, Eu digo SIM.

Eu sou 50% papai e 50% a mamãe.

Eu tomo a vida, na sua totalidade, pelo preço que custou a vocês e a mim.

Tudo o que aconteceu entre vocês não é problema meu, é problema de vocês.

Por isso deixo com vocês o que é de vocês e levo comigo somente o que é meu.

Pois já sou uma(um) adulta(o) e vou seguir o meu caminho.

Mas sempre terei vocês em meu coração.

Vocês foram os melhores pais que eu poderia ter tido.

E sou muito grata pela vida que me deram.

Mas agora eu sigo, levando comigo somente o que é meu.

Pois vocês são os grandes e eu a(o) pequena(o).

Vou fazer diferente, nem melhor, nem pior, apenas diferente por amor a vocês!

Peço para tomar a força de vocês para que eu possa seguir o meu caminho.

Agora, imagine seus pais caminhando até suas costas, e cada um deles colocando a mão em cada um dos seus ombros, papai colocando a mão no ombro direito e mamãe no ombro esquerdo, e tome a força deles.

É essa força que nos traz prosperidade, abundância, harmonia, fluidez, plenitude, bons relacionamentos, segurança, ... só os nossos pais têm essa força para nos dar, ninguém mais.

E quando achar que tomou o suficiente, imaginariamente ande olhando para a frente e os deixe para trás.

Você também pode fazer essa meditação olhando para a foto dos seus pais.

A Meditação irá acelerar o processo de Tomar e Honrar os Pais.

Constelação Familiar
aplicada à área afetiva

3

Beatriz de Paula Porto

Beatriz de Paula Porto

Filha de José Benedito de Paula e Isabel Arantes de Paula, nascida na cidade de São José dos Campos, Estado de São Paulo, atuo há mais de 25 anos na área de desenvolvimento pessoal e consciência do SER. Iniciei minha jornada profissional como terapeuta holística, trabalhei por 10 anos com terapias como o Reiki (sou mestra Reiki e ministro cursos de formação); Florais de Bach; Massagem Oriental e Terapia Regressiva. Atuo há 15 anos como Psicóloga, sou Especialista em Medicina Comportamental pela UNIFESP; Master Trainer em Psicologia Positiva; Hipnoterapeuta; Master Coach; Psicoterapeuta Reencarnacionista; Terapeuta Fitoenergética. No meu processo de busca incessante em aprimorar meus conhecimentos e atendimentos, conheci a Constelação Familiar, por meio do mestre Bernd Isard durante a formação em Master Coach, e quando surgiu a oportunidade fiz formação completa com a alemã Cornélia Bonekank, e a formação específica de constelação familiar individual e casal com bonecos no atendimento presencial e *on-line*, com a mestra Vera Bassoi. Continuo meus estudos, aprendizados relacionados ao bem-estar e felicidade das pessoas, apoiada pelas minhas principais forças pessoais que são o gosto pelo aprendizado, abertura para o novo, a gratidão e o amor.

O Feminino Sagrado

"Uma pessoa está em paz quando todas as pessoas de sua família têm um lugar em seu coração." Bert Hellinger

Neste capítulo vou apresentar um caso de sucesso com constelação individual com bonecos, *on-line*, cujo tema foi Dificuldades nos Relacionamentos Afetivos e Amorosos, processo em que se manifestam os emaranhamentos familiares e o desequilíbrio na Lei do Pertencimento, uma das três leis das Ordens do Amor que embasam a Constelação Sistêmica Familiar, conforme seu criador Bert Hellinger.

Sobre o termo **Emaranhamentos**, Bert *Hellinger diz: "Emaranhamentos significa que alguém na família retoma e revive inconscientemente o destino de um familiar que viveu antes dele."* Em minha visão quando o sentimento de não pertencer à família está em desarmonia com uma das leis das Ordens do Amor, por exemplo, a *Lei do Pertencimento*, ocorrem os emaranhamentos. A *Lei da Ordem* nos fala que cada membro tem seu lugar próprio no sistema familiar. A presença de algum membro que se sentiu ou foi excluído se manifesta para poder ocupar o seu lugar de direito.

Sobre a **Lei do Pertencimento**, Marusa Gonçalves diz que: *"Os vínculos de pertencimento sempre estão ligados ao amor. Amor por alguém que não foi honrado adequadamente em gerações anteriores e que se mostra na geração atual através dos sintomas físicos, mentais e emocionais, sensações e impedimentos".*

Nos relacionamentos, questões mal resolvidas com o pai e a mãe afetam a vida afetiva e amorosa, pois existe a necessidade de "tomar" os pais e dar-lhes o devido valor e o lugar de precedência de que são merecedores. *Tomar* pai e mãe é aceitar como eles são sem julgamentos ou críticas. Reverenciar o pai e a mãe. Ser-lhes grato pela vida que recebeu e valorizar o que têm de positivo. Ao aceitar a vida, todas as pessoas poderão fazer escolhas mais conscientes e assertivas.

Você tem problemas amorosos? Como se sente olhando para sua vida afetiva? Você tem dificuldades nos relacionamentos e quer conhecer como a Constelação Sistêmica Familiar pode te auxiliar? Então, venha comigo ler este artigo e conhecer este *case* de sucesso.

Caso

Tratando as feridas com o pai nos Relacionamentos Afetivos e honrando a Ancestralidade Feminina.

Cliente sexo feminino, idade 39 anos, brasileira, residindo na Europa, realizou uma constelação individual com bonecos, *on-line*, via Skype.

Queixa: Apresentava relacionamento familiar em desequilíbrio, nutria um forte sentimento de solidão e de abandono em relação ao pai. Por dois anos ficou afastada do pai sem se falarem, mas reataram os laços ao cuidarem juntos da tia materna que adoeceu. Apresentava conflitos com as tias paternas e também dificuldades em se relacionar com o único irmão – havia distanciamento e falta de afeto. Apresentara conflito com a mãe (falecida havia muitos anos), com a qual vinha tendo há tempos sonhos recorrentes de muita agressão e cobranças. Os relacionamentos afetivos estavam em desarmonia, sem continuidade, iniciava tudo muito bem e aos poucos tudo desmoronava, e terminava ficando só, com sensação de tristeza e incapacidade. Após a morte do pai tudo isto vem à tona com muita força, e a sensação de vazio toma conta do seu ser. Na área profissional sentia-se muito bem e realizada. Quando surgiu o convite para trabalho no exterior, aproveitou a oportunidade para ficar longe de todos e assim poder encontrar-se consigo mesma. Já estávamos em processo de psicoterapia quando sugeri que fizéssemos a sua constelação para ampliar o olhar sobre essas questões familiares.

Desenrolar

A Constelação foi realizada via skype utilizando como representantes os bonecos *Playmobil* e outros objetos complementares.

A constelação foi aberta olhando para os pais, reconhecendo onde havia os emaranhamentos. Em relação ao pai vieram à tona a identificação e o grande amor que sentia e sente por ele, e o quanto sofreu pelo "abandono" psíquico ao ser preterida pelo novo relacionamento do mesmo, como se a "outra" ocupasse o seu lugar no coração do pai. Afastou-se do pai por dois anos. Em relação à mãe, já falecida havia anos, ficou claro o quanto a falta dela ainda estava muito presente. Durante a constelação, apareceu nítido o conflito com a mãe, o quanto precisava perdoar, honrar, aceitar e tomá-la em seu coração. Apareceu, ainda, que esta também já trazia de sua mãe (avó da cliente) semelhante conflito.

A cliente relata que foi logo após a morte do pai que vieram à tona, com mais intensidade, os sintomas dos conflitos afetivos, amorosos. Nenhum relacionamento dava certo. Relata também que ficaram mais frequentes os sonhos com a mãe; neles, a mãe se mostrava sempre muito agressiva para com ela. Com tudo isso, sentia que algo estava errado e precisava mudar.

Bert Helling explica sobre os antepassados mortos que:

> "...todos aqueles dos quais se tenha alguma lembrança, até a geração dos avós, – e, às vezes, até a dos bisavós – afetam a família como se estivessem presentes. Principalmente aqueles que foram esquecidos ou excluídos".

Durante os movimentos da constelação ficaram evidenciadas

as manifestações da "alma", dos registros presentes no *campo morfogenético* do sistema familiar da cliente.

O biólogo e pesquisador inglês, *Rupert Sheldrake*, pesquisou e denominou de *"campos"* as regiões de influência não materiais presentes no sistema familiar. Os *campos mórficos* e a *ressonância mórfica* estão gravados no inconsciente pessoal e coletivo familiar e se tornam conscientes durante o movimento da constelação.

Fechamento

Fizemos os ajustes e as frases de solução, a saber, o agradecimento ao pai pela vida e pelo amor que sempre recebeu, o agradecimento à mãe pela vida e pelos cuidados que recebeu, e o pedido de perdão por situações que possam ter ocorrido consciente ou inconscientemente. Para liberar o feminino sagrado, fizemos o ajuste com o ato de reverenciar todas as mulheres do seu sistema familiar, bem como entregar com respeito, amor e gratidão aquilo que a cliente não podia mais levar, de forma que todas se sentissem incluídas, perdoadas e abençoadas.

Algumas falas sistêmicas utilizadas

Para o Pai

Pai, eu agradeço, e sou muito feliz em ser sua filha. Sofri muito com a nossa separação, mas também muito aprendi. Eu te amo, te honro, te respeito, e peço que me abençoe para eu seguir com felicidade em meus relacionamentos afetivos, amorosos. Eu sou sua filha caçula. Tudo agora está bem.

Pai, te peço perdão e te perdoo por algo que tenhamos nos ofendido consciente ou inconscientemente. Com respeito eu deixo com você tudo o que não posso mais carregar e fico com o que você tem de melhor, o seu amor por mim. Eu te amo, meu pai, e recebo a sua benção. Gratidão pela vida.

Para a mãe e ancestrais

"Minha mãe, te honro, sou grata pela vida que me deu, por ter me gerado e recebo em meu coração seu amor materno. Mas, neste momento, com respeito, devolvo ao meu sistema familiar, por meio de você e de todas minhas ancestrais femininas, aquilo que não posso mais carregar. Aprendi muito com as dificuldades e peço a benção de todas para que eu possa seguir em harmonia e amor em meus relacionamentos. Todas estão perdoadas, abençoadas e incluídas em seus lugares de pertencimento.

Gratidão! Gratidão! Gratidão!

Sobre o Feminino Sagrado, podemos dizer que é um caminho de busca, presente em todas as mulheres. Pelo vínculo do amor, uma mulher da geração futura pode manifestar memórias das dores, conflitos e exclusões que suas ancestrais – mães, avós, bisavós, tataravós, etc. – sofreram, e, como consequência, pode vir a apresentar dificuldades nos relacionamentos, na maternidade ou em outros aspectos do feminino.

Neste processo de resgate do feminino podemos reconhecer a influência do fenômeno da multigeracionalidade, em que os acontecimentos que ocorrem em uma geração são repetidos em gerações posteriores por lealdade, mesmo que a geração atual não tenha conhecimento deles. Assim, a lealdade pode ser observada na busca pela identidade e pela necessidade de pertencimento ao seu grupo.

Ao resgatar o feminino através da reverência às ancestrais ocorre a cura de si e das mulheres do sistema familiar, para assim não levar os conflitos e emaranhamentos às gerações futuras.

Projeção para o futuro

Fizemos juntas uma projeção de futuro, escolhendo um representante para seu relacionamento amoroso, colocando-o ao seu lado, e também representantes para as conquistas que fariam juntos. Foi abençoada pelo pai e pela mãe e ancestrais de ambos e agradeceu por esta nova oportunidade de ser feliz. A cliente criou uma frase de empoderamento: **"Com Sabedoria e Amor eu evoluo e cresço."**

Depoimento da cliente após seis meses da constelação:

"Bem... eu me reaproximei do meu irmão. Estamos muito bem, inclusive com a esposa dele. Os sonhos ruins com a minha mãe ainda acontecem, mas com muito menos frequência que antes. Eu encontrei um companheiro. Estamos juntos há um ano e vamos nos mudar juntos para a Ásia em alguns meses. Ele é tão "parecido" com o que eu descrevi na constelação que as vezes me assusta. Nós trabalhamos juntos. Há um ano toda vez que ele vem aqui em casa, me traz flores (isso é uma coisa que me lembra muito meu pai. Ele adorava presentear com flores). Meu companheiro tem um respeito enorme pelos meus pais. Eu me afastei completamente da família do meu pai. Um monte de máscaras caíram e eu consegui me "descolar" desses parentes."

Atualizando o depoimento: *a cliente informou que se mudaram novamente para o outro país por causa do trabalho. Disse, ainda, que o apoio e a ajuda do namorado foram muito importantes e estão muito felizes juntos.*

Conclusão

No processo de se reconciliar, tomar o pai em seu coração e resgatar o "feminino sagrado", por meio do honrar e respeitar a mãe e toda sua ancestralidade feminina e ser abençoada, ela se permitiu amar e ser amada, ter um bom relacionamento e seguir com a vida próspera e feliz.

A Constelação Sistêmica Familiar proporciona a harmonia e o equilíbrio das ordens do amor no sistema familiar. Podemos dizer que a Constelação expande a consciência, possibilita abrir-se para novas possibilidades, novos horizontes se descortinam e a cura se manifesta.

Gratidão!

Agradeço a meus pais, a meus mestres, à minha cliente pela permissão, confiança e disponibilidade e a todos os demais clientes que me fazem melhor a cada dia e me auxiliam a realizar minha Missão de Alma.

Referências

GONÇALVES, Marusa Helena da Graça. *Constelações familiares com bonecos e os elos de amor que vinculam aos ancestrais*. Curitiba: Juruá Editora, 2013.

HAUSNER, Stephan. *Constelações familiares e o caminho da cura*. São Paulo: Pensamento-Cultrix, 2010.

HELLINGER, Bert. *Constelações Familiares: o reconhecimento das ordens do amor*. São Paulo: Pensamento-Cultrix, 2007.

SANTANA, Emília. *Constelação Sistêmica Familiar – As Leis do Amor*. São Paulo: Alfabeto, 2018.

Constelação Familiar
para Crianças e Adolescentes

4

Carmen Mírio

Carmen Mírio

Filha de Alcides Oswaldo Mírio e Maria Clorinda Oswaldo Mírio, nascida na cidade de São Paulo, no estado de São Paulo. Advogada e jornalista, deixou a carreira jurídica há 11 anos, depois de um câncer, para tornar-se terapeuta, ministrante de curso de formação em psicoterapia e consteladora sistêmica familiar. Pós-graduanda em Pedagogia Sistêmica e estudante de Psicologia. Parceira do Instituto Dr. Sérgio Felipe de Oliveira, atuando com Regressão de Memória e Terapia Sistêmica. É apresentadora do programa de rádio Crianças do Século 21 e escritora com quatro livros publicados.

Muitas crianças ousam assumir para si algo dos pais para ajudá-los. Ao fazer isso, violam uma ordem. A criança diz ao pai ou à mãe, sob a influência dessa consciência, frases internas como: "Assumo isso por você.", "Expio isso por você." "Morro por você." "Fico doente por você." Tudo isso por amor, amor cego, todavia. Isso leva a comportamentos como vícios, riscos de suicídio e agressividade. Essas formas de comportamento e a colocação em risco de si mesmo têm a ver com a tentativa de assumir para si algo pelos pais. Assim, a ordem é desrespeitada e a ordem do amor é perturbada. Bert Hellinger

As ordens do amor

As Ordens do amor, descobertas por Bert Hellinger, também chamadas de Leis do Amor, revelam valiosos conhecimentos a respeito do inconsciente individual, coletivo e familiar que todos carregam em si e que atua em cada indivíduo como uma trama invisível que percorre as relações, através das atitudes, mesmo que não se perceba.

O amor, sentimento sublime, pode ser descaracterizado ou mal utilizado, e até gerar conflitos se não seguir uma ordem e, sem esta ordem, ocorrerão dificuldades e perturbações nas relações humanas, sejam elas familiares, sociais, profissionais, empresariais, educacionais, judiciais, além de problemas de saúde física, emocional, mental, espiritual e nas relações.

Para que o amor seja fluído e saudável é importante respeitar as ordens que atuam através do pertencimento, da hierarquia e do equilíbrio. Sem a atuação das ordens, o amor fica desconfigurado. As Ordens podem interferir no amor da seguinte maneira:

O PERTENCIMENTO se baseia no fato de que todos pertencem a um sistema, todos fazem parte e possuem os mesmos direitos. A exclusão de qualquer membro de um sistema, seja familiar, empresarial, educacional ou judicial, acarreta desequilíbrio na ordem, e diversos problemas surgirão para as gerações futuras.

Exemplo de exclusão do sistema familiar: os abortados, os suicidas, os filhos que morreram, aqueles que partiram, filhos fora do casamento, aqueles que foram doados, deficientes e viciados internados e esquecidos, aqueles que optaram por outra religião, outra forma de vida diferente e foram banidos da família. Entretanto, pertencem também ao sistema familiar e não devem ser excluídos: os ex-cônjuges (que devem ser chamados de 1º, 2º marido/esposa), as vítimas de violência e de enganos, os assassinos e os agressores, todos fazem parte.

Na medida em que haja exclusão de qualquer membro, seja na condição que for, ocorrerá um desequilíbrio no sistema familiar, que tentará compensar por meio de outra pessoa, da próxima geração, que ficará no seu lugar e sofrerá as consequências, seguindo até mesmo o destino daquele que foi excluído. Aquele que ocupar o lugar do excluído, por sua vez, se sentirá igualmente excluído, com os mesmos sentimentos, doenças e problemas.

Em sua obra "A própria felicidade" (pág.32), Sophie Hellinger cita:

> O emaranhamento atua de forma impessoal e transgeracional. Ele vê apenas o todo e busca restabelecer a ordem na família por meio do pertencimento, ou seja, unir o que foi separado.

A HIERARQUIA, também denominada de ordem de chegada, age contra aquele que ocupa um lugar que não lhe pertence ou o lugar daquele que veio antes. Ocupar um lugar errado acarreta inúmeros problemas. Quando a ordem hierárquica é alterada, há uma inversão de lugar. Temos como exemplos: o pai que falece ou vai embora ou fica doente, e o filho ou a filha mais velho (a) assume o seu lugar; o filho mais novo que ocupa o lugar do mais velho; os filhos que querem salvar seus pais querendo ser maiores. As consequências são graves, pois é um sacrifício que os filhos fazem e pagam, muitas vezes, com a própria vida.

Muitas crianças assumem lugares que não lhes pertencem e crescem acreditando que estão fazendo o correto pelo amor aos pais, tentando salvá-los. É uma inversão nas ordens do amor.

O preço para tudo isso é muito alto e as consequências são devastadoras. A causa de tudo isso reside no âmbito do inconsciente, porém os efeitos se manifestam na vida cotidiana. Leva muito tempo para se descobrir as causas do sofrimento, da dor e das doenças.

A terceira ordem do amor é a do EQUILÍBRIO entre o dar e o tomar. Quando alguém no relacionamento, seja qual for, dá mais do que o outro pode corresponder, acaba acarretando um desequilíbrio, pois o que recebeu não consegue retribuir e, muitas vezes, vai embora. A cobrança daquele que doou é grande.

Cito como exemplo as crianças que desprezam os pais por receberem em demasia bens materiais.

Diante das ordens do amor, percebemos que a violação dessas ordens traz dor e sofrimento em muitas áreas da vida. Olhamos como consteladores para as dores, as doenças e o sofrimento das crianças e dos adolescentes de maneira mais profunda e buscamos encontrar nas causas da depressão, do suicídio, da automutilação, da agressividade e dos diversos transtornos, atualmente diagnosticados, a origem do amor cego, da fidelidade sistêmica e de estar num lugar que não lhe pertence.

Por intermédio das constelações familiares é possível encontrar as razões, que são diversas, e buscar as soluções para amenizar e até dissolver os dramas que se espalham atualmente. Evidentemente que é uma grande ajuda, e o acompanhamento psicoterápico será muitas vezes necessário para uma compreensão maior, pois uma nova realidade despontará na vida da criança e do adolescente.

As famílias estão em busca de soluções, sem, contudo olharem para si mesmas. É o grande momento de todos – pais, avós, responsáveis, escola e sociedade – pararem, olharem para si mesmos e entenderem que as crianças e os adolescentes são resultados, ou seja, vieram depois de tudo ter acontecido e encontraram a desordem estabelecida.

As crianças e os adolescentes apenas copiam, repetem e imitam pais, avós, família, a escola e a sociedade, que, por sua vez, necessitam urgentemente de mudanças para que o futuro seja mais promissor e civilizado.

Tenho atendido muitas crianças e adolescentes, e neste trabalho apresento dois casos de tentativa de suicídio: o de uma menina de 8 anos, e o de uma garota de 14 anos.

Antes, deixo aqui uma frase de Bert Hellinger:

> *Muita gente julga que o amor tem o poder de superar tudo, que é preciso apenas amar bastante e tudo ficará bem. (...). Para que o amor dê certo, é preciso que exista alguma outra coisa ao lado dele. É necessário que haja o conhecimento e o reconhecimento de uma ordem oculta do amor.*

Quando a ordem se transforma em desordem, o caos se instala e as famílias colhem resultados de muito sofrimento.

Os casos abaixo apresentados representam uma ínfima parcela do que tem ocorrido na nossa sociedade. Neles, não houve morte, pois as mães buscaram ajuda a tempo, impedindo uma tragédia.

1º Caso

Tentativa de suicídio

Menina de 8 anos tomou medicamentos.

Relato da mãe: Casada, três filhos – um menino de 17 anos, um menino de 13 anos e um menina de oito anos – a cliente.

A filha de oito anos: uma menina meiga e amável nos primeiros anos de vida. A mãe amorosa, atenciosa, mas com medo. O pai ausente e, segundo a mãe e a cliente, fechado e bravo. Com o passar do tempo, a cliente foi se fechando, ficando quieta em seu mundo na medida em que seu pai, homem mais velho que a mãe, quieto e isolado, não dava atenção aos filhos.

Os irmãos e a mãe se uniram para impedirem agressão do pai contra a mãe e contra eles. A mãe apresentava muito medo e não tinha coragem de se separar.

Constelação da menina:

A criança escolheu quem a representasse. Posicionou-se no campo. A representante já se sentiu emocionada e começou a chorar. Pedi que escolhesse alguém para ser a sua mãe. Ela posicionou a representante da mãe, ao lado dela. Aguardei uns instantes e pedi que escolhesse alguém para representar seu pai e seus irmãos. Mãe e filhos estavam juntos, e o pai, separado, não olhava para eles.

A mãe olhava para baixo e trazia uma expressão de tristeza. A configuração demonstrava que faltava alguém. Perguntei para a mãe se tinha gravidez interrompida (aborto) e ela negou a princípio. Depois me chamou de volta e disse que tinha feito alguns abortos. Pedi para que uma pessoa entrasse representando os excluídos (abortos). A representante não sabia quem representava, e se colocou de frente com a representante da mãe, com raiva.

A raiva era visível no rosto da representante dos abortos. A cliente – menina de oito anos – olhava atentamente para tudo aquilo e lágrimas caíam pelo seu rosto. Perguntei o que estava sentindo e ela não soube responder, continuou ali atenta ao que estava acontecendo.

A representante da mãe e a representante dos abortos se olhavam fixamente. Esperei um pouco para que ocorresse algo. E perguntei para as representantes o que sentiam ou percebiam. A representante da mãe sentia culpa e a dos abortos esperava alguma coisa dela.

Pedi para a representante da mãe que olhasse fixamente para a representante dos abortos e repetisse as frases: Eu sinto muito. Agora eu vejo vocês.

Algo aconteceu ali e ambas se emocionaram. Continuaram se olhando e se abraçaram e choraram. A mãe estava arrependida, sua representante sentiu e tudo aconteceu.

A cliente – menina de oito anos – relatou que alguma coisa tinha saído de dentro do seu peito e sentia um alívio. Com isso, o representante do pai olhou para a família, porém, percebi que também trazia muitas questões do seu sistema familiar.

Ao terminarmos a constelação, conversei com a mãe, que também se sentiu aliviada. Reparei que todos os participantes que não entraram na constelação estavam chorando.

Análise: A mãe não tinha uma vida fácil com o marido, tinha medo dele. Estava triste, quem sabe querendo se livrar de tudo, morrendo, triste também pelos filhos que não pôde ter. De alguma forma, a criança se conectou com os abortos e percebeu a tristeza da mãe. E tinha mais um agravante: a menina tinha medo do pai e sentia raiva por ele ser agressivo com a mãe.

Sofhie Hellinger descreve em seu livro "A própria felicidade":

> *Antes eu do que você. Antes eu me mato do que você. Na ordem de precedência, o filho é subordinado aos pais. Se ele deseja assumir o destino deles, ele se eleva sobre os pais como se pudesse decidir sobre a vida e a morte.*

No caso em questão, a criança quis tomar o lugar da mãe e morrer por ela; ao mesmo tempo, estava conectada aos filhos abortados pela mãe, seus irmãos, que pertencem à sua família, e nutria raiva pelo pai, algo que não se suporta. Todas essas questões eram muito pesadas para uma menina de 8 anos, e a saída foi ingerir medicamentos para morrer.

São muitos os conflitos a serem administrados pelos filhos. Um olhar atento pode salvar muitas vidas. Com a libertação da criança de todo o peso familiar, ela tem permissão para brincar. A mãe precisa de ajuda.

Resultado

Semanas depois, a mãe relatou que a filha estava muito diferente. Parecia haver "saído algo de dentro dela"; passou a ter uma vida feliz como uma menina da sua idade, brincando de boneca e com as amiguinhas, feliz.

2º Caso

Garota de 14 anos escreve carta com intenção de se matar

A mãe, separada do pai, tem dois filhos: a garota de 14 anos e um menino de 11 anos. Relatou que a garota estava com problemas de relacionamentos em casa e na escola; apresentava notas baixas e seu comportamento era agressivo e rebelde.

A garota tinha contato com o pai, mas este tinha preferência pelo irmão. A mãe se sentia culpada, pois achava que era muito dura e que a filha estava assim por sua causa.

Constelação

A garota escolheu uma pessoa para representá-la e um representante para seu pai, pois senti que havia algo relacionado a ele.

A sua representante sentou no chão e olhava para o pai, com raiva. E dizia que queria que ele a olhasse. O representante do pai não olhava para ela, andava de um lado para o outro. Então, pedi que escolhesse uma representante para a mãe e um para o irmão.

A representante da mãe olhava para a representante da garota e para o irmão. O pai não olhava para ninguém, andava de um lado para o outro concentrado em suas questões. Coloquei mais dois representantes: os avós paternos. E tudo começou a mudar. O pai tinha questões mal resolvidas com o seu pai, que também não olhava para ele. Segundo me informou depois a mãe, nunca o valorizou. Houve muita emoção no entendimento do pai da garota com o seu pai, e quando este olhou para o filho, um muro se quebrou. Os movimentos da alma colocaram tudo no lugar e o pai da garota, tomando seu pai, conseguiu olhar para seus filhos.

O efeito cascata gera mudanças. A representante da garota tomou seu pai como ele é, e entendeu suas questões. Esse movimento fez uma grande diferença para a garota, que sentiu a força do pai na sua vida. A partir daí passou a ocupar seu lugar de 1ª filha, a respeitar seu pai como ele era, e a viver como uma adolescente.

Análise

No livro: Constelações familiares e o caminho da cura (pág. 60), Stephan Hausner, explica que:

> A primeira instância na conexão com a força dos ancestrais, que em todas as culturas indígenas é considerada o fundamento de uma vida saudável, são os pais. **Tomar a própria vida por meio dos pais** é algo que se consegue por meio do respeito a eles e da harmonia com eles. Enredamentos sistêmicos familiares e traumas originados por separações prematuras provocam **insegurança na criança quanto à sua vinculação** e frequentemente impedem o sucesso de sua realização espiritual.

Resultado

A garota voltou a cantar, a se divertir, a se relacionar melhor com os colegas da escola e na sua casa. Não escreveu mais cartas ou fez qualquer movimento suicida.

Referências

HAUSNER, Stephan. Constelações familiares e o caminho da cura. 3ª reimpressão. São Paulo: Cultrix, 2016.

HELLINGER, Bert. Olhando para a alma das crianças. 2ª edição. Belo Horizonte: Atman, 2016,

HELLINGER, Bert. Desatando os laços do destino. 2ª reimpressão. São Paulo: Cultrix, 2014.

HELLINGER, Sophie. A própria felicidade – Fundamentos para a constelação familiar. Volume 2. Brasília: Tagore, 2019.

5

Abuso Sexual:
Vamos conversar sobre?

Deise Vanessa Peixoto de Carvalho

Deise Vanessa Peixoto de Carvalho

Quem eu sou?

Sou muitas em uma, sou descendente de negras, indígenas e brancas.

Sou filha de Maria Denize e Adnaldo e sou mãe de Camila e Mateus (que são estrelinhas no céu) e de Maria Luiza e Mariana.

Sou mulher de Alberto Munarriz.

Sou Psicóloga há mais de 20 anos, iniciei minha carreira trabalhando na educação e depois fazendo atendimentos clínicos na linha do psicodrama, análise transacional, regressão de memória. Sempre fui inquieta pelo conhecimento e desta forma cheguei às constelações.

Sou consteladora tanto familiar como estrutural com mais de mil atendimentos e com treinamento com inúmeros professores nacionais e internacionais.

Sou professora e coordenadora da Formação em Constelação de Uberlândia e já estamos indo para a sexta turma

Se quiser saber um pouco mais é só me procurar:

Instagran: @deisecarvalhopsi

Facebook: deisecarvalhopsicologa

Site: deisecarvalhopsicologa.com

A palavra Abuso tem uma origem etimológica na palavra latina *ABUTI* e significa *usar mal*. Usualmente, refere-se a uma pessoa que tem sobre outra algum tipo de ascensão, seja pela confiança ou pelo afeto ou pela função ou até mesmo pela força, e atua de forma a coagi-lo para que faça ou atue de forma não desejada.

Quando se fala de abuso sexual, habitualmente, remete-se a meninas pequenas abusadas por homens adultos ou maiores que elas. É verdade que esta é a maioria dos casos de denúncias, mas é importante lembrar que muitos meninos também sofrem abusos. Então, não é uma questão apenas de gênero, e sim de hierarquia, de ordem.

Normalmente, as pessoas têm dificuldade de tratar sobre o tema pois, miram a partir de uma polaridade de algoz e vítima, assumindo um dos lados como se fosse um juiz. Neste sentido, a tarefa de um terapeuta também é aprender a estar com o outro na sua dor, acompanhando-o sem julgamento e com a compreensão de que não existe o certo e o errado, e, sim, traumas biográficos e/ou sistêmicos a serem incluídos.

O intuito, neste contexto, é possibilitar uma atuação e uma reflexão em visão mais ampliada, a partir de uma postura terapêutica embasada na consciência espiritual, de forma a perceber as conexões invisíveis ou lealdades invisíveis que conduzem o sujeito e, quanto maior a inconsciência, maior a sua atuação, como afirma Ivan B. Nagay, e também a percepção do amor infantil, aquele que busca estar inocente, aquele que "provoca" o indivíduo a desejar pertencer a qualquer custo.

Numa perspectiva mais estreita, ou a partir de um tabu social vigente, seria esperada uma visão dos abusadores sexuais como repudiantes, merecedores da cadeia ou da morte. Hellinger, no seu livro "A Simetria Oculta do amor", afirma sobre esta temática:

> Os terapeutas não veem a família como um todo. Veem apenas dois indivíduos: o agressor, geralmente um homem, e a vítima, geralmente a filha ou enteada. Alguns terapeutas insistem em ver o agressor como uma besta desumana que força a vítima a saciar seu desejo sexual incontrolável ou suas necessidades emocionais. Eles não captam o contexto familiar mais amplo.

Desta forma, se torna fundamental olhar para o abuso sexual de um outro ângulo além do tabu, além de todas as crenças limitantes, para isto, Hellinger faz uma bela metáfora sobre como olhar uma velha história a partir de uma perspectiva sistêmica, numa consciência espiritual mais ampla:

> Quando alguém sai de uma aldeia, onde tudo é estreito e próximo, e sobe ao alto de uma montanha, e se descortina um horizonte cada vez mais amplo... Assim, à medida que nos desprendemos do que está próximo, nos vinculamos a algo maior e mais amplo, mas o preço disso é o aumento da solidão.

Desta maneira, olhar para abuso sexual dentro de uma consciência sistêmica, onde não existe a dicotomia do certo e do errado, onde se percebe todo amor infantil envolvido naquela dor, também é uma solidão terapêutica, mas é mais vasto e profundo.

Gostaria de relatar alguns casos atendidos por mim, que tinham um enredo de abuso sexual, mas com histórias pouco habituais. Vou descrever três tipos de atendimentos:

Constelação em Grupo, que chamo de CG;

Constelação individual, denomino como CI;

Terapia do Enfoque Sistêmico (TES), técnica desenvolvida por mim, na qual mesclo a psicologia e a constelação e atendimentos semanais.

Na minha experiência profissional de mais de vinte anos, observo que os homens têm maior dificuldade de falar sobre as suas questões em público, e mesmo que apareça o abuso, eles ficam muito na defensiva, creio que por crenças limitantes sobre a sexualidade. Farei sete pequenos relatos de casos de abuso sexual em diferentes contextos: todos os detalhes foram retirados para a não identificação dos indivíduos e os nomes alterados.

1º Caso

Neste primeiro caso, Matheus, de treze anos, apresentava queixa de hiperatividade escolar, não conseguia ficar parado. Foi encaminhado pela escola para a TES. No *setting* terapêutico, demonstrava sempre excitação, fazendo gestos corporais sensuais. A pergunta: o que aqueles gestos queriam me mostrar? Com esta pergunta em mente realizamos vários exercícios sistêmicos, dentre eles, um muito revelador: utilizei duas âncoras de solo e de forma oculta para o cliente, nomeei pequenos papéis e os coloquei abaixo das âncoras, também sem que o cliente os visse. Inquieto, o cliente experimentou os dois espaços disponíveis e, ao se colocar em cima da âncora que representava os movimentos sensuais, disse que tinha um segredo para me contar: "estava tendo relações sexuais de todas as formas genitais, oral e anal, com a funcionária da sua casa". Revelou que se tratava de uma mulher adulta, casada, de cerca de 40 anos. A pergunta que me veio foi: quem ele e a funcionária estavam representando? O que se passava ali?

Realizo sempre com os meus clientes no início da TES o genograma sistêmico, ferramenta fundamentada no genograma, porém mais focada na solução. Neste caso específico, já estava clara a exclusão do masculino, pois, anteriormente, utilizei a ferramenta com a mãe do menino. Na história dela, o pai morrera quando era muito pequena, e ela tinha uma visão romantizada do pai, apresentando aqui um caso clássico da filhinha do papai. Ela casou-se com um homem, segundo ela, infiel, a traía com as funcionárias da empresa da família dela, e havia "desaparecido" depois da separação. Sim, esta seria a realidade consensuada, mas qual seria a realidade essencial? A mãe desejava que seu filho não fosse como o pai, pois este era infiel e a traía com as funcionárias; ela desejava excluí-lo da vida, não por ser uma má mãe, mas por ser muito doloroso para ela. Então, o que o amor infantil do filho estava fazendo? Trazia o pai para dentro da família novamente. Quando uma criança não tem autorização de levar um dos pais no coração pelo outro genitor, ela normalmente o faz nos comportamentos pela vida.

2º Caso

Outro caso muito interessante: João, 60 anos, com uma queixa contraditória – ele tinha rompantes sexuais e molestava filhas, sobrinhas e funcionárias, porém, tinha disfunção erétil desde muito jovem. Esses assédios foram tratados como brincadeiras por anos; eram encarados por todos como ruim, mas natural, (podemos ver até aqui como a regras de pertencimento deste sistema funcionavam), até que uma nova funcionária ameaçou levá-lo ao juiz. Desta forma, ele procurou tratamento, mas, a princípio não estava disponível a fazer uma constelação, e, também, foi atendido com a Terapia do Enfoque Sistêmico (TES). Inicialmente, ele também quis fazer comigo as suas manipulações sexuais, mas a pergunta que ficava para mim era: o que ele esconde? Quando conseguiu sentir que o espaço terapêutico era um campo seguro no qual o feio ou a sombra não eram excluídos, este homem pôde contar-me sobre o seu trauma biográfico. É importante lembrar que entre o terapeuta e o cliente existe também uma comunicação não verbal e quando um assunto obscuro do cliente toca na sombra do terapeuta, caso este não esteja com atenção também em si e nos seus processos, a resposta de exclusão que emite é extremamente forte, e o cliente, novamente, se vitima e vai embora solitário.

O seu segredo ele me contou chorando: quando adolescente, entre 13 e 14 anos, em sua cidade natal, havia sido estuprado duas vezes por homens diferentes, fatos nunca mencionados a ninguém. Tinha uma grande angústia, pois acreditava ter sentido prazer, afinal, nesses estupros teve ereção completa. Então, mostrar uma sexualidade exagerada para as pessoas era uma forma de proteger a sua criança interna de uma confusão sobre sua sexualidade. Neste caso, foi importante restabelecer uma conexão com a dor e a confusão de sensações que aquela experiência lhe causara. Para isso, utilizei bastante o conceito de versão anterior da constelação estrutural, bem como os conceitos sobre trauma biográfico. Um dos exercícios utilizados para esta finalidade foi: duas cadeiras, uma em frente da outra, uma representando a versão anterior traumatizada, e a outra, a versão atual. Solicitei que João experimentasse os dois lugares.

À medida que experimentava as sensações, ia percebendo as diferenças em cada uma, inicialmente ocultas. Além de trabalhar a desidentificação, foi necessário o trabalho de cuidar de si mesmo, para perceber que a versão atual, adulta, pode acolher amorosamente a dor da versão infantil. Este homem ficou muito emocionado, porém muito fortalecido, pois não se sentia mais sozinho.

Em outra sessão, foi possível para ele incluir os dois abusadores e dar um lugar às duas primeiras experiências sexuais que teve na infância. Nesses dois exercícios podemos ver: no primeiro exercício, trabalhamos o pertencimento e o equilíbrio, em que o adulto acolhe a criança; no segundo, o pertencimento e a hierarquia dando lugar a esses relacionamentos.

3º Caso

Ainda falando sobre homens, há algum tempo facilitei uma constelação individual de um homem adulto pedófilo. Ele me procurou por estar com medo de ser preso novamente, pois não conseguia conter o impulso de ver meninas desnudas na internet e de conversar com adolescentes via redes sociais. Revelou não sentir nenhum tipo de constrangimento da sua preferência sexual, apenas medo da prisão.

Na sua constelação, o aspecto mais interessante identificado era o trauma sistêmico. Foi possível perceber a fidelidade ao seu sistema de origem ao fazer o seu genograma sistêmico.

Seus pais tinham dez filhos juntos, ele era o quinto. E o pai tinha muitos filhos fora do casamento, com várias mulheres. Ele descrevia o seu pai como viciado em sexo, um homem muito viril e que tinha tido êxito com muitas mulheres. Sentia muita raiva do pai e atribuía a ele a responsabilidade da morte prematura da mãe – morreu de câncer quando ele tinha 10 anos. O seu pai quando tinha cerca de 20 anos, havia "roubado" a mãe, então com 13 anos, da família. Ela vivia como "empregada doméstica" da família dos tios, já que a mãe havia morrido no parto de um irmão quando ela era muito pequena. Seu pai casou-se novamente, mas não a levou consigo.

Nesta parte da história já conseguimos perceber a exclusão do pai e também a identificação com ele. Como diz a frase clássica "tudo o que excluímos nos aprisiona, tudo que amamos nos liberta", pois de certa forma ele reproduzia o comportamento do pai.

O pai do pai (vou chamá-lo de PP) era gerente de uma fábrica, casado, com mais de 30 anos, e descendente de portugueses. A mãe do pai (vou chamá-la de MP) fugiu de casa aos 13 anos, foi trabalhar na fábrica, muito pobre, neta de escravos. Os dois tiveram três filhos até que um dia MP fugiu com as crianças para outra cidade e o pai do cliente só pode ver PP quando já era adulto.

Novamente, vemos aqui um processo de exclusão do Pai, e uma representação de um masculino, na relação de casal, mais forte, mais velho com uma ascensão sobre um feminino mais frágil ou mais imaturo e sensível. O cliente reproduzia claramente o mesmo padrão do pai e do PP, a saber, homem mais velho com meninas que ele acreditava que precisavam de proteção. Da mesma forma, o cliente, quando se "relacionava" com as adolescentes, também tinha a ideia de que iria protegê-las, guardá-las, "verdadeiramente"; apaixonava-se por elas e acreditava que, se elas estivessem com ele, não seriam abusadas, não percebendo como o próprio comportamento era abusivo, muito deslocado da realidade.

Na constelação, foi necessário fazer um processo de separação dele com o pai (técnica de separação da constelação de estrutural). O objetivo era fazê-lo se posicionar no próprio lugar. A técnica consiste em repetir frases de solução como ***eu sou eu, você é você, seu destino é seu destino, o meu destino é o meu destino.*** Também foram importantes, primeiro, o tomar do masculino através do pai e do avô, pedindo*: **por favor, me olhem com carinho mesmo que eu faça diferente de vocês***, e, segundo, separar as suas vítimas da sua mãe e da sua avó paterna por meio da técnica da sobreposição de contexto.

Este caso em especial nos demonstra a lealdade invisível que se tem ao sistema de origem e como, através da consciência sistêmica ou coletiva, todas as histórias excluídas são incluídas mesmo que isto cause dor às gerações posteriores. Neste ponto, vítimas e perpetradores têm um bom lugar no sistema. E como a alma da nação apresenta-se aqui também, onde padrões sexuais da nossa colonização apareceram?

Com os homens percebo, na minha prática, um outro tipo de abuso muito típico: uma certa alienação parental por parte das mães, quando se colocam no papel de vítimas, os pais como perpetradores e os filhos homens como salvadores. Assim, é formado também um triângulo "sexual" e tipicamente o filhinho da mamãe, um abuso ao meu ver também sexual pois retira, ou melhor, poda no menino a sua possibilidade de conexão plena com o masculino da sua família, já que o amor de uma criança, independentemente do gênero, começa com a mãe e apenas depois e com a autorização desta é possível ir para o pai, um menino para se tornar um homem precisa tomar o pai. A situação de típico "filhinho da mamãe", a meu ver, também pode ser considerada um abuso, pois retira do menino a sua possibilidade de conexão plena com o masculino da família.

Sobre abusos de meninas, tenho tantos casos para contar. Vou pontuar alguns, mais distintos, e no final colocarei em detalhes uma constelação de um abuso que começou de forma muito curiosa. Então, vamos aos casos curiosos.

4º Caso

Recebi em consultório na TES uma jovem que já havia iniciado a sua vida sexual, porém não conseguia sentir prazer nas relações sexuais. Efetivamente sentia dor, um grau leve de vaginismo, e também uma raiva incontrolável pelo primo mais velho. Veio inicialmente para TES. Trabalhamos com as técnicas da abordagem e ela "lembrou-se" de que, quando tinha cerca de 5 anos, este primo, na época por volta dos 12 anos, introduzira o dedo na vagina dela. Isto a molestou, mas ela não falou com os pais na época. Mesmo trabalhando com as técnicas da TES, a raiva dela não diminuía. Fomos para uma constelação de grupo, de forma oculta, pois não tínhamos mais acesso a nenhuma história concreta. Na constelação, percebeu-se que eles (ela e o primo) estavam emaranhados com a história de incesto entre a mãe e o irmão. Estes, por sua vez, estavam emaranhados na violência do bisavô materno e da bisavó materna – houve um "assassinato", e como o bisavô era muito influente não havia sido preso, e a cliente buscava a justiça pela bisavó. Esta é uma história em que identificamos dois tipos de traumas: o sistêmico, o assassinato, o incesto; e o biográfico, o abuso.

5º Caso

Outro caso curioso foi o de uma mulher que fora estuprada violentamente, pois relatava a quantidade de sangue que saía do seu corpo – era virgem e sofreu penetração vaginal e anal. O estupro ocorrera há mais de 15 anos, mas ainda era um trauma. De certa forma, ela vivia no transe. Como sintomas, desenvolveu uma certa compulsão sexual e, então, mesmo casada, não conseguia ter um único parceiro. E ela tinha uma postura materna com seu irmãos, tanto os maiores quanto os menores que ela.

O que ficou claro neste trabalho? Ao colocar os bonecos Playmobil, ela se colocava no lugar da sua mãe, e no meio da constelação disse: "eu acho que minha mãe foi prostituta para nos sustentar". Dito isso, chorou muito e depois quis proteger a mãe, dizendo que ela era uma boa mulher.

Trabalhamos uma separação de destinos – o dela e o da mãe – com frases do tipo "por favor mãe, me abençoe se faço diferente" e "eu sou pequena e você é grande".

Esta mulher fora abusada de várias formas, uma é a concreta, a do estupro; outra bem sutil, mas tão devastadora quanto o abuso, **a de poder da sua mãe**, que a colocava em várias situações com riscos de agressões físicas e sexuais mesmo depois do estupro, na convivência com o padrasto violento, e em locais de trabalho onde era assediada, mas que sua mãe olhava como normal. Na sua constelação, apareceu de forma muito forte a possibilidade de a própria mãe ter sido abusada. Sobre o abusador, neste trabalho, demos um lugar para ele na vida daquela mulher como o seu primeiro homem, pois, como diz Hellinger quando fala do pertencimento, todos aqueles que de alguma forma alteram o nosso destino, seja para o positivo ou para o negativo, passam a pertencer ao nosso sistema mesmo que não tenha um parentesco sanguíneo. Assim, este homem, o estuprador, agora tinha um lugar no sistema daquela mulher – o de seu primeiro homem. Depois de um tempo, ela precisou de algumas sessões de TES, mas conseguiu ter relações sexuais mais saudáveis. Com a sua família de origem, começou a ocupar o seu lugar de filha e irmã, e com sua família atual, o seu lugar de esposa e mãe.

6º Caso

Em outro caso, uma mulher adulta, que sofria com uma alergia e já havia ido a muitos médicos, veio para uma constelação individual. Enquanto fazíamos o genograma sistêmico, ela falava e esfregava as mãos nas pernas como se se limpasse de alguma coisa. Este comportamento chamou muito a minha atenção. Ela esfregava as mãos como se fosse uma criança. Solicitei que ela intensificasse o comportamento e fiz perguntas de como se sentia, quais as sensações, o que aquilo lhe lembrava, com induções para que pudesse acessar este movimento de retomada. Ela falava da dupla sensação de prazer e dor e, num *insight*, lembrou-se de uma babá que havia abusado dela quando pequena, em torno dos sete anos. Chorou muito, falou do sentimento de desproteção. Usamos frases de solução com a finalidade de deixar com a abusadora as consequências dos atos, e lembrando que ela era apenas uma criança e, portanto, esperava que a babá a protegesse na ausência dos pais.

Vimos as pontuações que julguei mais interessantes de alguns casos. Agora veremos a descrição de um trabalho, para mim, surpreendente, a maneira como começou a constelação me fez refletir muito sobre a postura do terapeuta e da responsabilidade que todo facilitador deve ter ao perceber instrumentos disponíveis e compreender que um exercício sistêmico por mais simples que possa parecer torna-se muito profundo. Então, neste caso, penso também no abuso do facilitador, que pode, inclusive, retraumatizar o cliente.

Como professora de constelação, em aula, faço inúmeros exercícios sistêmicos, principalmente para que os alunos compreendam as leis sistêmicas: pertencimento, hierarquia e equilíbrio.

Em uma aula introdutória, e após a realização de um exercício sobre equilíbrio, uma aluna começou a sentir-se mal emocionalmente e fisicamente. Motivo? Ela havia colocado o pai em um papel de igual. Propus, então, um outro exercício no qual ela ficava sentada e o pai em pé com a seguinte frase: *Eu me confundi, eu achei que tinha que te segurar e eu esqueci que era você que segurava*. A cliente diz: *ele só me olha*. Parecia aqui um julgamento de como o pai deveria ser. O trabalho caminhou mais um pouco e a cliente disse: *Eu acho que ele tinha que olhar minha mãe com outros olhos, ele diz para os amigos que eu sou a namorada dele e eu detesto quando ele faz esta brincadeira. Ele diz que sou mais bonita que ela.*

Aqui percebemos, claramente, uma inversão de lugar, um abuso sutil do pai, e a necessidade da filha de proteger a mãe.

Com a mãe ao lado do pai e a cliente ainda sentada, ela diz: *minha mãe fala: eu tenho inveja de você, de como o teu pai te olha, e com estas brincadeiras ele reforça isso o tempo todo!* Fala disso com raiva do pai e não percebe o abuso da mãe com ela.

Vejo que você olha para sua Mãe como vítima e o seu Pai como algoz, eu vejo as duas coisas: ver o seu pai lhe chamar de namorada, e sua mãe ter inveja de você. As duas situações são difíceis, digo para ela.

Como saio disso?, ela perguntou, aos prantos.

Diga para cada um: Eu sou apenas a sua filha, só isso, o que passou entre vocês dois é de vocês dois. Após dizer a frase e chorar muito, veio a revelação. Aos prantos, diz: *Eu não me permito ser vítima, aconteceu uma situação de abuso do meu tio comigo quando eu tinha sete anos. E quando eu contei para minha mãe, ela ficou revoltada, meu pai colocou panos quentes para não me expor e ninguém saber, e eu nunca conseguir olhar para esta dor como vítima* (chora profundamente como uma criança e não consegue nem falar).

Aqui estava a grande dor, ela não foi acolhida pelos seus pais, pediu ajuda, mas não foi ajudada. Trabalhamos para que ela dissesse isto para eles. O abusador foi introduzido. Diga a ele: eu era muito pequena e carrego esta dor até agora (entrego para ela almofadas representando a sua dor), eu tinha tanta dor... Fica de pé, vira de costas para os pais.

Olha para o abusador e para os seus pais:

Eu só tinha sete anos, eu era uma criança. A partir de hoje nem você nem ninguém me abusa mais.

Chega!

É difícil aceitar que eu permiti o abuso. (Neste momento começa a chorar compulsivamente)

Você só tinha sete anos e merecia ser protegida, o constelador diz.

Mas eu gostei! ela grita, e esconde o rosto com vergonha do que sentiu, e neste momento todo o corpo começa a tremer.

Este é um ponto muito interessante sobre o abuso. Muitas vítimas sentem prazer durante o ato e isto provoca uma grande confusão, pois uma parte dela diz *isto é errado*, e a outra fala *mas foi gostoso*.

Tira a mão do rosto e diz *eu tenho raiva dele, mas tenho mais raiva de mim*.

Visivelmente regredida, a partir deste momento uma representante atuou como a versão dela atual, adulta, e a cliente continuou no lugar infantil. Os seus pais continuavam imóveis.

Esta versão adulta a acolheu, com frases como: já passou! Agora eu estou aqui!

Este trabalho demorou muito tempo até que as duas foram se aproximando e a cliente permitiu-se ser cuidada por sua versão adulta. Utilizei este recurso já que a mãe, até então, não se mostrava disponível.

Então, um incômodo apareceu na mãe, que disse: *eu deveria estar segurando a minha filha.*

Caminhou até as duas versões da filha, a infantil e a adulta, e disse para a maior: *Você fez um bom trabalho, mas agora me deixa fazer o meu.*

Neste momento, tomou sua filha no colo e todas as mulheres da sala formaram ao redor delas um grande útero, um lugar protegido. Aquelas mulheres puderam representar um grande feminino cuidando daquela menina; o choro começou grande e foi diminuindo, silenciando, como se pudesse sentir toda esta força de um feminino mais profundo.

Agora, não me sinto mais sozinha – frase final da cliente.

Esta cliente havia sido abusada por muitos, e de várias formas. Mas o grande sentimento que estava embaixo de tudo era um grande amor à sua mãe e como a filha se sacrificaria por todos.

Enfim, falar sobre o abuso é falar sobre amor, um amor que adoece, que deixa o sujeito na dor, independentemente do lado – se da vítima ou do algoz. Ver a dor de uma pessoa não significa que ela não será responsabilizada pelas consequências dos seus atos; ver a dor de alguém é olhar para o outro com empatia e compaixão. Ver a dor de todos é colocar luz onde antes só havia trevas. É olhar para além do bem e do mal.

É dizer: eu vejo você, exatamente como é. E como é, você é certo!

Acredito que assim possam ocorrer as reconciliações necessárias.

6

O Reposicionamento faz Florescer

Fabiana Quezada

Fabiana Quezada

Fabiana Junqueira Middleton Quezada recebeu um grande presente: a vida através de seus pais Antonio Augusto Junqueira e Sebastiana Maria dos Santos Junqueira. Por amor ao seu sistema formou-se em Direito. Após alguns anos de trabalho no cenário de resolução dos conflitos através de processos e procedimentos judiciais contenciosos, sentiu a necessidade de buscar mais informações sobre as causas que levavam as pessoas a promover tantas demandas. Foi buscando o autoconhecimento que nasceu o sonho de atuar com uma Justiça mais humanizada. A partir de então iniciou a sua jornada em busca do conhecimento: formou-se em Programação Neurolinguística, Coaching, Psicologia Positiva, Análise Comportamental, Consultoria Sistêmica, Constelações Familiares e Organizacionais, além de muitos outros cursos. Mas todo esse conhecimento não poderia ficar guardado, e caminhando ao encontro da realização do seu sonho fundou a Sociedade Brasileira de Direito Sistêmico onde atualmente ministra Cursos de Desenvolvimento Pessoal e Profissional para Operadores do Direito. Além disso, no ano de 2019, foi nomeada Presidente da Comissão de Direito Sistêmico da OAB/SP, consolidando mais um passo no caminho de levar para a advocacia a cultura de paz.

Por um amor tão grande aos pais, os filhos fazem de tudo para que fiquem bem, mesmo que tenham que se sacrificar, expiar ou ficar doentes.

Quando existe uma impossibilidade de amar um deles, principalmente nos processos de separação, acabam tendo atitudes e comportamentos semelhantes aos daquele que foi excluído, como se dissesse "assim posso te amar"!

O que e como fazer quando a família consegue enxergar que esse "amor impossível" está afetando tão gravemente a vida dos filhos. Muitas vezes a solução está em reposicionar-se, estar no seu lugar, para poder fluir na vida.

1º Case

Esse é o que relato neste "case", com o objetivo de mostrar que existem formas simples de ampliar a consciência e que podem provocar uma profunda mudança tanto pessoal como para todo sistema familiar do cliente, desde que ele esteja aberto e queira. Afinal não somos salvadores!

Em uma tarde no escritório tive uma conversa com um adolescente de 15 anos de idade que se queixava do pai. Dizia que não queria encontrar o pai, que o pai era muito difícil, que o pai não gostava dele, que tinha medo de pedir as coisas, que o pai era grosseiro, enfim, inúmeras reclamações. Inclusive estavam sendo feitas em frente à mãe.

A questão era que após o divórcio dos genitores deixou de

se comunicar com o pai, sendo totalmente leal à mãe, tomando para si todas as dores dela, ficando com a necessidade de cuidar dela e da irmã. O pai foi morar em outro estado e vinha visitá-lo somente nos feriados e datas comemorativas. A comunicação entre eles era através de whatsapp e o adolescente passava dias sem responder ao "bom dia", "boa tarde" ou "boa noite" do pai. Nas datas em que sabia que o pai iria ao seu encontro sempre se sentia mal. Desenvolveu diabetes, pressão alta e obesidade. Descontava tudo na comida. Numa das datas em que teria que encontrar com o pai teve um pico de pressão e teve que ser medicado no hospital.

Naquele dia em que estava no escritório iria encontrar o pai e estava bastante aborrecido. Sentamos à mesa e comecei a conversar sobre a vida, entrando em seu mundo e depois de estabelecer confiança comecei a fazer perguntas para ele sobre como ele via a relação dos pais e perguntei se ele sentia que a mãe tinha sofrido com a separação, a resposta foi pronta: "Sim, acho que minha mãe sofreu muito!". Então perguntei: "E se você tiver boa relação com seu pai como você acredita que ela vai se sentir?". Ele olhou para mãe e respondeu: "Triste". Naquele momento percebi que olhar para o pai, na visão dele, era "trair a mãe". Ele não tinha permissão, em seu coração, para amá-lo.

Na mesa em que estávamos sentados tínhamos uma caixinha de clips coloridos, que se mostrou um ótimo recurso de visualização sistêmica naquele momento. Sempre digo aos alunos a frase de Bert Hellinger: "O essencial é simples!". Pedi que ele separasse os elementos de sua família: ele, pai, mãe e irmã. Ele uniu os três, ele primeiro, mãe no meio e depois a irmã, demonstrando logo que ele não estava em seu lugar de filho, mas ocupando o lugar de pai, acreditando que precisava cuidar da mãe. Quando perguntei: "E o pai?", ele jogou o clips que deslizou bem distante e disse: "Meu pai está assim".

Começamos a fazer alguns movimentos com o objetivo de olhar diferente, posicionei os pais atrás dele e da irmã e perguntei: "o que acontece?", ele respondeu: "fica mais leve, mas ainda é difícil ver meu pai aí atrás".

Colocamos os pais dos genitores atrás deles e falei: "sabe, nós viemos de todos estes, que estão atrás de nós e se tiramos algum, vai ficar um buraco, um vazio. Vamos testar?"

Prosseguindo eu disse: "Quando eu tiro toda essa parte do pai como você fica?".

Ele respondeu: "Ficou estranho, falta algo." E então eu expliquei: "assim você exclui uma parte sua também, fica estranho porque falta a força deles". Ele respondeu: "agora estou entendendo".

Depois disso ele falou: "mas sabe, Fabi, às vezes eu vou para casa dele e ele está no celular ou dormindo, e, para mim isso quer dizer que ele não me ama". Respondi: "o que uma coisa tem a ver com outra? Então, posso dizer o mesmo sobre você se estiver no celular ou dormindo, você também não o ama?" A resposta foi imediata: "Não! Talvez ele esteja apenas cansado mesmo, ele trabalha muito".

Em seguida fizemos um exercício: ficamos um de frente para o outro em pé e falei : "imagina que eu sou o pai e te envio uma mensagem perguntando se está tudo bem? Olho o celular após uma hora, um dia, uma semana nada, nenhuma resposta. Imaginou? Agora troque de lugar comigo e sinta como talvez ele se sinta". Ele respondeu: "Ele fica triste e preocupado".

Então sugeri que, às vezes, a resposta grosseira dele é para dizer que está chateado. Falar apenas um "oi" pode ser o suficiente. Você é jovem e tomando consciência pode mudar sua forma de olhar para ele e assim talvez a relação de vocês mude.

Assim que ele saiu do escritório foi encontrar o pai. No mesmo dia o adolescente me disse: "não é que esse negócio que você faz funciona mesmo!", rimos bastante e ele disse: "agora sei que eu posso mudar".

Segundo relato da mãe e do próprio adolescente o encontro

entre os dois foi completamente diferente, um verdadeiro florescimento do vínculo entre pai e filho, mesmo que por apenas alguns minutos, os dois se redescobriram naquele momento. Em seguida o pai pegou o avião para retornar ao trabalho em outro estado. Naquele mesmo dia começaram a se falar todos os dias através do telefone. As mensagens de whatsApp passaram a ser respondidas pelo adolescente que agora não dorme sem dar boa noite ao pai. Com isso, o seu comportamento em casa mudou totalmente. Vai para escola com felicidade, está sempre alegre e brincando, passou a ser muito mais carinhoso com a mãe e com os demais parentes de sua convivência. Menos ansioso, já não desconta mais na comida e deixou de roer as unhas. Não teve mais picos de pressão e passou inclusive a influenciar a irmã, que também tinha uma grande dificuldade com o pai.

Assim, o reposicionamento do filho, que assumiu o seu lugar, afetou positivamente a família toda, fazendo florescer uma nova forma de convívio em harmonia, mesmo com o rompimento do vínculo conjugal dos pais.

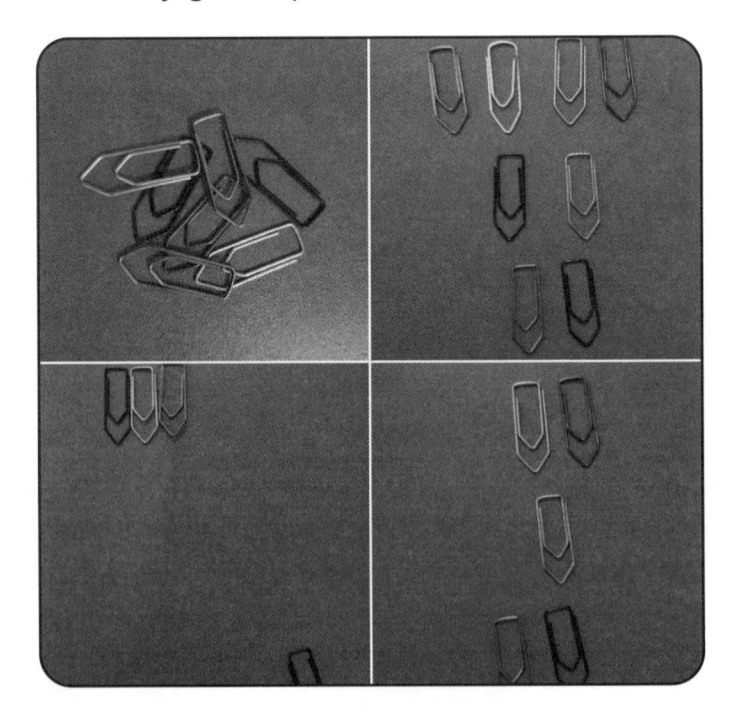

2º Case

Assumir a Responsabilidade dói

É muito comum o cliente procurar uma constelação com o objetivo de confirmar sua crença de que é impossível mudar. Isso acontece quando o cliente projeta algo que está dentro dele e que faz parte do seu próprio sistema nos outros (pai, mãe, sogra, filhos, marido). Fazendo assim, o cliente não assume a responsabilidade, se coloca no papel de vítima e não quer agir.

Há uma frase muito divulgada de Bert Hellinger: "Toda pessoa que lamenta, não quer agir. Todo consolo para alguém que se lamenta apoia a sua não-ação".

Uma cliente veio procurar a constelação dizendo que queria resolver o problema da sogra. Afirmou que na família dela não existiam problemas, pois a relação entre eles era muito boa. Era a sogra que lhe incomodava, quem gerava os conflitos entre ela e o marido. Acusou a sogra de manipuladora, dizendo que sentia muita raiva e que estar perto dela lhe retirava a energia. Que o marido era muito "filhinho da mamãe" e que fazia tudo o que a mãe pedia.

Deixei a cliente falar livremente. Obviamente, com todo este relato, percebia-se que a questão não estava no outro mas na própria cliente. Perguntei qual era a responsabilidade dela em relação a tudo isso que estava acontecendo. Ela respondeu que da parte dela não conseguia ver nada de errado e que ela estava certa. Perguntei se ambos, o casal, reconheciam o valor da família de cada um. A resposta foi: "Não reconheço!".

Então, expliquei para a cliente que ela não poderia mudar o outro, mas sim a forma como ela olhava para aquela situação e que naquele processo tratava-se de olhar para dentro. Depois perguntei: "Você assume a sua responsabilidade?". Ela disse: "sim!". E a partir daí seguimos.

Primeiro ela posicionou os bonecos para representar a si mesma, o marido, seus pais e os pais dele.

O cenário que se mostrava indicava a existência de uma inversão de ordem. Algumas observações importantes foi que ela escolheu um boneco de criança para a mãe e disse: "ela é assim porque eu cuido dela, meus pais são separados e eu assumi a responsabilidade. Ela é pequena". A sogra foi posicionada no centro como se fosse um empecilho e voltada para o pai dela.

Pedi que a cliente colocasse o dedo em cima de cada representante e sentisse. No entanto, relatava não sentir nada, a única representação que conseguiu sentir, talvez sugestionada por suas interpretações, era a sogra, para a qual dizia "sinto raiva". Naquele momento percebi que ela não estava aberta ao sentir e talvez nem a mudar.

Então novamente perguntei:

"— Você quer mudar esta situação?

— Quer realmente olhar para isso?

— De 0 a 10 o quanto você está comprometida?"

E a resposta foi: "— Sim! 10".

Então, sugeri uma outra forma de visualização. Sem dizer sobre o que era posicionei as cadeiras da sala: uma para o marido e outras duas para os pais dele atrás, na frente deles duas cadeiras (representantes dos pais dela) e pedi que ela se levantasse. Posicionei-a perante os pais e disse: "aqui estão seus pais".

Neste momento veio à tona todo o sentimento que estava represado e a cliente começou a chorar muito. Ela disse: "eu tenho raiva dela porque é igual ao meu pai. Ela me faz lembrar dele e do que não gosto nele. Meu pai era alcoólatra, abandonou a família e agora eu cuido deles".

Então eu disse: "deve ser muito pesado sustentar toda essa situação". Sugeri algumas falas para os pais dela, momento que passou a se sentir mais leve. Em seguida pedi que imaginasse o seu filho no meio de toda aquela situação e pedi que dissesse para ele: "filho, eu não aceito a parte deles em você". Naquele momento ela disse: "Agora eu entendi, estou negando uma parte do meu próprio filho".

Com isso ela fez o movimento de olhar para os pais do seu marido e dizer: "eu vejo vocês". E também de dizer para o marido: "eu aceito você com tudo que você traz, esta é a minha família. Peço que me aceite com tudo que eu também estou trazendo".

É claro que não consigo me lembrar de tudo que foi falado em detalhes, mas o que quero mostrar com esses relatos são as possibilidades e formas de atendimento e que devem acompanhar as necessidade do cliente.

Muitas técnicas que têm excelentes resultados para um cliente podem não funcionar para outros. Às vezes, um simples posicionamento de "clips" ou de "cadeiras" pode trazer a ampliação de consciência necessária. Temos que lembrar constantemente que estamos a serviço do cliente. Se ficarmos presos à técnica e voltados a obter um resultado, estamos trabalhando conosco e não com o cliente. É preciso estar em sintonia, no nosso lugar, e assim esta parceria com o cliente é como uma dança!

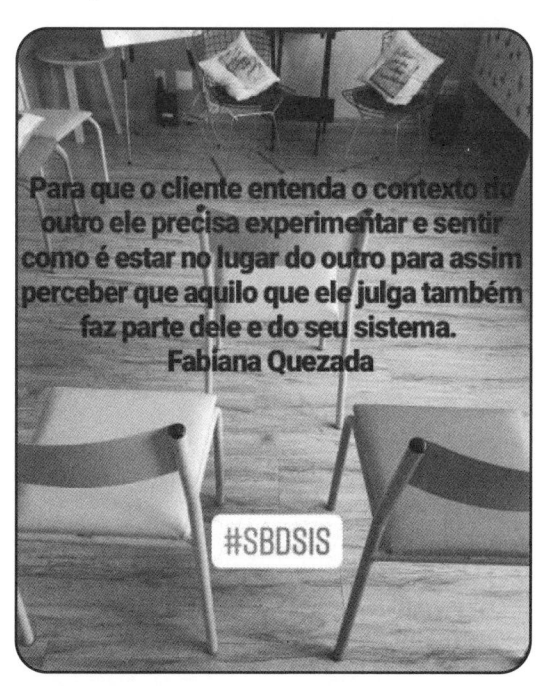

> Para que o cliente entenda o contexto do outro ele precisa experimentar e sentir como é estar no lugar do outro para assim perceber que aquilo que ele julga também faz parte dele e do seu sistema.
> Fabiana Quezada
> #SBDSIS

7

**Acredito que só o AMOR
traz a cura!**

Glória Esther Gomes

Glória Esther Gomes

Filha de Aldari Gomes e Yara Scarpelline Gomes, natural de Serra Azul, S.P. Psicoterapeuta holística e sistêmica com 20 anos de atuação nas áreas de Psicanálise transpessoal, Terapia de vidas passadas, Apometria, Radiestesia, Reiki, Constelação sistêmica familiar, Terapia energética corporal e Terapia floral.
Graduada em Biologia e Pedagogia.
Pós-graduada em Psicopedagogia.
Ministra cursos na área holística e conduz vivências de autoconhecimento.
Facilitadora de grupos de Sagrado Feminino: Criadora do Projeto: Mulheres de Gaya.

Laura buscou ajuda profissional para compreender a relação com seu pai. Queixava-se de tristeza causada por ele. Filha única, 28 anos de idade, casada, advogada (mesma profissão do pai), tem o mesmo nome dele (Lauro). Descreveu-o como agressivo, já tendo ele a ameaçado com armas e se envolvido com drogas, e sente por ele raiva profunda. Após várias sessões, fui percebendo o grande amor e a admiração de Laura por ele. Conforme fazia contato com sua história, dizia sentir mais raiva ainda. Percebi a negação de ver a realidade. Criou uma mãe perfeita e vítima. Visão infantil, da mãe idealizada. Percebi a necessidade de constelação, para enxergar a mãe real.

O agressor é apenas uma vítima

O campo trouxe a dor profunda desse pai: um garoto abusado sexualmente pela mãe e pela avó, que reprimiu sua raiva e, ao se casar e se tornar pai, projetou-a em quem amava: esposa e filha.

As drogas foram seu refúgio para a dor e o calmante que sedava o desejo de destruir as mulheres. A cliente foi profundamente tocada ao ver a dor de seu pai, e assim o amor reprimido emergiu. As lágrimas banhavam-na, envolvendo-a numa profunda catarse. Laura percebe que quem cuidou dela foi o pai, pois a mãe estava presa em algum lugar.

A partir dessa constelação, a relação com o pai se harmonizou. Ele também foi tocado e pediu desculpas por suas atitudes.

Laura passa, então, a olhar sua relação com a mãe. Agora sim estávamos chegando em sua dor.

A criança ferida, a dor original

As sessões prosseguiram com mergulhos na infância. Indo além da mãe idealizada, Laura começou a reconhecer a mãe real. Em meio a muitas lágrimas e fugas da terapia, o desejo de se tornar mãe foi despertando.

Percebi que era uma tentativa de se curar, porém não seria saudável trazer um bebê nesse momento: trazer um filho para curar sua dor, para preencher o vazio. O bebê deve ser desejado quando os adultos estão preenchidos, transbordando amor e, assim, capazes de gerar uma nova vida.

Após meses sem uso de anticonceptivos, Laura não conseguia engravidar. Começou a busca por clínicas de reprodução. Diagnóstico de infertilidade sem causa aparente. Isso deixou claro que havia algo na relação com a maternidade. Comecei, então, a fazer movimentos sistêmicos nas sessões.

Primeiro movimento: eu representei a mãe e a cliente representou a si mesma, na infância. Laura se posicionou sentada de frente para mim. Quando a energia do campo se instalou, a mãe se afastou bruscamente, dirigindo-se ao outro lado da sala e se virando de costas, mostrando o abandono de sua criança. Laura chora e clama: "Mãe, olha pra mim!". A mãe está em outro lugar. Não ouve. Sinto falta de mais alguém, uma criança. A emoção toma conta da mãe, uma dor profunda. Vejo uma cova no chão e desejo me enterrar e desaparecer. Esse era o lugar da mãe: a Morte. Laura chora chamando pela mãe. Coloco uma almofada no local da cova. Vêm cólicas intensas, uma sensação de hemorragia. Fica claro: é um aborto. Abraço a almofada, com tanta saudade e tanta dor. Vem a frase: "por que meu filho?". Eu não a verbalizo, mas Laura começa a dizer: "meu irmão... eu sempre senti você! Eu sabia". Agora, com o filho nos braços, ela olha para Laura. Continua, porém, desconectada. Laura acolhe e inclui o irmão.

Coloco frases: "querida mamãe, sou sua filha, Laura; esse é o meu irmão. Ele não pode ficar. Era o seu destino. Querido irmão, você sempre terá um lugar no meu coração! Eu sinto muito". O amor flui! A mãe agora vê a filha, mas ainda não se conecta a ela.

Dias depois, Laura conversou com a mãe, que, muito emocionada, falou sobre o aborto e que precisou se tratar com antidepressivos, pois não tinha vontade de viver. As dores do abandono emergem: agora ela vê a mãe real. Seu lado adulto concorda, mas Laura passa a ter crises de asma, doença de sua infância. A ferida da criança estava aberta.

Nas sessões, sempre que fazia contato com sua criança, via-a abandonada, desesperada. Orientei-a para que imaginasse se dando colo e proteção: "Olhe bem em seus olhos e diga: 'está tudo bem agora! Eu protejo você! Nunca mais ficará sozinha!'. Imagine uma grande luz dourada envolvendo vocês". Orientei Laura para colocar fotos da infância pela casa. Suas crises de asma melhoraram. O desejo de ser mãe crescia na mulher. Senti que estava mais saudável agora e que, se houvesse energia de vida abundante no casal, um bebê viria.

Porém, isso não aconteceu. Percebi que havia algo mais. Agendei uma entrevista com sua mãe e me impressionei com a profunda dificuldade de contato. A sensação em minha mão, ao cumprimentá-la, era como se estivesse envolvida em um plástico. Não conseguia me olhar.

Imaginei como foi, para Laura, ser acolhida por essa mãe, com tanta dor, tantos bloqueios e couraças, que precisou ter uma grande força de vida para dar à luz a filha. Senti que estava no momento de dar mais um passo: levar Laura à sua gestação, parto e pós-parto.

Fluxo do amor interrompido

Iniciei a constelação posicionando seus pais, Lauro e Amanda, como casal, antes da gravidez. Observei duas crianças querendo fugir de suas famílias de origem, o que não é saudável.

Saudável é estarmos adultos, com nossos pais interiorizados, e, por tê-los em um bom lugar, decidirmos construir uma nova família.

Ao colocar o representante de Laura bebê no campo, com o comando de vida intrauterina, vem a dificuldade de Amanda em tornar-se mãe. Ela se fecha, mostrando que os bloqueios estão na relação entre mãe e avó. As informações do campo mostram Amanda fumante e a bebê sentindo os efeitos negativos disso. Lembro-a de sua asma. Vem uma forte sensação de perigo de aborto. A bebê entra em muito sofrimento. O pai a conforta, mas a sensação de medo e a falta de ar continuam. Vamos ao parto. Sem vínculo mãe-bebê. O amor não flui. E quem se aproxima é o pai. Observo a cliente, conectada, acordando para essa realidade. Digo: "essa é sua história. Diga: "eu concordo!". Ela inspira profundamente, colocando-a para dentro de si. Sinto que devemos trazer a avó materna. Retiro os demais representantes do campo, ficando apenas sua mãe. Laura relata que a avó engravidou aos 45 anos e escondeu por vergonha. A rejeição era absurda. A avó desejando a morte do bebê. Ao nascimento, o vínculo era inexistente. O bebê não tinha vida. Abandonado e rejeitado. A representante da avó fria e desconectada.

Mostro a Laura o quanto sua mãe foi guerreira, lutando pela sobrevivência desde a vida intrauterina. Como essa mulher, gerada em um útero tão frio, poderia se comprazer em se tornar mãe? Como conseguir ter contato se a primeira relação, mãe, foi dessa forma? Como olhar nos olhos se a mãe não se conectou a ela pelo olhar, acolhendo nos braços e amamentando? E vem o cigarro (mamadeira, chupeta), representando o seio que foi negado. Verbalizo minhas observações. Nesse momento, o AMOR emerge. Coloco no campo o representante para "ele". Digo: "siga os movimentos". E o que ocorre é maravilhoso! O representante vai até a avó e a olha nos olhos. A representante da avó passa a ter movimentos involuntários, como se algo a rasgasse no peito. E o choro de profunda dor toma conta. Vem calor, é o milagre do amor: a cura! Os movimentos seguem com fluidez e harmonia. A avó abraça a representante da mãe, que estava sem vida, senta-se no chão e a coloca em seu colo. Abraça-a ternamente. A percepção é clara: o amor estava descongelando as couraças de tantos movimentos interrompidos. Coloco de volta no campo a representante de Laura. A mãe se levanta com firmeza. A avó fica de pé, olhando-as com ternura. O "amor" caminha olhando nos olhos dessas mulheres, tocando-as suavemente. A bebê continua imóvel no chão. A mãe se aproxima, colocando-a no colo. O "amor" se posiciona com uma mão em cada uma. A avó senta-se, envolvendo a filha com suas pernas, ficando em contato com seu útero. Convido todas as mulheres presentes para sentarem juntas, tocando-as, doando seu amor. As lágrimas lavam a alma e vejo dores de anos sendo limpas. A mãe olha nos olhos de Laura: "agora te vejo, minha filha! Eu amo você!". A representante da bebê relaxa... Olho para Laura na poltrona e digo: "Siga sua vontade". Ela se dirige ao colo da representante da mãe com alegria. Sabe que agora a mãe está ali, cuidando dela e protegendo-a. Assim, ela toma sua mãe dentro de si.

Na próxima sessão, Laura está cheia de vida, seus olhos brilham. Agora é capaz de ver seus pais como reais: com defeitos e qualidades, com suas próprias histórias, suas próprias dores, que fizeram o melhor possível, e pode amá-los ainda mais! Está adulta, com pai e mãe dentro de si. Preenchida!

O desbloqueio do amor traz uma nova vida

Após uns quatro meses, Laura engravida de forma natural. Está radiante, mas começa a ter de medo de perder o bebê. Esses pensamentos surgem quando relaxa para dormir, causando pânico. Observo que seu inconsciente traz algo que, em vigília, não seria possível. A Alma da família precisa ser vista. Laura passa a ter pesadelos, cólicas e crises de pânico. Sinto o momento de uma nova constelação.

Posiciono os representantes de Laura e de seu medo. O campo traz energia mórbida e com cheiro de sangue, que começam a ter as mesmas sensações de cólicas fortes e desespero. Tenho a percepção de que o medo é de alguém, de uma ancestral. Coloco uma pessoa para representar essa ancestral. E as três pessoas passam a ter as mesmas sensações e movimentos por alguns minutos. O desespero toma conta. A representante do medo fica cada vez mais desesperada, até que se deita, totalmente sem energia. A representante de Laura se conecta à ancestral. Elas se olham com muito amor, mostrando que estão identificadas. O medo que Laura sente pertence a ela. A representante de Laura se acalma. A representante da ancestral relata muitas dores e sente algo descendo pelas pernas. Percebo que é um possível aborto. Tudo se intensifica. Ela passa a dizer: "meu filho, meu filho...". Sente a criança presa em sua vagina. Percebo que foi um parto. Ela vai se esvaindo, perdendo toda a energia. Vejo muito sangue a envolvendo. Percebo que ela e o bebê morreram no parto. É uma tragédia enorme.

Laura chora, emocionada. Pergunto se tinha conhecimento desse fato. E é claro que não sabia... É uma exclusão. Uma tragédia envolvendo a maternidade. Coloco a própria cliente no campo para incluir essa ancestral, que agora está "morta" e segura o bebê entre as pernas.

Laura as envolve com profundo amor e diz: "Eu vejo você, querida avó. Vejo sua dor". Vamos incluindo a mãe e o bebê. "Eu sinto muito. É uma grande tragédia. Agora eu posso ver. Você faz parte de nossa família. Agradeço a você por ter aberto caminho para eu existir". A avó lentamente relaxa, soltando o bebê. Eu coloco um representante para ele também e faço movimentos, completando o parto. Com amor, levo o bebê ao colo da mãe. Agora ele existe. A mãe o abraça e o acolhe, dando o amor que foi interrompido. Laura os abraça. Avó e bebê agora estão em paz. Peço a Laura que os arrume com carinho para entregá-los à Morte.

Ofereço algumas flores de meu jardim. Ela enfeita os ancestrais, dando a eles um lugar especial. Coloco o representante para a Morte. Laura faz uma profunda reverência. A paz toma conta do campo.

A nova fase: à espera de Rafael

Laura agora está entregue ao processo de tornar-se mãe. O casamento vai muito bem. Ambos se organizando para esperar a chegada do filho. Logo os amigos começam a comentar sobre chá de bebê. Festa. Comemorações. Laura se irrita com essas sugestões. Não quer comemorar.

Ela traz esse assunto para a sessão. Vou aprofundando... De repente, o medo volta. Ela se desespera: "Não quero festa, não posso...".

Vejo que está conectada em algo. Para preservá-la, por estar gestante, sugiro um chá de bênçãos, apenas com as amigas íntimas e as mulheres de sua família. A sugestão é aceita, pois não será uma festa, e sim uma celebração.

A bênção das mulheres

Como terapeuta, eu mesma celebro o chá de bênçãos para mães que acompanho em tratamento. Nesse caso em especial, eu sentia que havia algo maior a ser feito. As avós de Laura já são falecidas. Então, sua mãe é a única ancestral que poderia fisicamente estar presente. Os votos e bênçãos são ditos enquanto as mulheres confeccionam uma coroa de flores, que simbolizará a passagem da mulher para a MÃE... E essa transição é uma profunda cura.

Percebo o quanto sua mãe está diferente: mais calorosa, já abraça! Emocionou-se muito enquanto confeccionava a coroa e dizia seus votos, abençoando a maternidade da filha. Para coroá-la, fizemos uma fila com amigas, que, nesse momento, representavam as mulheres da família que vieram antes. O campo se instalou, trazendo muito amor. Coloquei no campo até a sétima geração. Pude identificar que a avó que morreu no parto era a quinta antes de Laura. Escolhi uma amiga para simbolizar o amor dessa família. As informações da Alma familiar foram trazidas. Percebi que a tataravó fora uma cigana e, no seu grupo, os nascimentos eram comemorados com grande festejo, enquanto a mãe estava em trabalho de parto. Percebo toda a festa e alegria se transformando em desespero e tragédia. Foi como se, a partir daí, as festas para comemorar os nascimentos fossem proibidas. A família, a partir de então, excluiu essa história, tamanha a dor que traz. A festa se transforma em luto. Relatei a Laura as minhas percepções. Lágrimas vieram de todas as representantes... E a energia de amor e vida foi se fortalecendo, geração após geração... Logo a alegria se instala. Laura se sente autorizada a comemorar o nascimento de seu filho. A coroa de flores está nas mãos de sua mãe, que é a primeira da fila das mulheres. Laura se ajoelha a seus pés, olhando para todas as ancestrais, e diz:

"Eu vejo todas vocês. Eu digo sim... levarei adiante essa família, com amor e honra, e assim todo o sofrimento de vocês não terá sido em vão. Vou levar a nossa família para um lugar melhor! Nós merecemos.

— Querida mãe, obrigada! Você me deu o suficiente!"

Vejo a cura acontecendo. Sua mãe a coroa, como uma rainha que passa o legado à sua princesa. Tanta luz e vida se faz no campo!

Laura agora é mulher e mãe, com seus pais dentro de si, com a força de seus ancestrais a preenchendo. A vida segue. E, enquanto escrevo, ela está na praia, celebrando a chegada de seu filho de parto normal, lindo e saudável... E escreve nas redes sociais algo mais ou menos assim: "Não me importo quando dizem que estou acostumando mal ele no colo... Ele ficou nove meses ouvindo o som do meu coração, nove meses dentro do meu ventre, totalmente protegido, e agora vou deixar ele no berço? Que a natureza explique o porquê, por enquanto, nos sentimos um. Não nego colo porque negar seria reprimir o amor mais puro e genuíno a esse Ser que vai dar continuidade a nossa família (...)". Eu, como facilitadora de seu processo, emano minha gratidão à SUPREMA LUZ DIVINA e digo sim, eu SERVIREI À VIDA com todo meu AMOR! PORQUE SÓ O AMOR TRAZ A CURA!

8

A mãe, a gestação e o "tomar" – relacionamento com a mãe x dificuldade para engravidar.

Gustavo Oliveira Lima

Gustavo Oliveira Lima

Filho de Humberto João Borges de Lima e Tânia Mariza Oliveira Lima, nascido na cidade de Porto Alegre, capital do Rio Grande do Sul, graduado em Direito pela Faculdade Estácio do Rio Grande do Sul. Advogado, facilitador em Constelação Familiar pelo Instituto Brasileiro de Constelações e palestrante. Atuou por nove anos no ramo do Direito Empresarial, tendo experiência em gestão de pessoas. Conheceu as constelações familiares em um processo de autoconhecimento para a solução de questões pessoais. A partir de então, a perspectiva e filosofia sistêmicas abriram-lhe novos horizontes, inclusive para o desenvolvimento pessoal, razão pela qual promoveu uma mudança de 360 graus em sua carreira, tomando como propósito de vida promover a arte da ajuda de Bert Hellinger e transmitir o conhecimento sistêmico para o maior número de pessoas possível.

Contatos:
E-mail: gustavo.advocaciasistemica@gmail.com
Facebook: www.facebook.com/gustavo.constelacaosistemica
Instagram: https://www.instagram.com/gustavo.constelacaosistemica/

Constelação Familiar: o que é?

A constelação familiar mostra que muitos de nossos problemas, doenças, incompreensões e sentimentos negativos estão conectados a outros familiares, especialmente aos antepassados que enfrentaram essas mesmas adversidades. Ou seja, há repetição de comportamentos, a cada geração, mesmo que de uma maneira inconsciente.

Bert Hellinger, o maior expoente em termos de constelação familiar, e autor do método como o conhecemos e praticamos hoje, propôs que há uma "consciência de clã" em todos nós, que é norteada por simples "ordens arcaicas" ou "ordens do amor", que são pertencimento, equilíbrio entre dar e receber e hierarquia.

O amor é o objeto do trabalho e ordená-lo é o objetivo. Fora da ordem o amor existe, mas se torna um amor desequilibrado, por muitas vezes um amor doente. As ordens atuam em nosso inconsciente como leis naturais, e a conexão harmoniosa com essas ordens nos dão uma sensação de paz e nos faz sentir acolhidos e pertencentes a um grupo. É essa paz e harmonia, para o cliente e seu sistema familiar, que buscamos alcançar por meio desta abordagem profunda e inovadora.

Aceitar a vida é aceitar incondicionalmente os pais

Ao sermos concebidos dentro de uma família, para muito além de um patrimônio genético e eventuais bens materiais, também herdamos de nosso sistema familiar complexos esquemas de comportamento, traumas e condicionamentos, todos profundamente enraizados em nosso inconsciente.

Por outro lado, é certo concluir que somos metade pai, metade mãe, não apenas em relação aos vinte e três cromossomos herdados de cada um deles, mas também em nosso inconsciente e personalidade. Temos ambos os pais dentro de nosso ser, e o julgamento, rejeição ou qualquer sentimento negativo em relação a um deles significam, também, um sentimento negativo em relação a nós mesmos. Aceitar a vida é aceitar incondicionalmente os pais, sem "mas", "porém" ou qualquer objeção quanto a nossa origem.

Em outras palavras, a autoimagem pode ser definida pela imagem que fazemos de nossos pais em nosso inconsciente. Se eu vejo meus pais como insuficientes, eu me vejo como insuficiente. Por outro lado, ao aceitar a vida sem julgamentos e com amor incondicional aos pais, independentemente das circunstâncias positivas ou negativas passadas durante o transcorrer do amadurecimento humano, especialmente na infância, temos todas as possibilidades em nossas mãos. E para aceitar esta realidade é necessária uma postura ativa e incondicional, denominada por Bert Hellinger de tomar. Nas palavras do próprio Hellinger, em "Constelações Familiares – O Reconhecimento das Ordens do Amor":

> "Tomar é para mim um processo básico. Eu estabeleço um limite bem claro entre aceitar e tomar. O aceitar é benevolente. Tomar algo significa: Eu tomo assim como é. Esse tomar é humilde e concorda com os pais assim como eles são. Quando faço isso, eu também concordo comigo mesmo, assim como eu sou. (...) Quem toma essa atitude fica em paz consigo mesmo e com os seus pais e é independente." (HELLINGER, Cultrix, 2007, p. 94)

Portanto, conforme nos ensina Bert Hellinger, tomar a vida de forma incondicional pode ser o primeiro passo para uma mudança positiva em nossas vidas, pois deixamos de fantasiar algo que não existe, e trabalhamos com o que realmente temos em nossas mãos, ou melhor, em nossa alma. Assim, é possível superar os conflitos internos em relação a nós mesmos.

Compreendendo seus sentimentos: o movimento primário interrompido.

Ao caro leitor que busca expandir seu conhecimento (inclusive o autoconhecimento), e especialmente para a completa compreensão do caso que vamos apresentar, é importante a compreensão da dinâmica inconsciente que chamamos de "movimento primário interrompido", conforme explicaremos nas próximas linhas.

Geralmente, bloqueios e sentimentos negativos como raiva, abandono, depressão ou desprezo em relação aos pais têm um fundo inconsciente e sistêmico, do qual não temos domínio racional. Muitas vezes esses sentimentos têm origem no que Hellinger denomina de "movimento primário interrompido". Trata-se de um trauma pessoal originado na infância quando a criança sente-se distanciada ou abandonada pelos pais (um deles ou ambos). Pode ocorrer, por exemplo, em uma longa internação hospitalar, um acidente, em casos de adoção ou mesmo em situações cotidianas e simples, como quando a criança permanece chorando no berço sozinha por algum tempo. O movimento primário interrompido é uma consequência da interpretação do inconsciente da criança acerca de alguma situação de distância em relação aos pais.

Ao sentir-se abandonada pelos pais, a criança então bloqueia inconscientemente os sentimentos de amor e afeto em relação aos mesmos, visto que sente medo de necessitar novamente deles, não tê-los por perto e voltar novamente ao sentimento de dor e abandono. As consequências de um movimento primário interrompido são superadas, dentro do contexto da constelação familiar, quando o movimento original (aproximação da criança com os pais) é retomado e levado a termo, como em um abraço entre a criança e a mãe ou o pai, representados por participantes de grupos de constelação ou pelo próprio facilitador em sessão individual.

Caso

A dificuldade em engravidar

Um dos casos mais relevantes e simbólicos que atendi trata-se de uma jovem de trinta e dois anos, e que sofria as consequências de um movimento primário interrompido em direção à sua mãe, que significa, como visto acima, um trauma pessoal originado na infância quando a criança sente-se distanciada ou abandonada pelos pais. Para preservar a privacidade da cliente da qual tratarei nesse capítulo, ela será denominada apenas como cliente.

Seu tema era a dificuldade em engravidar; estava casada há nove anos e tentando a gestação há cerca de cinco anos. O fator agravante e que praticamente impossibilitava a gestação era o diagnóstico de endometriose, doença caracterizada pela presença do endométrio – tecido que reveste o interior do útero – fora da cavidade uterina, ou seja, em outros órgãos da pelve. Aproximadamente 60% das mulheres com endometriose sofrem dores e infertilidade[1]. Esse era o quadro trazido pela cliente.

Anamnese

Na entrevista inicial a cliente informa que tivera uma infância difícil em relação à mãe, que foi distante e não haveria muito afeto. Havia, já na idade adulta, conflitos na relação entre ambas. Essa era a chave da questão.

Em termos gerais, tomamos da mãe aspectos da vida ligados à prosperidade, afeto íntimo, saúde, autoestima e segurança. Quando há julgamentos, sentimento de superioridade ou pena em relação à mãe, há também bloqueio em relação aos aspectos da vida representados pela figura materna. Para as mulheres, o julgamento em relação à própria mãe em geral acarreta um

---

[1] RAMOS, Sérgio dos Passos. Endometriose. Disponível em: <https://www.gineco.com.br/saude-feminina/doencas-femininas/endometriose/>. Acesso em: 12 jan. 2020.

bloqueio em relação à feminilidade, incluindo as crenças e imagens inconscientes sobre a capacidade de ser mãe.

A constelação e as frases de solução

Após colher mais algumas informações sobre a família próxima (pai e avós), colocamos a constelação de forma oculta[2]. De fato, a dinâmica relevante foi a relação entre cliente e a própria mãe. A representante da mãe (que denominaremos apenas como mãe) permaneceu em um canto da sala, distante e de frente para a parede.

A representante da cliente não conseguia olhar para a mãe. Ficou claro que a mãe, em razão de um relacionamento difícil com a própria mãe (avó da cliente), não estava totalmente disponível para seu papel materno. Por sua vez, a representante da cliente relatou que via a mãe como menor, com pena. Após revelar o papel de cada representante, a cliente confirmou que aquela dinâmica fazia sentido no contexto do relacionamento com a mãe, pois desde pequena a via como uma pessoa fraca, não havendo contato emocional próximo entre elas.

Convidei a cliente para tomar seu lugar na constelação. Ao realizar este movimento, os sentimentos de raiva e ressentimento transpareciam no olhar da cliente, que chorava ao olhar a mãe. O diálogo, por meio de frases de solução sugeridas por mim e ditas pela representante da mãe, ocorreu da seguinte forma:

Mãe: "Olá, filha. Realmente, eu não estava totalmente disponível como mãe. Sinto muito por isso. Mas, eu sou sua mãe, eu sou a grande, você é a minha filha, a pequena. Ao que custou a mim e a você, eu te dei a vida. Agora eu libero você para seguir o seu destino, como adulta".

---

[2] Na forma oculta, os participantes não são informados previamente sobre qual personagem irão representar. Nem mesmo o cliente tem esta informação, visto que os nomes dos personagens são anotados em pequenas fichas entregues aos representantes, que não as leem. Apenas na parte final do trabalho, nos movimentos de solução, os papéis são revelados.

O sentimento descrito pela cliente após as frases foi de certo alívio, mas ainda sim com certa raiva. Portanto, sugeri as seguintes frases, que foram repetidas pela cliente, muito comovida:

Filha/Cliente: "Mãe, eu sinto raiva de você (frase repetida diversas vezes). Raiva porque não pude receber o seu carinho e amor, pois doía muito te ver sofrer e não poder fazer nada. Mas agora eu vejo: eu sou apenas a filha, a pequena; você é a mãe, a grande. Agora aceito seu destino e aceito tudo o que vem de você, da forma que foi, e com amor. Obrigada pela vida, agora posso passá-la adiante".

Posteriormente, utilizando uma bolsa pesada, simbolizamos que a cliente entregava à mãe o seu próprio destino e, após este ato, a cliente pôde voltar a ser pequena ante a mãe, ajoelhando diante desta, e lhe abraçando como a criança abraça a mãe, retomando e levando a termo o movimento primário de amor interrompido entre filha e mãe. Cabe destacar a forte emoção da cliente quando da retomada deste movimento.

Finalizando a constelação, posicionei a mãe atrás da cliente, com a avó atrás da mãe, e o representante do marido de frente para a cliente. O representante do marido, que havia se mostrado alheio à dinâmica durante toda a constelação, recebeu de forma carinhosa o olhar da cliente e ambos se abraçaram. Sugeri as seguintes frases para ambos:

"Eu realmente não estava tão disponível para nosso casamento, e especialmente para passar adiante. Eu assumo a minha parte de responsabilidade. Eu estava olhando para trás, para questões da família. Agora já as deixei e, no tempo certo, talvez possamos aumentar nossa família. Obrigada por estar ao meu lado".

Segundo a cliente e o representante do marido, as frases fazem sentido e trazem sensação de alívio. Encerrada a constelação, algumas orientações básicas de praxe são passadas para a cliente e retomados os trabalhos com outros participantes.

Depoimento da cliente

Cerca de sete meses após a constelação, recebo da cliente a seguinte mensagem:

> "Então, como constelamos sobre minha dificuldade de engravidar, no final você me disse que independentemente do tempo que demorasse, caso desse algum resultado era para eu avisar. Estou compartilhando contigo a notícia de que estou grávida de 18 semanas (...).
>
> Obrigada pelo teu trabalho!!!!" (sic)

Conclusão

Por certo o resultado positivo para a cliente não foi alcançado por mim enquanto facilitador, mas sim pela própria cliente e seu marido, em especial pela cliente, que acreditou no processo, absorveu a imagem de solução e se permitiu aceitar a vida que lhe foi passada por seus pais, sem maiores reinvindicações, ou seja, estando liberada de reinvindicações originadas ainda na infância. Uma vez tomada incondicionalmente a vida recebida, especialmente em relação à própria mãe, a cliente pôde passá-la adiante e, então, ser também mãe, tão humana e imperfeita quanto a sua própria genitora.

A constelação familiar não é "apenas" uma terapia, mas sim uma filosofia aplicada à vida, um exercício diário das ordens do amor. Portanto, o trabalho realizado em uma sessão de constelação familiar, seja em grupo ou individual, é o impulso para uma mudança de postura interna, um entendimento maior sobre o contexto sistêmico no qual se está inserido. Costumo dizer que uma sessão de constelação familiar perdura, dentro do inconsciente, cerca de 40 anos, visto que é necessário tomar a imagem de solução surgida na constelação e aplicá-la no cotidiano, dia após dia. Ou seja, não se pode prometer, antes ou depois de uma constelação familiar, que a solução almejada pelo cliente será efetivamente alcançada, pois o processo não está nas mãos do facilitador, mas sim do cliente e de sua postura ante seu clã, seu destino, suas possibilidades e limitações.

Acredito que este caso nos mostra que nossa postura interna frente aos nossos pais, nossa autoimagem inconsciente e as possibilidades que temos frente aos desafios, que não por acaso enfrentamos, têm estreita relação. Quando nos colocamos como pequenos frente aos nossos pais, é possível nos apropriarmos da vida que deles recebemos, mesmo carregando ainda por um tempo um resquício da dor de traumas, que um dia poderá ser transformada em gratidão pela vida recebida.

E a gratidão pela vida recebida nos mostra a grandeza dessa simples e humilde condição que é estar vivo e a possibilidade de passar uma parte dessa vida para frente e, junto com ela, uma parte de todos aqueles que fazem parte de nossa história, com aquilo que custou à eles e à nós. Assim, assumimos a responsabilidade pela própria vida e por mantê-la perene e saudável o quanto for possível. E isso é o bonito.

Desejo tudo de bom aos caros leitores.

9

O trabalho sistêmico na advocacia

Janice Grave Pestana Barbosa

Janice Grave Pestana Barbosa

Filha de Ito Grave e Yolanda Grave, advogada sistêmica, presidente da Comissão de Direito Sistêmico da 12ª Subseção da OAB/SP Ribeirão Preto; coordenadora da Oficina Prosseguir – Constelações Familiares no Anexo da Violência doméstica e da Mulher no Fórum Estadual de Ribeirão Preto. Formada em Capacitação de Gestores Sociais; Consteladora Familiar pela Hellinger Schule em parceria com o grupo CUDEC do México e Faculdade Innovare em SP; pós-graduada em Direito Sistêmico – Hellinger – Innovare/SP.

Contatos:
Instagram: @janice.grave
Site: www.grave.adv.br
E-mail: janice@grave.adv.br
Facebook: Janice Grave Advogada Sistêmcia
Linkedin: Janice Grave Advogada Sistêmica

Introdução

A melhor forma de se conhecer e se compreender a Constelação Familiar e os exercícios sistêmicos, que são realizados como suporte nas percepções e filosofia de Bert Hellinger, é participando deles. A segunda é entrando em contato com os resultados obtidos a partir da aplicação dessas dinâmicas.

É seguindo este segundo entendimento que se optou por fazer o relato de como foram solucionados, com base nas abordagens supramencionadas, três conflitos reais dento do escritório de advocacia da autora deste artigo.

Vale observar que estes trabalhos começaram a ser levados a cabo no referido escritório após a conclusão do curso básico em Constelação Familiar e da pós-graduação em Direito Sistêmico (2ª. Turma) na Faculdade Innovare, que atua em São Paulo, SP, em convênio com a Hellinger Schule, instituto da Alemanha.

O primeiro caso trata-se de uma situação em que a cliente já vinha com um processo trabalhista há anos e sofria as consequências do assédio moral. Com o conhecimento da Constelação Familiar, a autora, na qualidade de advogada dela, pôde dar uma condução diferente no caso que, em razão disso, foi solucionado.

O segundo caso foi com o intuito de investigar como um advogado sistêmico-fenomenológico pode auxiliar outros colegas advogados nas questões de seus clientes, por meio de uma consultoria sistêmica e da constelação familiar e, após consultoria, observar os efeitos que isso traz para o cliente e para o colega da advocacia.

No terceiro caso, relata-se uma situação em que foi aplicada a mediação sistêmica com a técnica da constelação familiar com bonecos, com atendimento individual, realização de atendimentos sistêmicos com a outra parte e seu advogado e realização de composição amigável protocolada no Judiciário.

1º Caso: assédio moral no trabalho

O caso não demandou o desenvolvimento de uma constelação clássica, mas a simples utilização das âncoras, no qual se pôde observar a dinâmica oculta das partes sob a luz dos princípios sistêmicos.

Paula (nome fictício) ajuizou uma ação trabalhista com pedido de indenização por assédio moral no local de trabalho, com afastamento e com recebimento de benefício por auxílio doença. O processo transcorreu normalmente, com audiências, perícias, sentenças e recurso, além do pagamento do crédito trabalhista. Dois anos depois, mesmo em tratamento psicológico e uso de vários medicamentos e atendimentos pelo CAPS, teve seu benefício previdenciário suspenso, o que foi restabelecido com ajuizamento de processo, o que perdurou por dez anos, quando novamente teve alta.

Nesse atendimento a autora deste trabalho e advogada de Paula já cursava a pós-graduação em Direito Sistêmico, e já estava internalizando, aos poucos, a filosofia hellingeriana e podia aplicar o conhecimento com a cliente, que chegou acompanhada do marido. Chegou com os exames médicos, receitas, atestados, e um sentimento de desespero em ter que voltar naquele ambiente de trabalho onde sofreu assédio.

No atendimento sistêmico foram colocadas âncoras para a cliente e seu marido, que também estava disponível para o movimento sistêmico. Logo o casal passou a olhar fixamente para o chão em frente de ambos e lhes perguntei qual era a dor? Se tinha uma exclusão? Imediatamente o marido disse: É nossa filha gêmea com nosso filho mais novo. Sinto muita falta dela! E ele pôde entrar em contato com uma profunda dor e depois pedi para repetir: *Você pertence! Sentimos muito a sua falta.*

Assim, o casal tomou consciência de que tinha quatro filhos e não somente três. Pude explicar sobre a lei do pertencimento, e eles puderam sentir os efeitos da inclusão dessa filha abortada.

O processo foi transcorrendo normalmente e a cliente não ligou mais no escritório, ao contrário do que ocorria anteriormente. Quando esta advogada lhe deu a notícia de que o médico perito a considerava apta para o trabalho, ela teve uma reação de plena aceitação e relatou que já estava realizando outros cursos de aprimoramento. Relatou ainda que aquele movimento da âncora havia sido transformador na vida dela e do marido, assim como dos filhos, pois ela tomou força para se reconciliar com a mãe, iniciar o curso de cuidadora, diminuir sensivelmente a medicação e o marido havia parado de consumir álcool, tornando-se um homem mais amoroso.

O essencial foi visto e todos tiveram seu lugar reconhecido dentro daquele sistema familiar. O advogado sistêmico-fenomenológico desenvolve uma percepção para estar a serviço do sistema do cliente, apenas naquilo que ele necessita.

Desta forma, a constelação com as âncoras de solo foi utilizada como um meio de buscar aquilo que se estava oculto e não reconhecido naquele sistema, pois a cliente não tinha interesse em sarar, porque além das causas profundas existentes por trás, que não eram vistas por ela, pelo INSS, pela Justiça e inicialmente pela advogada dela, ela tinha um benefício secundário de ficar doente, que era o de receber os benefícios do INSS, como um tipo de compensação (vingança) pelo mal que lhe haviam feito no ambiente de trabalho.

Existia aí uma não aceitação da vida como ela era. Nem ela tinha condição de olhar para aquela situação como algo com o qual ela tinha que aprender, fazendo-se a pergunta: para que – e não por que – isso está acontecendo comigo? Muito menos tinha ela condição de olhar além daquilo, para Algo Maior que conduz a todos nós e nos coloca onde temos que aprender algo para nossa evolução e para o nosso crescimento pessoal.

Ela, de certa forma, se vitimizava, se fazia de coitadinha para que alguém olhasse com pena para ela. Com certeza, ela não havia tomado dos seus pais o que eles lhes tinham dado, por isso buscava nos outros. Primeiro, na filha, mas esta morreu, depois nos colegas de trabalho, mas estes lhe assediaram, após no INSS, advogada e Justiça. Todos esses atores deveriam dar para ela o que ela entendia que seus pais não lhe haviam dado.

Quando lhe dei a ciência do acórdão (decisão final), já se sentia fortalecida em retornar ao trabalho. Posteriormente, sem nenhum constrangimento ou sofrimento de rejeição, foi demitida do trabalho. Tudo ficou leve para ela, o que lhe possibilitou dar os passos seguintes em sua vida.

2º Caso: consultoria sistêmica

Recentemente fui chamada por uma colega advogada, Dra. Simone (nome fictício), para auxiliá-la em um caso de difícil solução. A Dra. Simone relatou que sua cliente divorciada pretendia pleitear uma revisão em seu processo judicial, com sentença transitada em julgado. A cliente já estava separada há quase dois anos, mas o vínculo com o ex-marido persistia por questões patrimoniais societárias, por meio de uma procuração em que lhe outorgara poderes para manter a empresa do casal em funcionamento, empresa esta com inúmeras execuções, dívidas e problemáticas judiciais. Além disso, mesmo tendo uma sentença favorável determinando pensão alimentícia a ser paga em prol da filha, não recebia o valor arbitrado, fato que a levava a passar por dificuldades financeiras.

Entretanto, mesmo sendo as questões de ordem prática e jurídica, a cliente permanecia imobilizada, sempre com o mesmo discurso de que precisava solucionar as questões, mas não sabia qual caminho tomar.

Essa colega de profissão havia tido contato com o Direito

Sistêmico na OAB-SP de Ribeirão Preto e se interessou pela sua aplicabilidade ao direito de família. Vislumbrou, portanto, que talvez um outro colega advogado sistêmico-fenomenológico pudesse realizar um movimento com as constelações familiares para que a cliente encontrasse uma saída mais efetiva e o conflito fosse resolvido.

Aprazivelmente, a cliente aceitou um atendimento individual de constelação familiar com bonecos em MDF, sem cor e sem rosto, representando pessoas, empresas, pai, mãe, primeira esposa do pai, ex-marido e atual esposa do ex-marido, que foram posicionados em cima de um campo giratório, para dar visibilidade maior quanto à posição dos participantes dentro do campo.

O campo foi trazendo informações e aos poucos foi se revelando a tristeza do pai da cliente, que também tinha sérios problemas financeiros e um amor antigo pela primeira esposa, mãe de sua irmã mais velha. Então ela pode olhar para aquela mulher excluída da vida de seu pai e perceber que sua atual situação refletia como um espelho a situação atual que ela vivia com seu ex-marido. Dinâmicas idênticas.

Então, ao tomar conhecimento de tal dinâmica, ela disse: *Uau!!!* Sua alma tomou consciência que sua dor era a dor da primeira mulher de seu pai, motivo pelo qual tinha uma grande proximidade com seu pai, e fazia sentido muitas falas de seus pais e conflitos que ela presenciou. Assim, ela se permitiu fazer diferente e dizer para a primeira esposa do seu pai: *"Obrigada, com a sua separação de meu pai, eu pude nascer".*

Em razão desse movimento, um amor muito grande pelos seus sobrinhos, com os quais tinha pouca convivência, ali se revelou, e ela pôde sentir toda a força que vinha daquela primeira esposa.

Segue, na íntegra, o relato da Cliente:

"Há quase três anos me divorciei e devido a tantas mudanças e alguns fatores que implicaram na situação, tornaram minha vida muito tumultuada e confusa. Precisava buscar alguma forma de ajuda para entender e seguir em frente. Foi aí que ouvi

falar da Constelação Familiar e achei muito interessante por se tratar de uma psicoterapia diferente.

Busquei entender e logo fui atraída por ela, quando soube que estava sendo trabalhada na área jurídica, fui logo ao encontro... era justamente o que precisava... pois as questões do divórcio estavam sendo resolvidas ainda e sabia que a constelação poderia me trazer mais clareza e apoio me mostrando um caminho. Foi o que aconteceu... tive a oportunidade de conhecer a Dra. Janice que foi apresentada por minhas advogadas e fizemos uma sessão. Assim, pude colocar tudo o que se passou e entender os motivos que desencadearam as situações. Ser constelada trouxe muita visão para que eu pudesse organizar o que precisava e perceber como é importante conhecer os fatos que deram início e conduziram os caminhos que vivenciei, me deu mais força para meu interior e assim pude manifestar o amor e a gratidão para que todas as coisas fluíssem, através do reconhecimento das pessoas que faziam parte da minha vida antes mesmo de nascer. Em pouco tempo percebi o efeito e o quanto refletiu de forma positiva na minha vida, e não existe mais aquela sensação que fazia me sentir perdida e aflita diante das situações, fiquei mais segura e fortalecida além de aprender a ser muito mais grata a tudo."

Concluindo, pode-se dizer que a Constelação Familiar tornou-se uma abordagem muito valiosa nas mãos dos advogados e, por estar na Justiça, dá mais credibilidade para os clientes que passam a confiar nela e a ela se exporem de alma aberta, de modo que suas vidas passam a fluir com um novo sentido, com muita leveza e com uma força sempre renovada, prova disso é que após alguns dias, depois da constelação, a cliente foi revogar a procuração no cartório.

Neste caso, foi possível analisar a possibilidade de parceria entre escritórios de advocacia, no qual há o encaminhamento pelo colega não facilitador em constelações familiares para um advogado sistêmico-fenomenológico e, principalmente, qual seria o ganho em ter o seu cliente atendido por uma constelação familiar antes de um ajuizamento de processo. Por essa razão, me limitei em aplicar a facilitação da Constelação Familiar individual, após compreender a questão jurídica, sem adentrar no mérito da questão com julgamentos e conselhos, mas observar os resultados mais próximos à realidade e nesse caso atestar a técnica para se chegar a uma solução.

3º Caso: guarda compartilhada

Após saber, por meio da irmã dela, sobre o meu atendimento sistêmico, uma cliente me procurou. Na ocasião, relatou-me ela que tinha uma filha de cinco meses e que o pai dela, seu colega de trabalho, não tomava nenhuma atitude quanto a assumir o sustento da filha.

A cliente, neste primeiro atendimento, falava muito em "minha filha". Após ouvi-la atentamente, perguntei se ela havia gerado a filha sozinha? A cliente ficou visivelmente emocionada, ela percebeu o quanto tinha medo da aproximação da filha com o pai.

Perguntei-lhe se já havia enviado uma foto da filha ao pai e pedi que ela fizesse isso tão logo chegasse em casa. Ela aceitou participar de uma constelação familiar e ao posicionar os bonecos, percebeu que o pai de sua filha nunca teve a presença do pai, e com tal imagem pôde perceber como era difícil para o mesmo assumir o papel de pai, sem ter vivenciado tal experiência. Assim, sentiu que não poderia exigir algo que ele não poderia dar. Pode olhar para a relação de seu próprio pai e de sua mãe e a vida de casados em casas separadas que estavam vivendo, e pode internalizar o destino deles, como sendo maiores e responsáveis pelas suas decisões, se permitindo a fazer diferente (má consciência). Algo muito revelador ainda pode ser visto. A cliente sempre imaginou que era a terceira filha, contudo era a quarta, pois havia um irmão abortado. Percebeu que sentia uma culpa por algo sem explicação e a inclusão desse irmão lhe trouxe força e pôde olhar para os seus irmãos mais velhos como irmãos e não como pais. A cliente ficou emocionada várias vezes, sentindo no final da sessão uma leveza e uma força para prosseguir com uma nova postura diante do pai de sua filha.

Após algumas tratativas, marcamos a assinatura do acordo e no dia pedi aos pais da criança que sentassem um ao lado do outro, o que me fez ver que eles tinham forças para seguirem juntos numa guarda compartilhada.

Em contato com a cliente, um ano após a homologação do acordo, pude ouvir da mesma o efeito desse atendimento com as constelações familiares em sua vida. Os avós paternos se aproximaram da neta, sendo que toda a família participou de seu aniversário de um ano.

O Direito Sistêmico nos permite levar uma "paz verdadeira" às famílias, que é percebida através de uma imagem que se forma no final da constelação. O advogado sistêmico-fenomenológico trabalha a empatia e a comunicação não-violenta, respeitando o destino que o cliente quer para sua vida, sem querer salvá-lo do conflito ou da dor. Isso é possível, pois quando desenvolvemos a técnica da Constelação Familiar de Bert Hellinger, podemos olhar além do conflito e para ambas as partes, não escolhendo quem é a vítima ou o perpetrador.

Hellinger (2019, p. 151) nos ensina sobre esse caminho fenomenológico do conhecimento das constelações familiares e nos dá os seguintes passos: esqueço tudo o que foi dito antes sobre o problema; me exponho ao problema de meu cliente sem nenhuma intenção; permaneço sem medo diante daquilo que se revela; ao me esvaziar, percebo o essencial; digo sim para o meu destino.

Outro ponto importante para a resolução do presente caso, foi o respeito à hierarquia, onde os que chegaram antes tem precedência e sempre serão os maiores, sendo que os irmãos mais velhos não podem assumir a função dos pais. Assim, esse conhecimento se agrega ao que já se encontra positivado no direito, e o amor pode fluir novamente na vida dos envolvidos. O conflito traz algo bom, basta vivenciar o que ele nos mostra.

Constelação Familiar:
aplicações e *cases*

10

Jocelene de Oliveira Barradas

Jocelene de Oliveira Barradas

Filha de Evandro de Oliveira e de Dolores Fernandes de Oliveira, é especialista em psicologia saúde mental, psicoterapeuta reencarnacionista, psicanalista transpessoal, terapeuta holística, pedagoga, orientadora educacional. Iniciou em Constelação Familiar e Organizacional com o Dr. Fernando de Freitas, em Ribeirão Preto/SP. Aprofundou seus estudos na Hellinger Schule e Sciencia Brasil, participou dos congressos internacionais de Direito Sistêmico e de DNA da Constelação Familiar, da aula de Saúde com Shopie Hellinger e Renato Bertrate, do Cosmic Power com Anna Wagner, em São Paulo. Tem formação internacional em Constelação Estrutural com Guillermo Echegaray, Mathias Varga e Insa Sparrer, na Colômbia, e de Vocação, Profissão e Dinheiro com Joan Corbalan, Espanha/Brasil. Especializou-se em Constelação Individual com Vera Bassoi e Coaching Sistêmico com Guillermo Echegaray. Trabalha em atendimento individual e de grupo. Ministra palestras.

Contatos:
Email: jocelene_o_barradas@hotmail.com.
Facebook: Jocelene de Oliveira Barradas.
Instagram: joliveirabarradas.

Case de Constelação Sistêmica Familiar – uma situação de exclusão e rejeição

Introdução

Bert Hellinger, idealizador das Constelações Familiares, é alemão, teólogo, filósofo, pedagogo e psicoterapeuta. Realizou um trabalho com os Zulus, na África do Sul, com os quais também aprendeu muito sobre a dinâmica familiar. Em seu livro "As Ordens do Amor", nos apresenta as Leis diretrizes que orientam as dinâmicas familiares e explicam as causas dos conflitos familiares e emaranhamentos que se manifestam através de padrões de comportamentos geracionais. Demonstra, através de exemplos, as dinâmicas que ocorrem nos relacionamentos entre marido e mulher, pais e filhos, irmãos, avós, e como os relacionamentos podem se tornar conflitantes, de acordo com atitudes que desrespeitam as Leis da Natureza.

Rupert Sheldrake, biólogo, através de estudos com a Física Quântica, postulou a hipótese de que a mente de todos os indivíduos de uma espécie se encontram unidas e formando parte de um mesmo campo mental planetário, o da "Ressonância Mórfica". Ele denominou esse campo de "Campo Morfogenético", que afeta as mentes dos indivíduos e a mente destes também afetaria o campo. Desta forma, inconscientemente, todos os registros criados pelas memórias familiares e relacionadas aos comportamentos, valores, crenças, fatos e traumas estão registrados no indivíduo e no sistema a que pertence. O trabalho de Constelação é realizado através deste processo de informação e por isso ocorre dentro do campo morfogenético, possibilitando ao terapeuta perceber a dinâmica familiar que se apresenta.

A "Lei de Pertencimento", primeira lei das "Ordens do Amor", nos permite o direito de pertencer a um sistema. A família é o primeiro sistema a que pertencemos, o primeiro a que fazemos parte. Temos o direito de ocupar um lugar dentro da família. E, depois, de pertencer a outros sistemas: a igreja, a escola, o clube, o trabalho, os amigos. Criar vínculos é uma necessidade do ser humano e é pertencendo a um sistema que criamos os vínculos.

Quando ocorre uma exclusão na família, todos entram em desarmonia, sofrem as consequências. Alguém da descendência pode vir a sofrer ainda mais ou pagar alto preço por se identificar com a pessoa excluída, o que significa agir de forma semelhante ou igual, repetir as mesmas histórias, os mesmos comportamentos ou atitudes, geralmente não aprovados pelo sistema. Até a sétima geração podem ocorrer as interferências no sistema familiar.

É comum, nestes casos, que um outro membro da família ocupe o lugar da pessoa que foi excluída e, dessa forma, outros comprometimentos podem ocorrer, trazendo mais conflitos familiares e emaranhamentos ao sistema.

A "Lei da Hierarquia", segunda lei das "Ordens do Amor", nos mostra que cada um tem o seu lugar de origem. Aquele que chega primeiro tem preferência em relação aos que chegam depois. Mas, também mais responsabilidade. E, quando uma pessoa ocupa o lugar de outra pessoa, deixa de viver a própria vida para viver a vida do outro, o que gera adoecimento a todos os envolvidos.

A precedência também está relacionada à "Lei da Hierarquia", os que vieram antes têm precedência aos que vieram depois. Os primeiros têm prioridade em relação aos seguintes e aos últimos. A ordem precisa ser respeitada, pais vieram antes dos filhos e irmãos mais velhos têm prioridade em relação aos irmãos mais jovens.

A "Lei do Equilíbrio", a terceira lei das "Ordens do Amor", nos apresenta a necessidade de dar e receber ou tomar na mesma proporção. Os sistemas buscam de forma natural o equilíbrio e quando ocorre o desequilíbrio, o adoecimento das relações também é perceptível e gera conflitos e/ou rompimentos. Devemos dar para o outro na mesma proporção que recebemos, um pouco mais ou um pouco menos, assim os relacionamentos criam força para seguir de forma saudável. Do contrário ocorrem sentimentos de raiva, mágoas, inconformação, que geram afastamento e até rompimentos.

As "Ordens do Amor", de Bert Hellinguer, portanto, são o respeito a essas leis que correspondem às "Leis da Natureza" e que geram uma ordem natural de tudo o que existe. E esta é a base do trabalho de Constelações Sistêmicas Familiares.

Um caso de exclusão e rejeição

Ao apresentar estas teorias, podemos avaliar o comprometimento dos envolvidos neste *case* e a intensidade dos adoecimentos gerados no sistema familiar em que fazem parte. A família me procurou para ajudar o cliente a se libertar das dores e dos sofrimentos gerados pelos conflitos familiares que fizeram parte de sua vida, desde tenra idade.

De origem oriental, homem, idoso, muito doente e debilitado, precisava reestruturar sua condição familiar, devido a situações ocorridas no passado pela sua família de origem.

Sua história é muito impactante. A hierarquia, em sua família, era extremamente respeitada e esta foi a origem de sua história.

Sua mãe se casou com seu pai e esperava o primeiro filho. Porém, tinha uma irmã mais velha, sua tia, que não podia ter filhos.

Para os orientais é importante que os homens tenham descendentes, para dar continuidade ao nome da família de origem. Assim sendo, o marido da tia não teria um descendente para continuar seu sobrenome.

Então, sua mãe, grávida do primeiro filho, seu irmão, foi obrigada a entregá-lo para a irmã, que o exigiu, assim que nasceu. O primeiro irmão, doado, foi registrado como filho biológico dos tios.

No entanto, esta criança viveu apenas alguns meses e veio

a óbito, o que deixou sua tia inconformada, porque não teria a continuidade de sua família.

Passado algum tempo, sua mãe engravidou novamente, e sua tia, inconformada, disse para sua mãe: *"como o primeiro filho morreu, este será meu".*

E assim foi feito. No momento em que o cliente nasceu, sendo o segundo filho de sua mãe, foi entregue à sua tia, que o registrou como filho biológico, assim como seu primeiro irmão falecido. Sua mãe não teve opção nem voz ativa, pois sua irmã era mais velha e tinha prioridade, segundo sua rígida tradição.

E, desta forma, o marido de sua tia, seu pai adotivo, teria um descendente para dar continuidade ao nome de sua família de origem. Assim, cresceu achando que sua tia era sua mãe e que sua mãe era sua tia. Que seu tio era seu pai e que seu pai era seu tio.

Aos oito anos, perdeu seu pai adotivo, o que lhe gerou muito sofrimento. Estava integrado à família, era feliz, tinha tudo o que precisava e havia criado um vínculo com a família adotiva.

Logo em seguida, sua mãe adotiva se casou novamente. Ocorreu então, que seu atual marido não aceitava o seu filho. E, diante desta situação, não pensou duas vezes. Para se proteger da solidão, por ter ficado viúva, o devolveu para seus pais biológicos.

No entanto, foi recebido como um bastardo, pois ninguém o sabia ser parte da família. Seus pais não contaram para os outros filhos que tiveram que eles eram irmãos. Nem mesmo ele sabia a verdade, que seus pais biológicos eram quem ele conhecia como seus tios.

Passou a ter uma vida difícil, rejeitado pela mãe adotiva, desprezado pelos irmãos, que o obrigavam a fazer serviços pesados para eles. Os pais não podiam tratá-lo como filho, não tinham afinidades, não criaram vínculos, e não falavam sobre sua real origem, dando poder aos filhos mais jovens em relação ao cliente. Os irmãos mais jovens abusavam do irmão mais velho por não saberem a verdade.

Aos 10 anos, cansado de sofrer, resolveu fugir de casa, cuidar da própria vida. Perambulou pelas ruas, passou fome e necessidades, até conseguir alguém que o acolhesse, dando-lhe emprego, alimentação e acomodação. Respeitava o casal que o acolheu como seus pais de criação.

Trabalhou a vida toda, excluído da família de origem, se fez sozinho até poder constituir sua própria família. Passou muitos anos afastado de sua família de origem. Teve dois filhos, um homem e uma mulher, e viveu para o trabalho e para sua família atual, por muitos anos.

Guardava muita raiva do seu sistema familiar e dos irmãos, sem saber quem eles eram. Julgava-os como primos que não o aceitaram e tios que não o ajudaram. Trazia muitas mágoas no coração. Se tornou um homem frio, não tinha contato físico, amoroso, nem com sua esposa e nem com seus filhos. Passou a vida toda desconectado de suas emoções.

Só após muitos anos, com os filhos já crescidos, os quais cobravam notícias sobre os familiares, resolveu procurar a família de origem e só então ficou sabendo a verdade, o que realmente havia acontecido, sua verdadeira origem, sua verdadeira história.

Ficou chocado, inconformado, com mais raiva, por não ter podido ter uma vida normal com seus pais e irmãos. Não carregava o nome dos pais e sim o nome do tio, marido da tia. Sua revolta aumentou, fez crescer sua raiva e desprezo pela família, por não tê-lo acolhido e contado a verdade.

Teve uma vida dura, não conseguia demonstrar carinho pela esposa e filhos, embora os amasse e sentisse orgulho deles, pois viveu um amor interrompido. Teve que se desconectar dos sentimentos e criar forças para se manter vivo.

Emocionalmente prejudicado pelo sofrimento, buscou na bebida seu consolo, mas não encontrava a paz. Não prejudicava a família, mas a si mesmo. Vivia como se quisesse morrer.

Seu sofrimento e amargura eram muito grandes e não conseguia se libertar das dores da alma. Sua esposa e filha queriam ajudá-lo a se libertar das mágoas e das dores do passado e assim optaram por fazer uma Constelação Familiar.

Mesmo muito debilitado e doente, ele estava presente e

assistiu a todo o trabalho realizado, dando vazão ao seu sofrimento. Todas as pessoas importantes e diretamente responsáveis pelas situações e vivências foram representadas por participantes.

O cliente escolhe os participantes e os posiciona num espaço preestabelecido, e após, observamos os movimentos naturais que ocorrem e a dinâmica familiar que se apresenta como padrões do sistema.

A cada movimento de alma, sua atenção e interação eram significativas, pela intensidade das emoções. Passava um filme da sua vida, ali na sua frente. Se emocionava e as lágrimas corriam pelo seu rosto. Estava em contato com a sua dor.

Durante o trabalho de Constelação ele pôde perceber a tristeza do pai biológico quando a mãe o entregou para a irmã, sua tia. E também da mãe por ter que entregar o segundo filho à irmã, pois já havia perdido o primeiro, para ela.

Seu tio o amava como pai, mas não pôde mudar seu destino, e através do representante, se arrependeu de tê-lo tirado dos pais biológicos, bem como de ter sido responsável pelo seu infortúnio.

Foi percebida a frieza da tia ao devolvê-lo, porque não queria ficar sozinha, sem marido. Ficou evidente que a avó materna havia tido um relacionamento extraconjugal, o qual a família de origem não quis comentar, quando questionada. E que pode ter sido a causa de todo este dilema.

Foi realizado o trabalho de inclusão do cliente e do irmão falecido, na família de origem, colocando ordem no sistema, cada um ocupando o seu lugar de origem. O irmão falecido como o primeiro, o cliente como o segundo, e os demais irmãos na ordem de chegada, de nascimento.

Com a utilização das falas sistêmicas, que são frases curativas, foi realizado o novo movimento de cura, primeiro, em relação à tia e à mãe, suas desculpas por exigir da irmã algo tão penoso sem dar a ela opção de escolha. Depois, em relação ao tio e ao pai, que da mesma forma não teve voz de comando para não aceitar esta condição criada pelo tio. E, por último, do cliente e do irmão falecido, em relação aos pais e aos tios, que lhes tiraram o direito de pertencer ao sistema familiar a que faziam parte.

As consequências destes atos foram danosas a todos os envolvidos, tendo em vista que se criou um desequilíbrio em todo o sistema, todas as leis foram desrespeitadas. Não puderam tomar o que lhes pertencia por direito, porque a ordem natural foi rompida. Foi excluído do sistema de origem e depois rejeitado pelo próprio sistema.

Ao serem incluídos, foram apresentados aos outros irmãos como parte integrante da família e sendo os primeiros na hierarquia. Quando a ordem é estabelecida, a família volta a se harmonizar e os relacionamentos se tornam melhores.

Os filhos do cliente estavam brigados e sem se falar já fazia dois anos. A esposa do cliente, mãe, estava inconformada com a situação, não sabia mais o que fazer para que a família voltasse à harmonia.

Conclusão

Após o trabalho de Constelação, verificou-se que o cliente ficou mais calmo, mais relaxado, mais introspectivo. Os seus filhos voltaram a se comunicar. E a paz reinou naquele lar, apesar dos problemas que estavam enfrentando com sua debilidade física.

A Constelação foi realizada no início do mês de fevereiro de 2018 e, segundo sua esposa, era como se ele estivesse apenas esperando seu desencarne, o que antes tinha muito medo que acontecesse, pois, sua alma estava aflita e em busca de ordem.

Veio a óbito em 25 de fevereiro de 2018. Ele foi internado numa sexta-feira e desencarnou no domingo. Na quinta-feira, foi a primeira vez que ele disse *"eu te amo"* para sua esposa. E, no sábado, para o seu filho.

Com certeza, o trabalho de inclusão e reestruturação da família de origem foi primordial para que seu desencarne ocorresse de forma mais saudável, mais serena.

Ter sido reintegrado na família de origem deu a ele a paz que sua alma precisava para se desligar do seu corpo físico cansado e adoecido. A paz dele fará com que a família que constituiu se ligue ao amor, como solução da sua história de origem.

A Constelação Familiar é a solução para muitos conflitos e problemas familiares, tendo em vista que ao tomarmos consciência da nossa atuação na vida, repetindo, muitas vezes, padrões antigos da ancestralidade, somos consentidos a mudar nossa trajetória, a forma de atuarmos na vida, conquistando uma vida melhor e relacionamentos mais saudáveis.

11

Sucesso profissional

Juliana Carlos Leite

Juliana Carlos Leite

Filha de Luiz Carlos Leite e Sônia Maria Carlos Leite, sou formada em Enfermagem pela Universidade Iguaçu, desde 2008. Cursei, no ano seguinte, Aurículoacupuntura e Tuiná básico pela INCISA/IMAM. Em 2015 me tornei psicanalista pela Sociedade Internacional de Psicanálise de São Paulo. Dois anos depois, em 2017, me formei em Constelação Familiar Sistêmica e Xamânica pelo INDEVISO, Instituto Joelma Duarte. E em 2019 me tornei Practitionner em PNL Sistêmica e Hipnose Ericksoniana, pela Escola Meda e sou professora convidada do curso de Medicina da Faculdade Redentor Itaperuna-RJ, na disciplina de Saúde Mental.

Gosto muito quando Bert Hellinger nos fala que devemos escolher o sucesso ou o triunfo. Para que uma constelação possa nos trazer bom resultado, é necessário fazer essa escolha! Ele nos fala que as duas coisas não podem coexistir, que se escolhemos uma, sacrificamos a outra. Acrescenta ainda que, para obtermos êxito em "qualquer estratégia interior", devemos renunciar ao triunfo, assim alcançaremos o sucesso, e que esse requer o elemento de humildade.

Hoje em dia é comum se falar em sucesso profissional e buscá-lo a todo custo. Objetivando melhoria de resultados no trabalho, estudos em espaços laborais comprovam a importância da inteligência emocional, demonstrando que a maior parte das pessoas que se destacam em cargos de liderança não são as que apresentam maior Inteligência Intelectual (QI), mas sim maior Inteligência Emocional (QE). Existe um mundo de ferramentas importantes que nos são oferecidas para desenvolver a QE, e a constelação é uma delas.

A constelação familiar sistêmica é uma ferramenta que nos leva a um salto quântico de consciência emocional; ela traz à luz questões inconscientes que estão impedindo o nosso êxito em diversos setores de nossa vida. E a pergunta central é: como as constelações familiares sistêmicas podem facilitar esse salto quântico e o desenvolvimento emocional para que possamos alcançar o sucesso? Precisamos olhar para o "campo morfogenético" (Rupert Sheldrake), para o que está agindo inconscientemente na dinâmica familiar. Ao olhar para esse campo não devemos ter qualquer intenção – ele se mostra e nós apenas observamos o que vem. O que ele mostra? O que devemos observar? O que devemos olhar?

Com relação ao sucesso, Bert Hellinger fala que nosso primeiro êxito acontece em nosso nascimento e, obedecendo às forças instintivas, desejamos fortemente e nos empenhamos para nascer. Quando há alguma alteração e interferência nesse processo natural de vir ao mundo, nós sentimos que não "conquistamos" o direito a nascer, é como se fôssemos poupados do direito a essa conquista. Dependendo de como for interpretado e assimilado por nós, é possível que carreguemos para a vida adulta uma dificuldade de nos movimentarmos em direção ao sucesso. Outro evento importante para o sucesso profissional, segundo o autor, é o movimento entre o indivíduo e sua mãe, que se configura no início de nossa jornada, quando nos unimos a ela e recebemos seus cuidados.

> "O próximo acontecimento decisivo e o próximo sucesso é o movimento em direção à mãe, agora como uma outra pessoa, que nos coloca no peito e nos nutre. Com o seu leite tomamos a vida fora dela." Bert Hellinger

É certo que podemos ter algum outro tipo de emaranhado que venha a determinar questões profissionais, mas, de forma geral, olhamos primeiramente para esses eventos, deixando que o campo nos mostre algo além.

> "Quando alguém se alegra com a sua mãe, também se alegra com a sua vida e seu trabalho. À medida que alguém toma sua mãe totalmente, com tudo aquilo que ela lhe presenteou, tomando isso com amor, a sua vida e seu trabalho o presentearão, na mesma medida, com sucesso." Bert Hellinger

Para compreender a experiência que vou relatar, é importante entendermos como se dão algumas dinâmicas inconscientes do relacionamento entre pais e filhos. Vale salientar, ainda, que cada constelação é única e não tenho a pretensão de determinar regras para os acontecimentos e sintomas apresentados, mas, sim, relatar o caso e a solução encontrada nessa constelação.

A relação entre pais e filhos

Para que o amor possa fluir é importante que se respeitem as Leis da Vida ou Ordens do Amor que são: o Pertencimento, a Hierarquia e o Equilíbrio entre dar e receber. Elas são as bases teóricas para a prática das constelações.

O equilíbrio entre dar e receber

Recebemos de nossos pais o bem mais precioso, a nossa vida, e mesmo que não tivessem feito mais nada por nós, já teríamos para com eles uma dívida impagável. É impossível que na relação entre pais e filhos haja um equilíbrio entre dar e receber. Dentro disso, é natural que os filhos, sintam o peso de tudo o que receberam e queiram se afastar dos pais e irem para vida, onde poderão honrar tudo o que receberam, fazendo pelas suas vidas e pelo mundo.

Quando recebemos em nossos corações, de nossos pais, aquilo que eles nos deram com amor e respeito, podemos seguir, mas se por algum motivo exigimos dos pais algo que é deles, aquilo que ganharam com seus esforços, se exigirmos mais do que podem dar, poderemos destruir o amor e separar as famílias. Muito prejudicial também é quando os pais dão para os filhos coisas que os filhos não devem tomar, coisas danosas como dívidas, ressentimentos, obrigações, injustiças vividas ou causadas aos outros, ou privilégios obtidos por mérito pessoal, como se fossem herança. Essas não devem ser herdadas, elas são de propriedade dos pais e com eles devem continuar. O correto seria que os filhos recebessem só o que é seu, sem a carga pesada dos pais, sem exigências, e o que não receberam o fizessem por sua conta. Exigir receber algo, que não tem mérito ou que os pais não podem dar é um desrespeito. Os filhos precisam reconhecer esses limites de direitos e deveres, assim estarão permitindo que o amor possa fluir.

Bert Hellinger faz distinção entre "tomar" e "aceitar".

Compreender a diferença entre os dois termos se faz importante para a verdadeira compreensão do ato. Para Hellinger, o "aceitar" é benevolente, mas o "tomar" é humilde e concorda com os pais assim como eles são. O tomar significa: eu o tomo assim como é. Quando faço isso, eu concordo comigo assim como sou, sinto a conciliação profunda, a leveza, o descanso, o fim do julgamento. O tomar está além do bem e do mal.

A hierarquia

Na hierarquia familiar devemos entender que quem veio primeiro tem precedência. Os pais vieram primeiro, os filhos sempre vêm depois dos pais, portanto, o relacionamento do casal veio antes de se tornarem pais, então, esse relacionamento tem prioridade, tem mais peso, sendo mais importante na família. Pais que valorizam mais a relação com os filhos que a relação conjugal põem em risco a relação familiar e enfraquecem os filhos. O contrário também é verdadeiro: filhos de pais que se apoiam e se valorizam se sentem mais seguros e felizes – assim percebemos no campo das constelações.

É importante ter em mente que, por essa hierarquia, não devemos nos envolver com assuntos dos que vieram antes, seja para defendê-los, seja para, no lugar deles, expiar uma culpa ou interferir em destinos que julgamos ruins. Pode ser que nessa ação esteja presente a presunção ou a necessidade de fracassar para prestar homenagem a algum integrante do grupo familiar que veio antes, inclusive os pais.

O pertencimento

O pertencimento é uma necessidade de todos nós. Todos fazemos parte e já pertencemos. De forma inconsciente, nos comportamos o tempo todo em busca do pertencer, como se pressentíssemos que algo ameaçasse esse pertencimento. Com o intuito de pertencer, alimentamos uma fidelidade ao sistema, e por amor nos submetemos às "exigências do clã". Ao perceber que já pertencemos, que temos o nosso lugar e recebemos tudo o que precisamos de todos que vieram antes, principalmente de nossos pais, tomamos nossa força, nos sentimos grandes e fortes, prontos para fazer do nosso jeito sem culpa, vivendo e criando novas possibilidades, livres para escolher o nosso destino, seguindo sem medo do não pertencimento.

Os pais se sentem profundamente felizes quando os filhos os aceitam como eles são, e os filhos sentem-se em paz e seguros quando tomam os pais verdadeiramente em seus corações. Enquanto crianças, por apego amoroso, nos sentimos na obrigação, de forma inconsciente, de acompanhar os pais. Sermos parecidos com eles já nos torna suficientemente conectados e vinculados. Segundo Bert Hellinger, "os filhos agem como se o amor não pudesse tolerar nenhuma diferença", e falando sobre o pensamento mágico da alma infantil, em que "o igual atrai o igual", Bert Hellinger, afirma que esse pressuposto sobre o amor é inconsciente e alimenta a ânsia dos filhos de se ligarem aos pais, tornando-se semelhantes a eles. Esse comportamento inconsciente, amoroso e infantil de imitar os pais nos acompanha até a fase adulta, influenciando nas relações familiares, quando os filhos repetem comportamentos e destinos funestos dos pais pela necessidade do vínculo estabelecido.

É importante percebermos a dinâmica de como nos vinculamos e nos emaranhamos para pertencermos.

Como nos vinculamos?

A consciência nos vincula ao nosso sistema através da culpa ou da inocência. Ela reage a tudo que promova e ameace o vínculo. Apresentamos uma boa consciência ao agirmos de maneira a promover o pertencimento (inocência), e nos encontramos em uma má consciência quando nos desviamos do que nos foi imposto a seguir pelo grupo que pertencemos (culpa), receando estar perdendo, assim, o direito de pertencer-lhe. Dessa forma, inconscientemente, tomamos para nós o que os outros sofreram ou deveram no sistema, abarcando para nós culpa e inocência que não nos pertencem. Reproduzimos sentimentos e pensamentos, brigas, propósitos e destinos alheios; ainda podemos, por tomar partido no relacionamento dos pais e/ou por arrogância de nossa parte, assumir uma postura de crítica, julgamento e superioridade diante dos nossos pais. Ao excluí-los, geramos culpa e, inconscientemente, reproduzimos seus comportamentos e destinos para que possamos manter nossa boa consciência, sentindo-nos pertencentes.

Caso

O pai opressor, a mãe negligente

Nesse caso encontramos uma moça jovem, formada em faculdade federal, iniciando-se no mercado de trabalho, insegura, demonstrando em sua fala sentimento de pesar, sentia fraqueza e cansaço, pressionada a satisfazer os desejos do pai com relação à profissão – o pai a influenciara na escolha e investiu com dificuldade em sua formação. De forma inconsciente, ingressou no curso, e ao perceber que estava ali pelo sonho não realizado do pai, sentiu certo desgosto e pensou em abandonar a faculdade. Um histórico de tirania paterna a levava à rejeição do pai, tomando para si a dor da mãe, "submetida e indefesa", ao mesmo tempo em que se ressentia ao expressar que achava que a mãe teria sido negligente ao aceitar facilmente as imposições e tiranias do pai. Estavam claros o medo e a sensação de perda de tempo. Durante os anos de faculdade morou sozinha, e por um período conseguiu se organizar e até trabalhar para pagar suas contas, mas, ao formar-se, volta para a casa dos pais e nada prospera. Tinha em mente seguir outra profissão, mas a culpa e o medo não permitiam. Diante desses conflitos apresentados percebeu-se que seus medos, possivelmente, estavam relacionados ao fato de não tomar o pai, por isso não conseguia ir para a vida. O fato de julgar que a mãe teria sido negligente levava ao entendimento de que precisávamos nos atentar para isso. Percebemos, então, que ela estava a tomar partido e julgando-se mais capaz que a mãe.

Questão tratada: movimento interrompido com o pai

O movimento interrompido é formado na nossa infância quando nosso pai ou mãe não consegue satisfazer nossas necessidades e nos deixa experimentar o abandono real ou fantasiado, seja momentaneamente ou de forma prolongada. Essa sensação de desamparo é impactante e gera em nosso inconsciente uma mensagem de desconfiança com relação aos nossos pais, um trauma, impedindo ou prejudicando o surgimento de novos movimentos de relação de confiança entre a criança com o pai ou com a mãe. A hierarquia prejudicada com relação à mãe foi por consequência tratada.

Falas e frases sistêmicas utilizadas

Ao olhar para o pai foram utilizadas as seguintes frases: "eu vejo você". A certa altura, havia muita dificuldade de olhar para o pai e foi levada a olhar para os ancestrais, para os que vieram antes: feche seus olhos e veja com os olhos da mente o pai do seu pai e todos os outros homens que vieram antes dele, "eles suportaram tudo, enfrentaram os medos, dores e dificuldades, para que seu pai pudesse vir e, através dele, você pudesse existir e se manifestar". Abra os olhos: "eu vejo você e tudo que vem com você", "eu sinto muito", "não cabe a mim julgar, eu não vivi a sua história, eu não sei o seu caminho", "você é grande e eu a pequena", "você está a serviço dessa força maior e é o pai perfeito pra mim". "Eu o tomo no meu coração exatamente como é". "Tudo foi como tinha que ser". "Obrigada". Com a mãe foi feito um movimento de se curvar e honrar. Enquanto isso, repetia: "você é minha mãe, meu pai é meu pai, eu sou sua filha. Não cabe a mim tomar partido, isso eu não devo e não quero. De você eu recebi muito e vou honrá-la fazendo o melhor com o que recebi. Tomo em meu coração com amor e respeito tudo que você me deu e levo para mim apenas o que me pertence. Obrigada, mãe!"

Conclusão: tópico

Colocamos a constelação: um representante para ela, um para a profissão X (a que ela era formada) e outro para a profissão Y (a pretendida), que se afastaram uma da outra, um para o pai, mãe e irmãos. Foi percebido imediatamente que havia ali representado um movimento interrompido com o pai. A representante da constelanda não se sentia confortável próxima do pai e da representante da profissão X, e ao olhar para mãe, sua representante relata um sentimento de pesar. O trabalho acontece de forma velada, ou seja, não é declarado aos representantes quem eles representam.

Solução

Era preciso colocá-la diante do pai e liberar esse movimento interrompido entre os dois. Ela deveria olhar para esse vínculo tomando em seu coração tudo que era dela, com amor e respeito, sabendo que tudo que recebeu era o suficiente para seguir sua vida, que aquele pai era o suficiente e perfeito para ela, que ele estava a serviço dessa força maior e que por ela foi designado para ser seu pai. Era necessário reverenciar esse pai! Mas existia uma resistência gerada pelo movimento interrompido. Ao tomar o pai e se livrar do julgamento, ela se curva diante dele. Ao olhar para mãe, percebe o carinho da mãe pela profissão X. Nesse momento pôde discernir que a mãe fazia tudo por amor e nada era por imposição, assim ela se sentiu menos obrigada a satisfazer os pais. Tomou pai e mãe. Entregou o destino do pai para o pai. Abdicou de tomar partido na relação conflitante dos pais. Logo o sistema todo se equilibrou: os irmãos olhavam com amor as representantes das duas profissões que se abraçaram num sinal de paz e integração de saberes. A constelanda estava em paz com a solução. Finalizamos assim.

Resultado na vida pessoal

Hoje a constelanda segue sua vida, relata ter ampliado a consciência, se responsabilizou por suas decisões e rompeu crenças limitantes, possibilitando diálogo aberto e maduro com o pai. Reconciliando-se profundamente com ele, pôde ver melhor a mãe e tomá-la com respeito e carinho pela sua grandeza. Mudou de profissão sem culpa e vem implementando um plano de mudança de carreira. Descobriu um propósito, voltou a acreditar em sua força interior e já colhe os frutos da nova profissão.

Como a própria constelanda coloca: "Sinto-me mais encaixada. Acho que tenho muito mais clareza sobre meu caminho e mais força. Sinto que estou no caminho certo. Hoje sinto que preciso sempre olhar para o que vi na constelação. Tomar mais e mais meus pais e focar em minha vida".

O que o leitor vai levar com esse caso:

Perguntas sistêmicas – chamar atenção para o que pode ser tratado com esse caso

Como alcançar o sucesso sem tomar o pai, e responsabilizando a mãe por tudo de ruim que aconteceu? Como ter coragem de seguir sua vida se ainda estava ligada ao passado como algo ainda não resolvido, como uma dívida a lhe ser paga pelos pais? Como embarcar no "novo trem" em paz se ainda havia deixado "bagagens" no "velho trem"? Como encontraria forças para seguir enquanto atentava contra as próprias raízes, num processo doentio de ingratidão pelo bem mais precioso que recebeu, a sua vida? Quando tomamos os nossos pais, ou seja, quando olhamos para eles e podemos enxergar o melhor que eles nos deram, acolher tudo de bom e de ruim que recebemos deles em nossos corações, compreendendo que tudo foi o suficiente e o ideal para nós, nos fortalecemos, ficamos em paz, inteiros, plenos, e conseguimos seguir para a vida e para o sucesso. O velho trem pode partir e, mais leves, tomamos o novo trem rumo à realização dos nossos sonhos!

12

**Empresa conectada
com o terreno**

Leomar Meith

Leomar Meith

Filho de José e Elsa Meith, natural de Santa Helena, no estado do Paraná. Atua com Treinamentos de Desenvolvimento Humano desde 2001 e com terapias, desde 2010. Graduado em Filosofia, com especialização em Recursos Humanos. Formado, desde 2008, no método de Constelações Sistêmicas Familiares, segundo Bert Hellinger e possui certificação internacional em Constelação Empresarial e formação em Pedagogia Sistêmica. É practitioner e master em Programação Neurolinguística (PNL) e formado em Reprogramação Biológica, Reiki, Reprogramação da Frequência Vibracional e Theta Healing – DNA Básico e Avançado.

Certa constelação que atendemos referia-se a uma das filiais de uma grande empresa. O tema a ser constelado: a unidade já havia sido alvo de oito tentativas de furto em um período de nove anos. Em algumas tentativas, nada foi levado e quando isso aconteceu, os valores foram pequenos. Porém, os estragos no estabelecimento foram significativos. Em algumas das oito tentativas, foram utilizados explosivos, danificando a estrutura. Em duas situações, usou-se um veículo para adentrar o estabelecimento, arrombando as portas, que eram de vidro.

Quando iniciamos as observações através de representantes, colocamos uma pessoa para a empresa, uma para o terreno e uma para o gerente da unidade em questão. Este profissional trabalhava ali há dois anos. Imediatamente a representante da unidade informou que tinha a sensação de estar flutuando; já a representante do terreno disse sentir enorme tristeza. A pessoa que representava o gerente apenas sentia-se incomodada.

Ao pesquisar como a empresa obteve o terreno no qual a unidade estava instalada, os representantes da mesma informaram que era fruto de uma doação da prefeitura do município. Assim, acrescentamos uma representante para a prefeitura, e esta dizia se sentir envergonhada.

Colocamos dois representantes para as pessoas que agiam contra essa empresa (malfeitores), e ambas se aproximaram da representante do terreno, afirmando que precisavam se manter juntos dela, ficar bem próximos. Já a representante do terreno disse que se sentia confortável com a presença deles, "me sinto como se eles fizessem parte de mim".

Quando a representante da unidade foi questionada sobre o que acontecia com ela, mencionou que estava muito presente a palavra água, "sinto que estou flutuando".

Realizamos vários questionamentos para as três pessoas representantes da empresa e uma delas, que reside há mais tempo na localidade, mencionou que, no passado, havia nascentes de água no terreno, que foi totalmente aterrado durante um longo período com entulhos. Ao ouvir estas informações, a representante do terreno emocionou-se e disse que fazia sentido e tanto ela como a representante da empresa se acalmaram.

Por meio dos movimentos sugeridos, os representantes da empresa lamentaram pelo acontecido, comprometeram-se a encontrar um outro local na região para cuidar de nascentes, afirmaram para a representante do terreno que, além de cuidar de nascentes, teriam outras atitudes positivas em prol do meio ambiente e também se comprometeram com o paisagismo.

Os representantes dos responsáveis pelos furtos conseguiram afastar-se da representante do terreno, e esta, disse que, agora sim, eles poderiam se afastar, pois estava se sentindo bem.

Percebemos através desta constelação a necessidade de cuidar dos recursos naturais. A empresa estava cumprindo seu papel, sustentando seus colaboradores, porém, as atitudes humanas contra o meio ambiente estavam dificultando o bom andamento dos trabalhos.

Faturamento baixo

Uma empresária nos procurou relatando que estava desmotivada com seu comércio (loja de cosméticos) e passando por dificuldades financeiras. Compartilhou que, em um certo período, trabalhavam ela e mais três funcionárias. Na data da constelação, mantinha somente uma colaboradora.

Questionada, nos relatou que a empresa teve como fundador, quase sete anos antes, o seu marido. Naquela oportunidade, ele ainda era solteiro. Teve como colaboradoras iniciais a mãe e a irmã, e estas, além de iniciarem os trabalhos, decidiram pelo nome fantasia da empresa.

Entretanto, após três anos de fundação da empresa, casaram-se e ela passou a cuidar da loja com três colaboradoras: a sogra, a cunhada e uma terceira pessoa.

Aos poucos surgiram desencontros de opiniões, principalmente entre ela e a sogra. Com isso, dificultaram-se os relacionamentos e, um pouco mais de um ano, a sogra deixou o trabalho. Sete meses depois da saída da sogra, também a cunhada parou de trabalhar na loja.

Colocamos representantes para o fundador, para a empresária, para a mãe, para a cunhada e outra para a empresa. Percebia-se um mal-estar entre os representantes, todos falavam em desconforto.

Estavam divulgando a venda da loja há uns quatro meses, porém, as tentativas eram frustradas, os possíveis compradores se evadiam. Acrescentamos um possível comprador e este imediatamente posicionou-se ao lado da mãe e da irmã do fundador.

Durante a constelação, o representante do marido sentia-se confuso e chateado, olhava para a representante da empresa, para a mãe, para a irmã, olhava com um olhar distante para a esposa. Já a representante da empresa dizia que se sentia bem, "isso é entre elas, estou aguardando".

Outra informação que surgiu neste momento foi a de que, com a saída da sogra e da cunhada, a esposa resolveu mudar o nome fantasia da empresa.

Realizamos movimentos com a própria empresária, que agradeceu às representantes da sogra e da cunhada, reconhecendo a importância de ambas para a empresa e lamentando a sua atitude, principalmente a de mudar o nome.

Como sugestão, falou em associar os dois nomes fantasia,

já que isso era possível, e continuaria com um nome bem sugestivo para o ramo em atividade. A empresária aceitou. Este e os demais movimentos tranquilizaram a mãe e a irmã do fundador.

O representante do possível comprador afastou-se da sogra e da cunhada, porém continuava sem interesse em adquirir a empresa.

A representante da empresa disse que se sentia bem com a empresária, e que agora estava se sentindo fortalecida.

O reconhecimento por parte da empresária e a capacidade de manter o respeito pela ordem foram acalmando a todos.

Num *feedbak*, a empresária relatou que associou os dois nomes fantasia e, após treze meses da constelação, continuavam com as portas abertas, tocando o próprio negócio.

Propriedade rural

Um descuido que cometemos nos negócios é o de querer simplesmente excluir o que aconteceu no passado. Em muitos casos acreditamos ser melhores ou que temos melhores ideias do que os antecessores.

Três irmãos compareceram para uma constelação. O objetivo era vender uma propriedade rural – um sítio bem localizado próximo à cidade. Diversos foram os interessados, porém, na hora de finalizar o negócio, sempre surgiam empecilhos.

Durante o levantamento de informações, soubemos que o pai desses três irmãos falecera havia três anos e que adquirira esta propriedade há dezessete anos. Desde o início da aquisição, o filho primogênito cuidava do sítio, residindo lá com sua família. Os pais mantiveram-se residindo na cidade. Entretanto, um ano após a morte do pai, por alguns desencontros de opiniões, este irmão retirou-se do sítio, indo residir em uma região a mais de 1.000 quilômetros de distância, e este fato, deixou a mãe bastante triste. Iniciamos a constelação colocando representantes para o pai, para a mãe, para o irmão e para o sítio, e nada de significativo surgia, apenas uma leve chateação do irmão e a tristeza da mãe. Depois de algumas tentativas e falas dos representantes, fez-se questionamentos sobre o proprietário anterior; acrescentamos um representante para o mesmo e movimentos apareceram; acrescentamos a esposa, e o casal ficou unido; e a pessoa que representava o sítio foi até o casal e encostou-se em ambos.

Ao perguntar mais sobre o sítio, informaram que o antigo proprietário tinha uma enorme parreira de uvas e, além disso, produzia vinho. No segundo ano depois da compra, o pai e o irmão destruíram totalmente a parreira e doaram as barricas onde era armazenado o vinho. O porão da casa que foi construído com carinho pelo antigo proprietário passou a servir apenas como depósito. Na oportunidade da constelação, foi dito que o porão já estava fechado havia mais de dois anos. Acrescentamos uma representante para o porão, e a tristeza do mesmo foi demonstrada.

Segundo os três, o porão da casa fora todo construído com pedras, inclusive algumas foram talhadas, simbolizando um cálice de vinho. Incluímos os três irmãos na dinâmica e eles fizeram a inclusão do lugar, dizendo que o porão seria limpo, reverenciado e visitado pela família. Estas atitudes foram tranquilizando todos os representantes. Os três ainda assumiram que pesquisariam mais sobre os sonhos do proprietário anterior, e contariam para o comprador, futuro proprietário.

O importante foi que, olhar com compaixão, reverenciar o amor dos proprietários anteriores pelo sítio, proporcionou uma paz no sistema que certamente trará os resultados esperados.

A força do líder

As empresas familiares sempre necessitam da atenção de todos. Em uma constelação, a situação de uma empresa (loja), em que trabalham o proprietário, a esposa, a filha e mais dois colaboradores, era referente aos poucos negócios e dificuldades financeiras. O proprietário relatou que todos os esforços eram realizados, a saber: intenso controle de despesas, participação em treinamentos de administração, controle de caixa, vendas, atendimento, entretanto, nada havia melhorado. Como estavam presentes na constelação os três integrantes da família, colocamos um representante para cada um e uma pessoa para representar a empresa.

Pouco se percebia nos movimentos e, então, acrescentamos dois representantes para os clientes, e novamente nada de significativo surgiu.

Quando a representante da filha foi questionada sobre seus sentimentos, disse que estava triste e com vontade de fugir. A própria filha, presente, afirmou que isso fazia sentido, pois o pai reclamava excessivamente, cobrando-lhe resultados já que ela tinha formação universitária na área administrativa e ele, poucos anos de estudos. "Como pagou a faculdade, ele acredita que sou eu quem deve solucionar esta situação".

Enquanto isso, o representante do pai disse que tudo estava confuso e não sabia como agir. Coletamos mais algumas informações, colocamos uma representante para a outra filha, que morreu com apenas oito dias. Manifestaram-se algumas emoções, porém, nada disso fazia sentido para a empresa.

Iniciamos com um trabalho de fortalecimento do pai. E quando o mesmo afirmou, "Eu sou o grande aqui", a representante da empresa virou-se para olhá-lo, sentindo-se fortalecida. Mais algumas falas foram ditas pelo representante do proprietário, e os demais passaram a sentir algum conforto.

Pedimos para o próprio proprietário fazer parte da constelação. Para ele, foi desafiador, mas, com um pouco de persistência, olhou para filha e disse, "Eu assumo, sou eu quem irá decidir". Também, agradeceu à representante da empresa pelos 14 anos que ela proporcionou o sustento da família.

Com o pai fortalecido e assumindo a responsabilidade, as representantes da esposa e da filha sentiram-se confiantes; e a representante da empresa afirmou que estava emocionada e leve. Os dois representantes dos clientes se aproximaram da empresa. Acrescentamos mais quatro representantes para clientes, e o proprietário posicionou-se em frente dos seis e afirmou para cada um que agora é com ele, que ele assume a responsabilidade, que podiam confiar que ele faria o melhor. Todos os representantes dos clientes afirmaram que almejam serem clientes.

Oito meses após, em uma conversa com este empresário, fomos informados que mudanças foram realizadas, disse ter encontrado forças e isso gerou significativas melhoras na empresa. Segundo ele: "Eu vi que a empresa gosta de mim".

O porquê de tão alto *turnover*

Um casal de empresários nos apresentou uma situação de desafio: as constantes alterações no quadro de funcionários. A empresa do ramo de mecânica e autopeças, com vinte e três anos de existência, contava com dezoito colaboradores.

Afirmaram trabalhar dentro da lei, ofereciam cursos na atividade e, mesmo assim, muitos pediam demissão antes de completar dois anos de empresa. Somente um colaborador no momento estava com sete anos.

Durante a busca de informação, soubemos que a empresa iniciou com duas pessoas, o empresário e um funcionário. Depois de cinco anos, o empresário casou-se e a esposa passou a trabalhar na empresa.

Inicialmente colocamos representantes para a empresa, para o empresário e um para os funcionários. A representante da empresa dizia que estava triste e o representante dos funcionários estava incomodado. Acrescentamos uma representante para a esposa, ela é a responsável pelo setor de recursos humanos, porém, o representante dos funcionários disse que continuava como antes.

Ao realizar a pergunta sobre qual foi o tempo máximo que

um funcionário permaneceu na empresa, a esposa mencionou que 16 anos, justamente o primeiro colaborador.

Acrescentamos um representante para este, e os movimentos foram significativos, todos olharam para ele. A representante da empresa e o representante dos funcionários simpatizaram-se com ele, mas os representantes dos empresários estavam tristes, chateados.

O relato foi que, há sete anos, este colaborador pediu demissão, realizando um acordo, conseguindo todos os seus direitos para ter uma quantidade a mais de dinheiro. Porém, utilizou este dinheiro e investiu no ramo de mecânica, alugou um barracão a menos de 100 metros deles, convenceu dois bons mecânicos a trabalhar com ele, e tornou-se um forte concorrente.

Como solução, pedimos para os próprios empresários participarem da constelação. Os mesmos agradeceram este colaborador pelos dezesseis anos de colaboração, concordaram que ele somente sabia trabalhar neste ramo. Desejaram-lhe sucesso e isto fortaleceu os atuais funcionários e a própria empresa.

Sugerimos que fizessem um quadro (e sabemos que foi colocado em prática) com os dizeres: "Agradecemos aos que colaboraram com seus trabalhos nesta empresa". E listaram os colaboradores da seguinte forma: Mais de 15 anos – NOMES / Mais de 12 anos – NOMES / Mais de 09 anos – NOMES / Mais de 06 anos – NOMES / Mais de 03 anos – NOMES.

Honrar a contribuição e reconhecer que quem trabalhou durante 16 anos como mecânico teria todas as possibilidades de continuar nesta atividade deixou os empresários mais tranquilos.

Por continuar tendo contato com este casal de empresários, três anos depois de realizada a Constelação, podemos afirmar que a situação referente ao quadro de funcionários, o alto *turnover*, foi eliminado com sucesso.

13

Consultoria dinâmica sistêmica constecoaching

Lubélia Maria Davanse de Paula
Suzana Nunes Bertoncini

Lubélia Maria Davanse de Paula

Filha de Antonio de Paula e Ivone Davanse de Paula. Nascida na cidade de São Jerônimo da Serra, estado do Paraná, atuo há mais de há 12 anos na área de terapia holística e há mais de quatro anos com as Constelações. Iniciei o meu trabalho profissional com Argiloterapia, Florais de Bach, Austrália, Reiki e Pedras Quentes e Frias pela escola de Bioterapia – Uniabel. Sou especialista em Constelação Familiar e Empresarial, Organizational Constellations e Estrutural.

Suzana Nunes Bertoncini

Filha primogênita de Luiz Oscar Bertoncini, empreendedor, e de Maria Luiza Nunes Bertoncini, dona de casa. Nascida em Araranguá, no estado de Santa Catarina. Iniciou carreira dando nome ao primeiro negócio do pai: Armazém Suzana. Aos 24 anos deixou a cidade e foi cursar Psicologia em Itajaí, em Santa Catarina. Atua como consultora terceirizada do Sebrae de Santa Catarina, desde 2001. Em 2014 escolheu morar em Curitiba e passou a atender a região norte do estado com o Programa Líder Coach do Sebrae Nacional. É idealizadora do ConsteCoaching com foco em trazer harmonia para os relacionamentos em empresas familiares e societárias e realiza atendimento individual por Skype.

Uma soma de expertises

Não há dúvidas de que o sucesso colhido por uma organização passa pelas pessoas. Somente elas podem conduzir uma empresa ao sucesso, portanto, *as empresas "têm alma"*[1]. Esse caminho rumo ao sucesso não é linear e os desafios só podem ser ultrapassados olhando as causas e buscando as soluções para ir além das dificuldades. Consultorias, treinamentos, capacitações, assessorias, coaching indicam e podem trazer soluções, entretanto, para que elas ocorram e sejam aplicadas, os CEOs – responsáveis pelas estratégias e pelos processos de mudança –, precisam estar comprometidos e abertos. Não há técnica por si capaz de resolver questões humanas sem que a porta da motivação para acolher as mudanças e fazer acontecer seja aberta por dentro.

As inovações ocorrem além das tecnologias digitais. Elas se dão em todas as áreas e vêm em ondas, que o diga a "revolução" do conceito de inteligência emocional nascido nos anos 90. Trata-se de um grande sucesso teórico e prático, que apresenta soluções para que nós humanos consigamos lidar bem com o lado primitivo do nosso cérebro, onde nossas emoções mais profundas ficam armazenadas e saem às vezes com a força de um vulcão. Neste mesmo período ou "onda", surge também o alemão Bert Hellinger com as Constelações Sistêmicas Familiares, trazendo luz a uma nova forma de lidar com os conflitos de relacionamentos e o desequilíbrio nas ordens básicas, que ele nomeia de ordens do amor.

---

[1] Echegaray, Guillermo (2017) – *Empresas con ALMA, empresas con Futuro*.

As constelações nas organizações

Enquanto as constelações eram aplicadas com foco em relacionamentos familiares e difundidas por seu desenvolvedor Bert Hellinger, o seu seguidor Gunthard Weber passou a aplicá-las nas *áreas de trabalho, profissões e organizações, sendo considerado por muitos "o pai" das constelações organizacionais*. Isso se deu em parceria com Hellinger. A primeira constelação organizacional que se tem registro ocorreu na Áustria em 1995. Este fato se dá no mesmo período em que o desenvolvimento das abordagens de *coaching* e o resgate do conceito de mentoria passaram a fazer parte das técnicas comportamentais para a melhoria do desempenho humano.

A partir da experiência de Weber, o casal Insa Sparrer e Mathias Varga von Kibèd, matemáticos, desenvolveu uma nova forma de constelação a que chamaram de Constelação Estrutural. Este método segue um padrão diferente do método de Hellinger; A Constelação Estrutural é bastante objetiva, direta e baseada em princípios sistêmicos voltados para a situação "tal como ela se apresenta"; sempre focada na realidade das conexões existentes em cada grupo atendido e aplicada tanto na vertente familiar quanto na organizacional.

Neste artigo, trazemos as nossas experiências com a atuação em empresas, utilizando como base o método das constelações estruturais. Mesmo aplicando há mais tempo o método de Hellinger (primeira escola), e considerando-o muito eficaz nas empresas, entendemos que as "E*struturais*" alinham-se bem à lógica empresarial e ao perfil racional de boa parte dos líderes, por isso, a constelação estrutural tem tido a nossa preferência no trabalho com as organizações e sido bem aceita por elas.

As Constelações Organizacionais de Weber seguem os três princípios sistêmicos que regem as constelações de Hellinger: "A hierarquia, o equilíbrio entre o dar e o tomar, e o pertencimento (vínculo). Diferentemente, as Constelações Estruturais partem dos "metaprincípios, que significam "reconhecer o que é" e do "princípio de compensação"[2]:

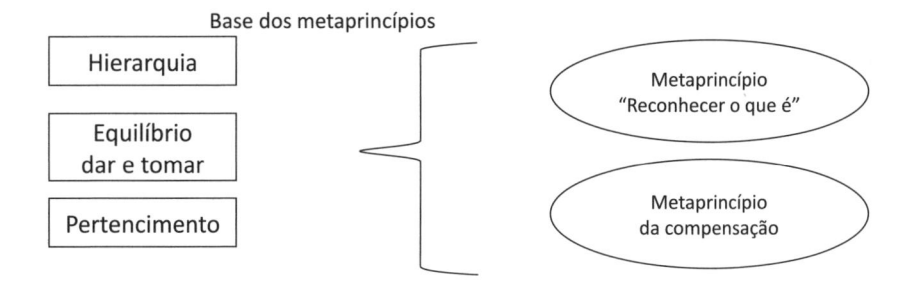

```
                    Base dos metaprincípios
┌─────────────┐
│  Hierarquia │
└─────────────┘                            ╭──────────────────╮
┌─────────────┐                            │   Metaprincípio  │
│  Equilíbrio │          ⎫                 │ "Reconhecer o que é" │
│ dar e tomar │          ⎬                 ╰──────────────────╯
└─────────────┘          ⎭                 ╭──────────────────╮
┌─────────────┐                            │   Metaprincípio  │
│ Pertencimento│                           │   da compensação │
└─────────────┘                            ╰──────────────────╯
```

Os metaprincípios estão na base de princípios conhecidos, como no diagrama acima, ou seja; em outro nível e, além, de seus princípios, por exemplo: Ordem e Pertencimento. E o que significa metaprincípios? É assumir tudo aquilo que tem uma marca, como fatos e acontecimentos, em uma empresa ou contexto familiar: "É reconhecer o que é". Num sistema, todos os elementos têm o direito de pertencer e pertencem a ele. Ao trabalhar uma exclusão, usa-se o metaprincípio da compensação em outro nível, ao invés do princípio do pertencimento direto, aplicando as regras que estão sendo usadas nas ordens de Hierarquia e Pertencimento a serviço de se obter um determinado equilíbrio.

Em nosso trabalho de Constelação Organizacional reconhecemos o todo da empresa: a ordem de chegada, os fundadores, diretores, funcionários, sociedades, investidores, concorrências, produtos, marcas, terceiros, financeiro e todos aqueles envolvidos com ela, bem como a realidade que a cerca e as dificuldades apresentadas nos diversos fatores a que está ligada. Para que as constelações possam se realizar, há de se usar da sintonia, intuição, percepção como se estivesse vendo *"[...] uma fotografia do que foi e poderia ser. E, como as fotografias, (as constelações) não mostram a verdade total da situação, apenas alguns aspectos dela. São como trechos de panoramas ao longo de uma rodovia"* (Bert Hellinger). O facilitador se coloca no vazio e sem julgamentos sobre quem presta seus serviços.

183

Com o intuito de somar as nossas expertises profissionais individuais nas áreas de Constelação Familiar e Organizacional, Liderança, Consultoria de empresas, Coaching e Mentoria, nós, autoras deste artigo, resolvemos criar uma forma de trabalho conjunta em que somamos os nossos conhecimentos e os levamos para atuação em empresas de vários portes, com foco especial naquelas de base familiar e societárias. Escolhemos este público-alvo por entendermos que este formato de organização, além de representar a maioria das empresas (em torno de 80% no mundo), possui conflitos mais complexos e interessantes.

Trazemos aqui dois exemplos de empresas atendidas com a utilização das técnicas integradas de constelação e coaching, a que chamamos de Consultoria Dinâmica Sistêmica – ConsteCoaching.

A primeira empresa na qual realizamos essa atividade foi escolhida por ser consolidada no mercado e pela disposição da proprietária ao desenvolvimento. É conhecedora de constelação, *coaching*, recebe consultoria financeira e trabalha com gestão da qualidade. Acreditamos que seu senso crítico e sinceridade poderiam nos auxiliar em momentos de ajustes importantes. E foi o que aconteceu. Esta empresa nos abriu as portas para a primeira aplicação do método. Ela será apresentada aqui como empresa A.

A segunda empresa, de propriedade de um casal, traz em sua história forte relação com o pai da proprietária, investidor na mesma, e que exerce influência sobre o casal por querer receber o retorno do "seu investimento". Entretanto, esta empresa estava passando por um período de dificuldades quando fizemos o primeiro atendimento. A esta chamaremos de empresa B.

Relatamos sinteticamente os atendimentos nas duas empresas, iniciando pela A.

Empresa A – a marca

Logo no primeiro encontro foi identificado o contexto atual, e observados os principais problemas enfrentados na gestão do negócio, equipe e nos resultados. Neste momento, o foco era somente fazer um bom levantamento dos sintomas sem olhar para a causa. Enquanto o coaching auxilia a entender as questões mais práticas, objetivas, racionais e visíveis, a constelação aprofunda no entendimento dos "motivos escondidos", muitos deles desconhecidos pelo dirigente que é trabalhado.

Narramos agora a constelação realizada no encontro 1.

A cliente traz a dificuldade que tem com a contestação de sua marca por outra empresa homônima. Relata que a abertura da empresa com uma colega ocorreu em 2006. E em 2010 a sócia resolveu se desligar do negócio, mudou de cidade e não mais voltou. A cliente sentia-se presa e a empresa não caminhava. Após um ano, contatou-a e ela não quis voltar. A ex-sócia opinava a distância, causando incômodo à nossa cliente, que, então, decidiu fazer uma proposta para encerramento da sociedade, comprou a sua parte e ficou sozinha. A ideia da marca e do nome fantasia empresarial era da ex-sócia.

Na constelação queixou-se de ter um processo contra a sua empresa ligado à marca. Contestaram-na junto ao INPI. Não sabia como viabilizar essa mudança, afinal eram doze anos com ela. Inclusive pretendia fazer uma reforma de ampliação que ainda não saíra do papel.

A constelação se desenrolou com a empresária, colocando as figuras representando: ela mesma, a marca, a ex-sócia, a sua empresa (A), e a empresa requerente da marca, os advogados das partes e os clientes. Além da marca foi trabalhada também a reforma empacada. A dinâmica levou a um equilíbrio, e a empresária diz ter se sentido muito aliviada.

No encontro seguinte (três meses depois), ao voltarmos à empresa, situada a 300 quilômetros de Curitiba, mudanças haviam ocorrido. A marca passava por um novo processo, as partes chegaram a um consenso e nasceu uma marca mais harmoniosa, solidária, aconchegante e tornou-se mais integrativa. É o orgulho da empresária. A reforma, que no início estava amarrada, concretizou-se e hoje, de "cara nova", a empresa segue mais forte, equilibrada e confiante, com delegação de tarefas e novas estratégias definidas.

Quando uma sociedade se desfaz e um dos sócios sai da empresa deixando a sua marca (neste caso foi literal, o nome foi sugerido pela ex-sócia), significa que a sua presença ainda está lá, principalmente quando não consegue se desprender dela. Isso nem sempre está evidente para a pessoa. De certa maneira, ainda continua na empresa, não a libera e tampouco a si. Manifestações decorrentes desse vínculo podem ser sentidas por membros que permanecem na organização. E quem sai olha o passado que continua vivo no presente, e a empresa não enxerga o seu futuro. Para que isso se modifique, o empresário deve verificar dentro de si se "é capaz de desprender-se desse passado internamente e abandoná-lo". (Bert Hellinger).

Nesta forma de trabalho, o coaching funciona como um apoio à constelação, trazendo reflexões pertinentes e, neste caso, auxiliou a cliente a dar um novo rumo e novo gás a sua gestão e do negócio. Usando a experiência em consultoria, atrelada às técnicas de coaching, foi possível ajudá-la a verificar questões externas que não estavam sendo visualizadas. Durante o primeiro encontro identificamos que a empresária precisava aprender a delegar mais e possibilitar a sua equipe de encarregados desenvolver competências em liderança. Em decorrência dessa descoberta, houve um processo de coaching com cinco funcionários em cargos táticos. O resultado deixou a empresária mais confiante para delegar e todos ficaram mais alinhados, mais focados ao propósito.

Em seu depoimento, a empresária nos comunica:

"Os ganhos foram vários, tanto para mim, como pessoa, como para empresa. Consegui identificar claramente onde estavam os desafios e a maneira mais assertiva de encará-los e conduzi-los. Para a empresa, resultou na mudança da marca e, a partir desta, o posicionamento na nova estrutura. A mudança na minha forma de delegar a liderança aos meus coordenadores nos levou a atingir metas e objetivos.

Foi uma experiência incrível e transformadora. Agradeço por ter sido escolhida, entendo que o universo conspira a nosso favor. Somos capazes de ultrapassar barreiras e com elas nos permitirmos grandes aprendizados pela nossa própria responsabilidade. Para que as soluções possam vir se faz necessário esperar, não tomar decisões precipitadas, para que os ajustes sejam feitos e haja entendimento." **(Empresária G.M. – empresa A).**

Empresa B – a primeira crise / o pai investidor

No início do atendimento, este casal (sócios) relatou: A nossa empresa apresenta algumas situações conflitantes: queda no fluxo de caixa, investidor cobrando resultados do negócio, equipe desorganizada e falta de planejamento e de clareza do que fazer com alguns dos motivos que estavam gerando esses problemas. Crise? Umas decisões não muito acertadas? A empresa que iniciou com resultados expressivos estava enfrentando a sua primeira queda no fluxo de caixa.

Ela, administrativo-financeiro, relata que seu pai é o investidor e quer resultado do negócio. A mãe esteve presente na empresa atuando na área financeira. Os dois são separados e não há conflito nisso.

Ele, da área comercial, relata a real necessidade de melhorar as vendas e locações e aumentar o número de imóveis para locação.

Pedimos à jovem que escolhesse uma figura que representasse cada um dos envolvidos, a saber: ela, a empresa, o pai (investidor – não atuante), sua mãe (que atuou na empresa), funcionários, planejamento, concorrentes, parceiros, financeiro, clientes, o local em que estão instalados e o seu esposo, que ajudou no incremento das vendas. Como segue abaixo a imagem do primeiro movimento da constelação.

A empresa estava se sentindo sufocada, embaraçada, sem visão, mobilizada (todos a impediam de dar um passo), pois o controle, o dinheiro, o planejamento, parceiros, vendas e locações ficavam em cima dela. Os sócios não sabiam como agir e sentiam pernas e braços formigarem, sem forças e atitude para se dirigir a ela. A empresa buscava pelos seus fundadores (sócios), queria vê-los e não os via, pois também estavam enfraquecidos e não sabiam para onde direcionar seu corpo. Enfim, todos desconfortavelmente em seus lugares. O pai controlava as vendas, as locações e temia os parceiros; a mãe da sócia se dirigia completamente ao dinheiro; perturbados, o local e a energia não circulavam; as vendas tinham sentimento de tristeza e solidão.

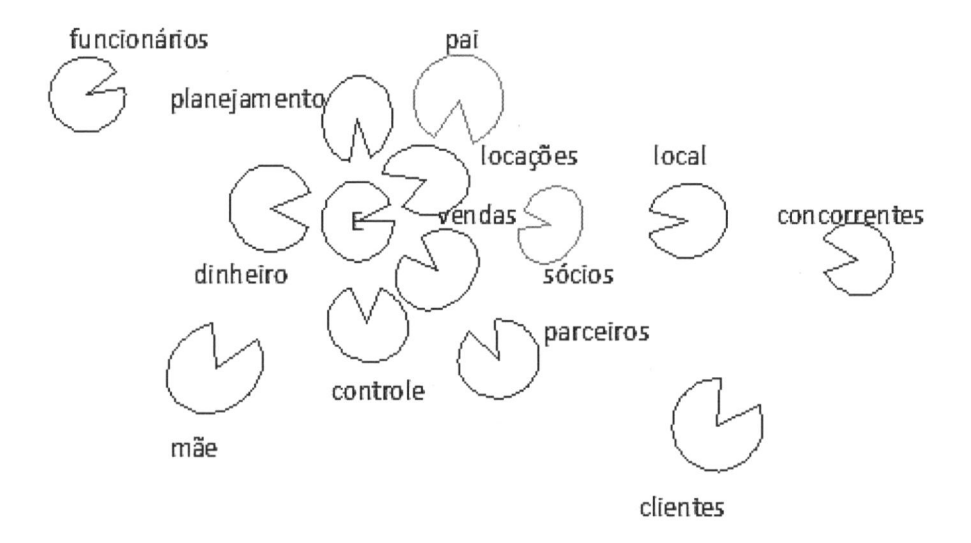

A facilitadora afastou as vendas, o controle, o dinheiro, o planejamento e os parceiros. A empresa sentiu-se imediatamente aliviada e suas pernas ficaram mais firmes. Pediu à sócia que olhasse para sua mãe e, num dado momento, trocassem de lugar para ver como se sentiam, e havia uma justaposição. A filha estava fascinada pela mãe e assumiu o seu lugar, então reconheceu a mãe e o seu lugar de filha, e esclareceu à mãe que ela é a fundadora da empresa juntamente com seu esposo. Olhou para seu pai e a proximidade com ele também a incomodava, foi para mais longe. Nisso, a energia do local começou a fluir. Diante do seu pai ela o coloca em seu lugar como investidor e toma a empresa para si.

Reconhece os pais como seus pais, a empresa como sendo sua e de seu esposo. Os parceiros passam a ter mais confiança, aceitam ser apenas parceiros e ficam mais atentos nas vendas e locações. Os concorrentes se desinteressam pela empresa. A mãe sai, o pai se distancia e ambos retomam seus lugares; os funcionários se voltam para as vendas e locação bem como os parceiros. O local, por sua vez, encheu-se de energia e aceitou a empresa, aproximando-se a ponto de quase entrar nela. O planejamento e o controle voltaram para as mãos dos sócios, que disponibilizaram-se a fazer o melhor pela empresa. E naquele momento o jovem esposo disse: "A empresa começou a desembaraçar, focar no que é mais importante e nós também". Então a facilitadora lhes disse: "Um navio não pode ser comandado por tripulantes. A responsabilidade sobre convés, máquinas, tripulantes, operações de comando, comercial e financeira, segurança, estabilidade, etc. é competência do comandante. Agora sabem o que fazer, é com vocês. Desejo-lhes muito sucesso.

As empresas têm uma hierarquia diferente da hierarquia do ambiente familiar. Na família, os pais têm a precedência sobre os filhos, e os primeiros filhos, sobre os que vieram depois. No que tange às empresas, os fundadores estão no topo, seus lugares hierarquicamente são os primeiros. Sendo assim, têm a precedência sobre quem veio fazer parte da empresa mais tarde. Quando o pai e/ou a mãe se envolvem na empresa, cujos sócios são filhos, estarão em um plano mais abaixo na hierarquia, pois ficarão subordinados a esses sócios. Guillermo Echegaray elucida:

> *Uma vez concedida a existência, crescimento e propagação de um sistema, ele deve ser protegido contra conflitos internos e manter um estado saudável. É algo como desenvolver um bom sistema imunológico. Para isso, há quem dirige a nave do sistema, ou seja, a hierarquia e o princípio de precedência*

de maior contribuição que regula esse fluxo de energia no sistema. Esse princípio indica que aqueles que contribuem com uma responsabilidade mais alta – nesse caso, a hierarquia oficial e sistêmica – e aqueles elementos mais influentes do sistema, tanto de dentro como de fora, devem ser reconhecidos.

A cliente nos deu o seguinte *feedback*, dois meses depois.

"A empresa em geral está muito melhor: equipe, cotidiano, sintonia. Muito boa mesmo. Uma mudança significativa, muito significativa mesmo foi que, um tempo atrás, eu não acordava feliz por ter de ir trabalhar. Sempre encontrei motivação, mas não estava fácil. Hoje, eu acordo querendo estar com a galera. A equipe está muito legal. Estamos nos sentindo bem em relação à empresa e às pessoas". **(Jovens empresários – Empresa B).**

A função do coaching é a de auxiliar um processo de mudança, apoiando os clientes (coachees) a chegarem aonde desejam. Neste método de trabalho, conseguimos somar duas práticas distintas que, realizadas no mesmo encontro e por duas profissionais com olhares diferentes e complementares, têm gerado resultado positivo às empresas. A mudança se dá a partir de um gestor que busca a solução muito além do que os olhos podem ver. É olhar as estrelas com os pés bem firmes no chão.

Nosso agradecimento àqueles que nos têm confiado suas histórias por meio de suas empresas.

Referências

ECHEGARAY, Guillermo. Empresas con ALMA, empresas con FUTURO – Una mirada sistémica a las organizaciones. Madrid/ES: Ed. Pirámide, 2017.
GROCHOWIAK, Klaus e Castella, Joachin. Constelações Organizacionais. São Paulo: Ed. Cultrix, 2007.
HELLINGER, Bert. A Simetria Oculta do Amor. 7ª reimpressão. São Paulo: Ed. Cultrix, 2016.
HELLINGER, Bert. Um lugar para os excluídos. 3ª edição. Belo Horizonte: Ed. Atman, 2014.
HELLINGER, Bert. Leis Sistêmicas na Assessoria Empresarial. 1ª edição. Belo Horizonte: Ed. Atman, 2014.
HELLINGER, Bert. Êxito na Vida Êxito na Profissão. 3ª edição. Belo Horizonte: Ed. Atman, 2014.
STAM, Jan Jacob. A alma do negócio. 2ª edição. Belo Horizonte: Ed. Atman, 2012.

Microfisioterapia e Constelação Familiar

14

Maiara Cristina Peguin Bellaver

Maiara Cristina Peguin Bellaver

Filha de Mário Tadeu Bellaver e Janete Aparecida Peguin Bellaver, nascida na cidade de Ubiratã, no Estado do Paraná, atuo na área de terapias integrativas e fisioterapia.

Graduada em Fisioterapia pela Universidade Estadual do Centro-Oeste do Paraná (UNICENTRO) e pós-graduada em Reabilitação Neurofuncional: avanços da neurociência para reabilitação. Formação internacional em Microfisioterapia; Constelação Familiar e Empresarial pelo Instituto de Filosofia Prática Peter Spelter Ltda.; Reprogramação Biológica e Nova Medicina Germânica e Barras de Access.

Meu processo de iniciação com terapias integrativas deu-se por intermédio da microfisioterapia, terapia manual de origem francesa, criada na década de 1980 pelos fisioterapeutas e osteopatas franceses Daniel Grosjean e Patrice Benini. O embasamento teórico e científico da microfisioterapia resulta de estudos das seguintes áreas: Embriologia, Ontogenia, Filogenética e Anatomia. Assemelha-se também a alguns princípios e bases da homeopatia e medicina tradicional chinesa como: infinitesimal e a similitude. Trata-se de uma terapia que observa o corpo como um todo, podendo ser feita de modo preventivo ou curativo.

Através da micropalpação e dos mapas corporais específicos, pode se identificar tecidos que perderam vitalidade e função após processos traumáticos passados ou presentes, guardados na memória celular, que refletem os traços de uma disfunção causada por um agente agressor que o organismo não conseguiu restabelecer. Desta forma, regularizando e normalizando as regiões corporais afetadas, e assim, atuando no quadro de sintomas que o paciente apresenta, tanto físicos quanto somato-emocionais. Promovendo a melhora e o bem-estar.

Com o decorrer do tempo, a constelação familiar sistêmica passou a fazer parte da minha caminhada, contribuindo e otimizando os atendimentos de uma forma muito significativa. Poder trabalhar com essas técnicas, isoladas ou em conjunto, foi essencial e gratificante. A constelação ampliou a consciência e as possibilidades, abrindo uma nova visão sobre o corpo físico e emocional dos pacientes.

Há vários casos nos quais pude trabalhar essas duas técnicas em conjunto e constatar um resultado harmonioso e eficaz. Sendo assim, selecionei um dos casos que recebi na clínica e vou compartilhar a experiência, a forma e os resultados.

Caso

Paciente, sexo masculino, 32 anos, filho adotivo de uma família polonesa, desconhece histórico da família biológica. Chega ao consultório com as seguintes queixas:

Na parte física: dor no joelho direito, entorses recorrentes de tornozelo direito e dores de estômago.

Na parte emocional: raiva da família adotiva e da mãe biológica e vontade de perder a própria vida (com três tentativas de suicídio até então).

Iniciamos com anamnese e o relato do paciente, na sequência foi realizada a microfisioterapia e encontrados tecidos que perderam a vitalidade relacionados às queixas. Após o mapeamento constatou-se que a maior parte das agressões teciduais decorriam da infância, adolescência e vida fetal, relacionadas a medos, inseguranças e rejeição.

Após esses procedimentos, nos dirigimos para uma constelação individual.

Ao iniciar a sessão, paciente mostrou-se bastante inquieto, respiração curta e rápida, não conseguia fazer contato visual e relatou a raiva imensa que sentia diariamente e ao ter conhecido sua mãe biológica aos 16 anos de idade.

Dois representantes foram colocados à sua frente (pai e mãe biológicos).

Paciente imediatamente olha fixamente para a representante da mãe e serra os punhos, começa a transpirar e sua face fica avermelhada, relata fortes dores de estômago nesse momento.

O representante do pai vira-se de costas e se afasta, a representante da mãe abaixa a cabeça e se ajoelha.

Pede-se que ele repita a seguinte frase: "obrigado pela minha vida, isso me basta".

Paciente se nega a falar e repete por inúmeras vezes: eu quero que você morra!

A representante da mãe continua na mesma posição e começa a chorar, o cliente fica cada vez com mais raiva, se levanta e vai até a representante da mãe, a qual resiste a ter contato visual com o cliente. Ele se afasta novamente e volta a se sentar e repete: eu quero que você morra.

Ele começa a se acalmar, sua respiração fica mais profunda e suas mãos se abrem. Representante para de chorar e levanta a cabeça.

Cliente abaixa a cabeça e começa a chorar, representante da mãe levanta-se e olha para o cliente, o cliente dirige o olhar para a mãe. Novamente é pedido para que ele repita a frase, dessa vez ele consegue dizer apenas: obrigado.

Representante respira mais aliviada, porém seu corpo fica trêmulo. Cliente respira mais aliviado e chora. Após alguns minutos ele diz: isso me basta. Ambos respiram aliviados e os corpos se aquietam.

Esse paciente não conseguia agradecer à mãe biológica pela vida, a acusando de todos seus problemas e crises gerados durante a vida, não conseguia receber os cuidados, carinho, acolhimento dos pais adotivos, gerando cada vez mais revolta e vontade de morrer.

As repercussões geradas eram: instabilidade profissional e descontentamento pela vida, além do uso indiscriminado do sexo e medicamentos como formas de fuga.

Com o movimento do campo sistêmico algo veio à luz e junto disso, o agradecimento para a mãe biológica pela vida que com amor lhe foi dada. E mostrou-se grato à família adotiva após isso.

Depois de algum tempo, o paciente retorna para uma segunda sessão e relata que o sentimento de raiva melhorou consideravelmente, vontade de perder a vida se extinguiu e ele compreendeu o papel fundamental da mãe biológica (conceder a vida) e pôde agradecer aos pais adotivos pela oportunidade de crescimento e ensinamento ao lado deles. A dor de joelho acabou, as entorses diminuíram cerca de 70% (setenta por cento), as crises de azia diminuíram a intensidade e a frequência; o uso de medicamentos diminuiu, porém continuava usando o sexo para algumas fugas internas.

Pode se notar nessa constelação quão profundo é o amor de um filho para com sua mãe e o quanto se tornou fiel às dores e aflições de sua mãe biológica. A raiva veio junto com a rejeição dessa conexão tão profunda, mas nota-se que o amor tem várias facetas e uma delas é pegar a vida de quem nos deu e olhar para ela com amor sem questionamentos ou julgamentos apenas tomá-la como é, exatamente como nos é dada.

E sobre a vida e as constelações deixo essa poesia que escrevi quando senti a vida.

Girassol

Maiara Cristina Peguin Bellaver

Quando percebo, já acabou
Quando sinto, já passou
Quando vejo, já ficou para trás
E assim, eu volto, giro
Recomeço

A busca do perfeito me angustia
Ao mesmo tempo que o imperfeito me entristece
E continuo perseguindo...
O que não precisa ser encontrado
E choro

Recomeço e crio
Noto que a imperfeição já é o perfeito
E que a morte se resume a perfeição
Então me alegro
Pois vivo

Sou girassol em busca de luz
Sou a alma em perfeita imperfeição
Me recolho
Sinto
E agradeço.

15

Nunca te vi, mas sempre te amei...
Filhos não nascidos,
abortos, inseminação artificial e
síndrome do gêmeo desaparecido

Mara Fernandes

Mara Fernandes

Filha de Paulo Fernandes e Ilze Rodrigues Barbosa, casada com Vanderlei Giorgeto e mãe de Rafael Henrique Fernandes Giorgeto, nascida em São Paulo Capital.

Bacharel em Ciências Econômicas; pós-graduada em Gestão Estratégica de Pessoas, em Gestão Estratégica de Negócios; com extensão universitária em Capacitação Gerencial pela Fundação Getulio Vargas (FGV). Gestora com mais de dez anos de experiência em Gestão de Estoque, Gestão de Seguros e Patrimônio; coautora do livro Liderança Sistêmica da Editora Leader. Atua na área holística há 15 anos e é fundadora do Instituto Mara Fernandes Terapias, com foco em bem-estar, equilíbrio e felicidade para seus clientes. Também é coach e mentory com Certificação Internacional pelo Método ISOR®; hipnoterapeuta e reprogramadora mental; facilitadora com Certificado Internacional em Barras de Access; practitioner em Facelift Energético Acccess; mestra em Reiki pelo Sistema USUI; facilitadora em Constelação Familiar em Grupo e Individual.

Contatos:

E-mail: marafernandes@zipmail.com.br

www.marafernandesterapias.com.br

A vida é mágica, um turbilhão de emoções, aprendizados e surpresas, pois nem tudo está sob nosso controle, e muitas situações, expectativas e tudo o que pensamos ser óbvio, não o são. Segundo o dicionário a palavra óbvio significa algo intuitivo, lógico, evidente, mas eu me atreveria dizer que óbvio são lições e informações que não foram passadas, situações que não foram contadas, partes da história não conhecidas. Na maioria das vezes, os esclarecimentos e informações óbvias, aparecem em meio a um sofrimento, uma situação conturbada e sofrida, quando partimos em busca da verdade, das respostas através de ações, do movimento para o autoconhecimento e conhecimento da nossa vida como um todo, da compreensão de tudo o que está acontecendo, quando voltamos o olhar para o que trazemos dentro de nós.

Diante de todas estas questões e indagações, podemos fazer um comparativo, uma ponte para esta busca do conhecimento da nossa vida e o ciclo de um rio.

Então, a vida flui, acontece, como flui um rio onde as águas correm, desviam de obstáculos, carregam troncos, folhas, e tudo o que é lançado nele, carrega de forma a não poder se livrar disso, e vai fluindo com tudo o que é lançado, muitas pedras no caminho são cobertas pelas águas, outras são desviadas, outras são responsáveis pela diminuição do fluxo e interferem a tal ponto que influenciam no afunilamento do leito, fazendo com que as águas passem a correr com dificuldade em alguns pontos. E neste paradoxo, podemos nos perguntar qual a razão do fluxo da vida não correr como desejamos? Quais são as pedras que interrompem este movimento, esta fluidez e que leva a vida a uma escassez na realização de desejos, sonhos e de projetos? Então encontramos as respostas no que chamamos de herança sistêmica, que tem como significado tudo o que é negativo, todas as emoções e crenças que trazemos do nosso sistema de origem, onde foram de alguma forma desrespeitadas as Ordens do Amor, do Alemão Bert Hellinger em seus princípios sistêmicos, como a Lei da Hierarquia ou Ordem, onde é determinante no Sistema a precedência que é a sabedoria e experiência de quem veio antes, bem como a Lei do Pertencimento onde ninguém pode ser excluído, esquecido ou abandonado e, a Lei do Equilíbrio que acontece entre o dar e receber e o dar e tomar, e quando não são acatadas estas Leis, são gerados muitos conflitos e desequilíbrios no sistema familiar, gerando os obstáculos que impedem o fluxo da vida, também chamados na linguagem sistêmica de nós ou emaranhamentos.

A Constelação Familiar nos faz ver a importância de olharmos para o passado, de voltarmos o nosso olhar para nossos ancestrais, pois, assim como trazemos traços físicos, trazemos também os seus emaranhados.

A nossa família de origem é o início de tudo em nossa vida, é o ponto de partida, para que nos lancemos rumo a nossa vida e constituição da nossa própria família.

Quando um homem e uma mulher se relacionam e seguem para o casamento, esta união ou este vínculo entre os dois, procura o terceiro, ou seja o complemento natural, que são os filhos.

Muitos casais decidem não ter filhos, e segundo Bert Hellinger, no livro a Simetria do Amor, quando uma pessoa decide por algo, regra geral, tem que deixar outra em troca. Aquilo pelo qual se decide é aquilo que se realiza.

Abortos

Se um homem e uma mulher relacionam-se sexualmente e desta relação acontece a concepção de uma vida, esse Ser gerado mexe com todo o sistema familiar, pois, ele passa a ter seu lugar próprio dentro da família, mas, se por algum motivo ele não puder permanecer, a alma deste casal, inconscientemente, começa a sentir a falta e o sofrimento da perda. Como bem explica Bert Hellinger, em seu livro: "A fonte não precisa perguntar pelo caminho":

> *Crianças abortadas têm sempre um efeito especial para seus pais. Elas são sempre importantes para os pais. Nisso existe, frequentemente, a dinâmica de que a mãe ou o pai dessa criança abortada queira segui-la, também, na morte.*
>
> *Ou expiam, quando mais tarde não se permitem estar bem, por exemplo, não têm ou não encontram mais um outro companheiro.*
>
> *Ou, se têm um relacionamento, se separam. Isso seria muito pior para a criança abortada se soubesse do efeito do seu destino.*

Quando acontece um aborto dentro de um sistema familiar, não são levado em consideração as causas ou motivos do aborto. Não existe a busca de um culpado, não existe julgamento aqui, tornando-se desnecessário saber se foi espontâneo ou provocado, o que importa é que o fato aconteceu.

A constelação familiar entende que o aborto ou o ser abortado é um membro da família e tem o direito de pertencer.

É comum excluírem os abortados, os mesmos são naturalmente desconsiderados na família, como se nunca tivessem existido, são excluídos do sistema familiar, não são reconhecidos como pessoas.

A criança abortada faz parte do sistema familiar para sempre. Não existe exclusão com a morte e muito menos esquecimento desse membro da família.

Para a constelação familiar, basta estar ciente da gravidez para se afirmar que houve um aborto, não sendo necessários meses de gestação, basta que haja vida, não importa o tempo.

Quando o abortado é excluído, há um desequilíbrio no

sistema familiar, acontece um desrespeito à lei do pertencimento, em que ninguém pode ser excluído. Geralmente quando alguém nasce depois, ocupa o lugar deste membro não nascido da família, assumindo um lugar irreal no sistema familiar, e isso pode se revelar como hiperatividade, depressão, rebeldia, revolta, sensação de que nada e nenhum lugar está bom, além de problemas emocionais e físicos, principalmente para a mãe. Liberamos esta situação através da Constelação Familiar, incluindo esta pessoa, acolhendo no coração, dando-lhe o pertencimento em seu sistema familiar.

Um fato importante descrito por Hellinger, é o efeito deste ato para o relacionamento do homem e da mulher.

Filhos são o vínculo do casal, são o fruto do amor e da união entre duas pessoas, e, por esse motivo, na visão de Hellinger, o aborto realizado através de uma decisão carrega em si uma mensagem para o companheiro(a): "com você não desejo este vínculo". Isto fica registrado na alma gerando dificuldades para o relacionamento posterior do casal. É como se algo tivesse se quebrado na alma do relacionamento. Como bem explica Bert Hellinger, em seu livro: "A fonte não precisa perguntar pelo caminho":

> Crianças que não nasceram, isto é, abortos espontâneos ou provocados não têm na família o mesmo efeito que tem uma criança que nasceu. Isto é, seus irmãos não são facilmente envolvidos nos seus destinos, embora aqui haja também exceções. Crianças abortadas têm sempre um efeito especial para seus pais. Elas são sempre importantes para os pais. Nisso existe, frequentemente, a dinâmica de que a mãe ou o pai dessa criança abortada queira segui-la, também, na morte. Ou expiam, quando mais tarde não se permitem estar bem, por exemplo, não têm ou não encontram mais um outro companheiro. Ou, se têm um relacionamento, se separam. Isso seria muito pior para a criança abortada se soubesse do efeito do seu destino. A solução seria que os pais de tais crianças lhes dessem um lugar em seus corações. Isso só pode acontecer se ela for vista por eles. Em primeiro lugar, precisa ser vista por

seus pais. E eles dizem a ela com amor: "Minha querida criança". Quando então a dor pela criança aflora nos pais, isso a honra e então flui o amor entre os pais e a criança. Isso reconcilia. A dor e o amor reconciliam a criança com o seu destino. E é importante que a força que vem da culpa possa fluir para algo bom, em homenagem a essa criança, por exemplo, no cuidar generosamente de outros. Isso atua de volta na criança. Então a criança não se foi. É acolhida novamente pelos seus pais, participa de sua vida e fica reconciliada. Isso seria uma boa solução para todos. Algumas vezes, os pais também podem fazer isso com crianças que foram vítimas de aborto espontâneo. Mas para as crianças vivas de uma família, esses "irmãos", via de regra, quando muito, têm pouco significado.

Inseminação artificial

Trecho do livro *Simetria do Amor*

Pergunta: *Que dizer da inseminação artificial? Estou trabalhando com um casal sem filhos que está fazendo de tudo para que isso seja possível. Quais serão as consequências?*

Hellinger: *Não haverá problema algum se o sêmen for do marido.*

Pergunta: *Não; eles querem recorrer a um banco de sêmen.*

Hellinger: *Mas por que diabos fariam isso? Se usarem o sêmen de outro homem, ultrapassarão as fronteiras de seu relacionamento e correrão o risco de se separar. De qualquer maneira, o relacionamento deles já está ameaçado. Sei que muitas pessoas afirmam que isso não tem importância, mas minhas observações são diferentes. Quando os parceiros se defrontam com um destino particularmente difícil, como não poder ter os filhos que queriam, devem ser muito cuidadosos com o que fazem para mudar esse destino. Não é tão fácil mudar destinos por meio de intervenções tecnológicas, como muitos gostam de pensar; as consequências para o sistema são inesperadas e, em geral, mais graves do que possam admitir. Por exemplo, se o marido não pode ter filhos e a* *mulher se deita com outro homem, ou faz inseminação artificial para engravidar, ela não está aceitando o marido tal qual é, o que prejudica o relacionamento. Se desejar manter a parceria, andará bem em aceitá-lo inclusive com suas limitações. De outro modo irá separar-se dele e sofrer todas as consequências que isso traz.*

Inseminação in vitro e congelamento de embriões | Constelação Familiar

As tentativas de inseminação ou fertilização que não deram certo e que acabaram não ficando no útero.

Importante saber que todos os embriões congelados fazem parte, pertencem ao Sistema Familiar, eles são filhos não nascidos, e a maioria das pessoas não sabe sobre esse pertencimento e a importância dessas crianças, e, na Constelação Familiar, essas famílias podem incluí-las, dar o pertencimento para estes filhos, demonstrando com amor e respeito que eles fazem parte.

Em uma Constelação Familiar, com o conhecimento destes filhos, podemos colocar a Ordem no Sistema, dando lugar de pertencimento a todos.

Nunca te vi, mas sempre te amei...

Tenho notado nas minhas experiências em Constelação Familiar que, quando ocorrem inseminações artificiais, as mulheres nutrem inconscientemente o sofrimento e o amor por esses filhos não nascidos, bem como a culpa de não terem conseguido gerá-los.

Este vazio reflete em vários campos da vida, no profissional, em relacionamentos e principalmente no emocional, pois carregam uma tristeza profunda, como se estivessem vivendo um interminável luto, tudo isso inconscientemente. E, para resolverem estas emoções, estas sensações, procuram várias terapias, e até sentem que melhoram por um tempo, mas a recaída é inevitável.

A cura vem quando essas mulheres descobrem e olham para esses filhos não nascidos, e os incluem com amor e respeito que só as mães têm. A partir daí a vida flui mais leve.

Relatos de experiências vividas em constelações

Depoimento feito por Maria de Luz
(nome fictício e depoimento autorizado)

"Meu nome é Maria de Luz, tenho no momento 55 anos. Casei com 35 anos. Esperamos um ano e começamos a tentar ter nosso filho, parei de tomar pílula e nada, passou um grande tempo e um médico falou vamos fazer um exame no seu marido, talvez a contagem de espermatozoide seja baixa e qual foi a nossa surpresa quando o resultado foi a ausência total de espermatozoide. Primeiro ficamos em choque, depois pensei vamos fazer inseminação e tudo se resolverá. Havia o problema financeiro também, mas o dinheiro acabou surgindo.

O médico conversou muito conosco, foram exames, remédios, falou em doação de esperma, mas meu marido não aceitou, como também não queríamos adotar. Eu queria gestar, passar por todas as etapas da gravidez. Ele também falou da minha idade, já estava com 40 anos. Fiz tudo certinho, são meses até o procedimento, uma enorme ansiedade, mas na minha cabeça não existia o não dar certo. Primeiro colheram os meus óvulos e depois a célula que geraria um único espermatozoide e foi feita a inseminação. Quando vimos as células dividindo ficamos muito felizes e foi feita a inseminação e colocaram novamente em mim os óvulos inseminados, que seriam dois por segurança. Mas passado um mês minha menstruação veio e pareceu que abriu um buraco e eu não conseguia levantar.

No trabalho também estava num momento muito complicado, tinha tido uma promoção e estava sendo muito cobrada, foi muito complicado. E tudo foi muito complicado, depois disso parecia que tinha uma tristeza e uma sensação de vazio muito grande.

Os últimos anos de trabalho foram muito difíceis, consegui me aposentar e saí do banco.

Eu estava querendo trabalhar mas em algo que eu gostasse e conversando com a Terapeuta Holística, Consteladora Familiar e amiga Mara Fernandes, perguntei se a Constelação poderia ajudar, e fui lá num sábado. E foi uma grande surpresa quando colocamos os representantes, e a Constelação começou, uma pessoa que representaria o trabalho, minha situação profissional, se deitou no chão e a minha representante olhava fixamente para ela, foi então que a Consteladora Mara Fernandes me perguntou se eu havia abortado, eu disse que não, ela insistiu e eu lembrei da inseminação que não havia dado certo, e descobri que eu teria uma menina que a chamamos de Letícia e já começou um alívio, não dá muito para explicar mas algo mudou em mim.

Passado mais de três ou quatro meses, voltei para ser representante da Constelação e havia poucas pessoas neste dia, fui convidada pela Consteladora Mara Fernandes para constelar novamente, eu havia pedido agora para tratar a minha relação com o dinheiro. A Constelação começou, e o representante que seria o dinheiro não parava quieto, a Constelação foi prosseguindo e descobrimos que ele estava muito bravo porque ele queria muito ter vindo ele acreditava que eu não o quisesse e descobrimos que seria mais um bebê, na verdade seriam dois óvulos, que foram colocados em mim, e seria um menino, o Vitor.

Na hora que foi feita a cura, ele entendeu que não foi rejeição minha, meu corpo não segurou, parece que algo inexplicável aconteceu. Meu rosto serenou na hora, parece que eu fiquei mais segura. Descobri que teria uma filha Letícia, um menino Vitor e hoje tenho um filho de quatro patas o Luck meu terceiro filho."

Após essas Constelações, percebi uma Maria de Luz, mais leve, com sorriso mais fácil, mais determinada e focada em seus objetivos, tornou-se mais dinâmica e ativa em sua vida.

Depoimento feito por Silvana
(nome fictício e depoimento autorizado)

"Tenho 55 anos, desde os 22 anos, quando me casei pela primeira vez, sempre desejei engravidar. Não foi diagnosticado nada que pudesse impedir a minha gravidez, porém ela nunca aconteceu.

As pessoas me perguntavam porque eu não partia para uma adoção, e eu dizia que queria viver todas as etapas da gravidez, enjoar e ter todos os outros sintomas.

Aos 40 anos, já no segundo casamento, fiz uma inseminação e foram colocados três embriões.

O médico havia me preparado, pois pela sua experiência, poderia ficar um embrião ou nenhum.

Naquela época eu costumava ler o Evangelho de Kardec diariamente, então, no dia que eu iria realizar o procedimento, abri o livro e caiu na página dos órfãos.

Eu não tive dúvidas, o Universo queria me mostrar algo.

Não engravidei com a primeira inseminação e não desejei repetir o procedimento. Desde este dia, passei a ver a maternidade de outra forma, com apoio do meu marido, fomos para o processo de adoção.

Tempos depois, adotamos a nossa filha e depois disso nunca mais pensei naqueles embriões.

Somente depois de conhecer a Constelação Familiar, e com as explicações e orientações da Consteladora Mara Fernandes, me dei conta de como estas exclusões podem ter sido a causa de vários emaranhados na minha vida, inclusive meu lado emocional."

As percepções de Silvana sobre esse fato ou exclusão em seu sistema familiar ocorreram durante as participações como representante nas Constelações Familiares, onde a mesma também foi trabalhada por esta energia sistêmica.

Síndrome do gêmeo desaparecido

"A morte e desaparecimento de um gêmeo, também conhecido por Síndrome do Gêmeo desvanecido, ocorrem pelo menos uma vez em cada oito casos de gravidez múltipla, sendo que o acontecimento pode perfeitamente passar despercebido pela mãe ou pelo médico obstetra".

Acontece que, mesmo sem se lembrar conscientemente do ocorrido, o irmão que sente a perda do outro poderá apresentar uma mágoa inconsciente que trará consequências emocionais ao longo da sua vida.

A psicologia pré-natal já confirmou que o desenvolvimento do bebê dentro do útero vai além do físico e que se devem considerar as experiências e as explorações deste bebezinho durante todas as fases da gestação.

Toda a vida intrauterina faz parte da formação da vida afetiva e emocional do bebê, ou seja, qualquer possível trauma que ele sinta no início da sua existência poderá interferir em sua vida e, possivelmente, gerar futuros problemas psicológicos.

Desta forma, como a vida desde a sua origem na fase uterina exerce grande influência na formação da personalidade, o gêmeo sobrevivente merece uma atenção e cuidado especial em relação aos sintomas que pode desenvolver durante toda a sua vida.

Althea Hayton dedicou longos anos de sua vida ajudando gêmeos sobreviventes a lidar com a sua perda, conheceu inúmeros sobreviventes e suas histórias de vida.

Ela, além de escrever vários livros sobre esta temática, ainda desenvolveu um questionário para ajudar toda e qualquer pessoa a verificar se ela se enquadra nesta Síndrome. Este questionário foi uma das principais ferramentas de pesquisa usada por Althea para criar um perfil psicológico de sobreviventes de gêmeos no útero.

Durante este honroso trabalho, Althea Hayton pesquisou inúmeras pessoas ao redor do mundo comprovando e identificando sintomas semelhantes entre os gêmeos sobreviventes. Este estudo revela que a perda do irmão, mesmo numa fase tão curta de vida, irá acompanhar o sobrevivente até a fase adulta apresentando determinadas características que se aplicam à várias situações psicológicas dolorosas

Apesar de não haver provas físicas da morte de um irmão, Claudia Pires de Lima, psicóloga e terapeuta familiar, concorda que, mesmo em termos de senso comum, faz sentido que se sinta falta de alguém com quem convivemos num período de tempo e num espaço físico limitado e que, por causas naturais, não seguiu ao nosso lado até completar a viagem.

Em todos estes casos, podemos dizer que, toda vida gerada e interrompida antes do nascimento é registrada na alma, como uma cicatriz, trazendo muitas consequências para todo o sistema familiar, e a cura está na inclusão destes membros com amor e respeito.

A Constelação Familiar nada mais é do que uma dinâmica familiar baseada no amor que cura.

Constelação Individual

Marcelo Cardoso

16

Marcelo Cardoso

Agradecimento especial aos meus pais Francisco e Adália, a minha esposa Priscilla, ao meu filho Thiago, Marcelo Henrique e Fernanda.

Ao longo dos últimos 20 anos de experiência profissional como funcionário de multinacionais, empreendedor e terapeuta, minha trajetória firmou-se em diferentes nuances do desenvolvimento de negócios e pessoas, sob um olhar sistêmico e com uma ampla compreensão de diferentes pontos de vista, que mudou minha maneira de ver o mundo.

Trabalhei por muitos anos em empresas multinacionais na área de produtos como a LVMH – Louis Vuitton Moët Hennessy, Wella e Philip Morris International. Fiz MBA em Gestão de Empresas e Negócios pela B.I. Internacional, possuo especialização em Comunicação e Mídias Sociais pela FAAP, cursando, atualmente, Psicologia na FMU. Neste ínterim, decidi abraçar a vida de empresário ao fundar a Agência de Publicidade BCH – Business Creative Hub.

À vida e à formação formal, seguiu-se uma busca contínua por criar um arcabouço teórico que me permitisse concretizar um propósito de vida que sempre esteve latente – o de promover a mudança pessoal –, desencadeado após uma experiência única de Professional & Self Coaching pelo IBC – Instituto Brasileiro de Coaching. Assim realizei formação Internacional com Guillermo Echegaray em Constelação Organizacional e Estrutural; formação em Constelação Sistêmica com Claudia Cruz. Formei-me Hipnoterapeuta Ericksoniano pelo ACT Institute; Hipnoterapeuta certificado pela OMNI Hypnosis Training Center; Psicodramatista clínico em análise psicodramática pela EPP – Escola Paulista de Psicodrama; Psicoterapeuta Reencarnacionista pela ABPR – Associação Brasileira de Psicoterapia Reencarnacionista.

Contatos:
Site: www.marcelocardoso.me
E-mail: marcelo@marcelocardoso.me

Cada pessoa é um ponto-chave dentro de seu sistema. A forma como as pessoas se relacionam entre si e com o ambiente em que estão inseridas é fundamental para entendermos o funcionamento do sistema do qual fazem parte.

Isso porque todas as coisas que são parte de um sistema estão relacionadas e influenciam umas às outras. O famoso "Efeito Borboleta" (teoria do caos de Edward Lorenz), em que o bater das asas de uma simples borboleta pode causar um tufão no outro lado do mundo, tal a interligação entre tudo e todos... e que é também aplicado a empresas, ONGs, governos, escolas, famílias e todas as formas de organização em sociedade. O bom funcionamento de uma empresa, assim como de uma família, é a soma de todos os seus diferentes núcleos e pessoas individualmente. Quando um departamento ou membro está em desequilíbrio, as turbulências com os demais são inevitáveis, assim como as consequências indeléveis.

A abordagem sistêmica é então parte de minha técnica para o desenvolvimento humano e organizacional. Ajudar pessoas e empresas a buscar os resultados desejados, encontrando linhas claras de atuação por meio de diversas técnicas empregadas no processo. Assim, tenho me especializado em Constelações Individuais. Você pode perguntar: — Qual é mais eficiente, a Constelação em grupo ou individual? Na verdade, o resultado é o mesmo para ambas, o que muda é o caminho. Acontece que alguns clientes preferem algo mais intimista, privado, por ter receio de se expor ao grupo e por ver questões pessoais vivenciadas por pessoas desconhecidas. Antes de entrar em detalhes sobre a Constelação Individual, é importante falar como tudo acontece e porquê.

De acordo com Rupert Sheldrake,

> As regularidades da natureza não são impostas a ela desde um reino transcendente, mas evoluem dentro do universo. Aquilo que acontece depende daquilo que aconteceu antes. A memória é inerente à natureza. É transmitida por um processo chamado de ressonância mórfica, que atua em campos chamados de campos mórficos.

O campo mórfico funciona como uma memória, onde são armazenadas todas as informações, seja de um organismo, de uma organização ou de um sistema. Quanto mais frequentemente forem repetidos os modelos, mais prováveis eles se tornam; os campos contêm uma espécie de memória cumulativa e se tornam cada vez mais habituais. As informações desse campo são transferidas de um sistema anterior para um subsequente através da ressonância mórfica. É muito interessante que essa transferência envolve a influência do igual sobre o igual, independe do tempo e, quanto maior a similaridade, maior a influência da ressonância mórfica. Esse tipo de memória coletiva está relacionada ao que C.G. Jung chamava de "inconsciente coletivo".

As repetições de modelos ou vínculos, até então invisíveis, tornam-se explícitas numa Constelação. Através desse trabalho, podemos resolver questões que podem se apresentar em repetições de um padrão, como:

- doenças que se repetem de geração em geração;
- conflitos e intrigas, familiares ou organizacionais;
- vícios que limitam a pessoa e fragilizam seu núcleo familiar;
- heranças e sucessões;
- mortes não superadas;
- sentimentos de culpa, situações mal resolvidas;
- problemas financeiros;
- dificuldade de tomar decisões;
- relacionamentos de forma geral, entre outros.

Constelação Individual
Como funciona

Antes de iniciar os movimentos da Constelação, sugiro uma boa anamnese para colher a maior quantidade possível de informações. É o momento que entramos em contato com o universo do cliente. Também acho importante montar o genograma para ter uma visão ampla do contexto familiar em que o cliente está inserido. Através do genograma muitas memórias são ativadas e sentimentos até então esquecidos emergem. A entrevista que antecede a Constelação é importante para criar um clima de acolhimento e confiança junto ao terapeuta, entender o processo de trabalho, tirar dúvidas e formular passo a passo a solução e o desenvolvimento de uma imagem final de solução. Criar essa conexão com o cliente é fundamental para gerar um campo relacional que possibilite o alcance de diferentes níveis de percepção. No próximo encontro acontece a Constelação de fato. Boa parte da tensão foi diluída na primeira sessão. A sessão dura uma hora, em média. Dependendo do caso pode avançar mais tempo, mas se torna muito desgastante para o cliente e para o terapeuta. Nos casos que compartilharei abaixo, nomes de clientes são fictícios para preservar a privacidade de cada um.

1º Caso – A autocura

Débora, 35 anos, se queixava muito da relação com sua mãe. Sentia a falta da falecida avó (quem a criou), assim como de seu avô, que considerava como um pai. Enquanto falava, notei que piscava compulsivamente – parecia que havia algo em seus olhos. Relatou que sempre foi assim, que não conseguia conter os movimentos dos olhos. Tudo bem, guardei essa informação para trabalhar numa próxima sessão ou quem sabe a origem desse problema poderia se revelar durante a sessão.

Para que entendam a história: sua mãe engravidou do namorado e, durante o período de gestação, não quis a aproximação dele. Apesar de o pai insistir em assumir o relacionamento e o bebê, ela o recusou seguidas vezes e decidiu seguir a vida morando com os pais. A relação da cliente com a mãe é conflituosa e, com o pai, há um contato frio e distante. A vontade de melhorar a relação com seus pais foi o que motivou a cliente a buscar pela Constelação.

Como estava tensa e apreensiva, preferi uma abordagem mais lúdica. Utilizei bonecos Playmobil para representar seu sistema e depois o transcrevi para as âncoras de chão (pedaços de EVA coloridos que utilizo para representar pessoas, emoções, lugares etc.) Ou seja, neste caso, era como se a cliente estivesse entre seus familiares. Ela se posicionou ao lado dos avós, sua mãe um pouco distante e seu pai mais ainda. Quando lhe pedi para olhar para sua mãe, ela não conseguia e o "tique" que mencionei anteriormente foi ficando mais e mais forte. Era difícil olhar para a mãe porque a culpava pelo amor interrompido em direção ao pai.

Terapeuta: Como é olhar para a sua mãe?

Débora: Não consigo, me incomoda!

Terapeuta: Por que se sente incomodada quando olha para a sua mãe?

Débora: Ela só faz coisas erradas, não tem juízo. Não tenho paciência!

Foi interessante constatar que o "tique" estava ligado diretamente à questão.

O julgamento era muito forte em relação à mãe. Ela não entendia e não aceitava o fato de a mãe ter recusado seu pai, mesmo quando ele quis assumir a relação. Quando colocada em contato com o pai, a indiferença era enorme. Portanto, preferiu deixá-lo distante. Achava que o pai deveria ter insistido para ficar com elas.

Depois de algumas falas sistêmicas, o sistema foi reorganizado. Ela então passou à posição de filha e conseguiu olhar para a mãe com amor e respeito. Com relação aos avós maternos, houve um sentimento de enorme gratidão. Já com o pai, ela realmente o manteve distante; não se sentiu preparada para seguir adiante. Então, deixamos essa questão para ser trabalhada numa próxima sessão.

Aqui a filha se interpôs no caminho dos pais. Para Bert Hellinger, quando os filhos se envolvem no caminho dos pais há uma violação da ordem do sistema. Para que a ordem seja restaurada é preciso que o filho não se interponha no caminho do pai ou da mãe e os deixe seguir. Essa cliente faz terapia regularmente comigo. Quando nos encontramos, enquanto relatava como se sentiu depois da Constelação, pude constatar que o "tique" havia sumido.

Segundo Hellinger, o amor atua por trás de todos os comportamentos e sintomas, da mesma forma que atua na possibilidade de cura. Sintomas e doenças são provocados pela necessidade de compensação no equilíbrio da consciência do grupo familiar.

2º Caso – Sigo o meu caminho

Ana, 25 anos, aparentemente tinha uma vida tranquila, de família bem estruturada, mantinha um namoro de muitos anos, bonita... Em nossa primeira sessão, Ana chorava compulsivamente e mal conseguia falar.

Terapeuta: De onde vem esse choro?

Ana: Não sei, sempre fui assim: me emociono fácil. Quando preciso tomar alguma decisão, o choro toma conta, não consigo avançar. Me emociono quando falo de mim, das pessoas que eu amo, de animais, situações... Inclusive, as pessoas ficam aflitas quando começo a chorar; não sabem o que fazer.

Fiz o genograma de Ana, investigando até onde ela tinha conhecimento de sua família e observando se havia passado por perdas ou traumas que justificassem seu comportamento excessivamente emocionado. Tudo parecia normal. Eu tinha algumas hipóteses em mente...

Assim, constelamos o "choro"! Distribuindo pedaços de EVA coloridos, utilizei como elementos ocultos: o choro, o passado e o futuro. Ou seja, Ana não estava ciente de que cada cor representava tais elementos. Ela posicionou "o passado" bem distante de seu campo de visão e ambos "o futuro" e "o choro" à sua frente.

Terapeuta: Qual dos dois elementos mais chama sua atenção? Você pode sair da sua posição e assumir o que mais te atrai.

Ana: Me sinto atraída pelo verde. [Não sabendo que representava "o choro".]

Terapeuta: Então fique em cima do verde, respire profundamente e, no seu tempo, compartilhe comigo o que sente.

Ana: Sinto muita vontade de chorar, quero olhar para o amarelo, mas tenho medo. [Não sabendo que representava "o futuro".]

Terapeuta: Por que sente medo quando olha para o amarelo? O que aconteceria se você mudar de posição e se colocar sobre o amarelo?

Ana: Não sei, sinto que vou decepcionar meu pai. Não entendo por que veio esse sentimento. Sinto atração pelo amarelo, mas não consigo avançar. [Não sabendo que representava "o futuro".]

A criança tem profunda lealdade por seu sistema familiar. E, quando busca encontrar seus caminhos e desenvolver seus desejos individualmente, ela se percebe quebrando a estabilidade desse sistema, o que pode lhe causar grandes conflitos internos. Esses só podem ser evitados quando esse sistema familiar estimula sua independência, de modo que a criança não se sinta culpada perante a sua família por ter ideias próprias ou divergentes. Assim, aquela criança que um dia não teve este conflito interno bem resolvido e amparo para seguir em frente não se enxerga capaz de trilhar sua própria história, tem dificuldade em tomar decisões e acaba por se sentir, invariavelmente, presa a escolhas e consequências frutos de sua própria insegurança, fidelidade a outros e não a si mesma, e indecisão.

Pedi para que visualizasse seu pai à sua frente e usamos algumas frases de solução:

Terapeuta: Respire profundamente e, se as minhas palavras fizerem sentido para você, peço que as repita na sequência.

Ana: Pai, por favor, me olhe com bons olhos.

Ana: Pai, agora eu escolho fazer diferente, o que não significa fazer melhor ou pior, só diferente.

Ana: Querido pai, agora eu tomo a vida que você me deu e sigo fazendo com ela algo bom.

Ana: Eu me libero do peso da responsabilidade.

Após os movimentos, Ana relatou um alívio enorme como nunca havia sentido antes. Ela conseguiu se mover para a âncora do futuro onde sentiu força, segurança e energia para se testar em desafios. Verificamos que o choro, muitas vezes involuntário, cessou. Ana se sentiu mais segura para tomar decisões que estava adiando há muito tempo: conseguiu mudar de emprego, terminou um namoro de três anos com o qual não estava satisfeita e continua motivada, fazendo planos para o futuro.

3º Caso – Resolvendo conflitos com a mãe

Marta, 22 anos, sentia um enorme sentimento de culpa. Esse sentimento estava presente em tudo: nas suas relações pessoais, no relacionamento com a mãe, trabalho, estudos. Marta não entendia por que se sentia assim. Pois bem, constelamos a culpa. Ela ficou sobre a âncora na cor vermelha. A culpa, em azul, ela posicionou à sua frente.

Terapeuta: Quero que inspire e expire, escaneie seu corpo e no seu tempo compartilhe comigo todas as sensações e pensamentos.

Marta: Sinto atração pelo "azul".

Terapeuta: Ok, sobe na âncora azul e compartilhe comigo.

Marta: Sinto um aperto no peito, ansiedade, pensamentos confusos, peso nas costas, pressa em resolver algo. Me sinto rígida, dura comigo mesma, acho que medo de não conseguir o que quero. Meu corpo está rígido, não consigo me mexer.

Terapeuta: Em algum momento na sua vida você se sentiu assim?

Marta: Sim, esse lugar lembra minha mãe no passado [chora]. Eu tinha a impressão de que ela era muito brava. Eu tinha medo de fazer qualquer coisa errada. Teve uma época, quando pequena, lembro dela muito nervosa, séria. Tinha muito medo de levar bronca. Eu tentava exaustivamente ser parecida com ela, porque agir do meu jeito poderia decepcioná-la.

Terapeuta: Marta, respire profundamente e, se as minhas palavras fizerem sentido para você, peço que repita na sequência.

Marta: Querida mãe, hoje me tornei uma mulher e entendo que não foi fácil para você me criar sozinha. Entendo que você fez o melhor que pôde com os recursos que tinha.

Marta: Mãe, me olhe com bons olhos.

Marta: Por amor eu deixo você com o que é seu e

Marta: tomo a minha vida em minhas mãos.

Hellinger comenta que:

> *O sentimento de culpa que serve a essa função da consciência é vivenciado por nós como medo de perder a pertinência. É o sentimento de culpa que mais fortemente experimentamos, aliás, talvez até o sentimento mais forte. Ele nos obriga a mudar o nosso comportamento, para podermos assegurar ou recuperar a nossa pertinência. Nesse contexto, a inocência é experimentada como o direito de podermos pertencer. Essa inocência é, talvez, o mais profundo sentimento de felicidade e é o fundamento dos piores*

emaranhamentos, porque devido à necessidade de pertinência, fazemos tudo, também aquilo que nos prejudica, para que possamos manter este sentimento.

Depois dos movimentos da constelação, Marta mudou para melhor a relação com sua mãe, passou a ter mais autonomia e realmente tomou a sua vida em suas mãos.

Entendeu que não precisava ser uma pessoa diferente para ser aceita. Ela se libertou da culpa e abriu espaço para relações mais leves e livre de cobranças.

Referências

HELLINGER, B. Ordens do amor. São Paulo: Editora Cultrix, 2007.
SHELDRAKE, R. Uma nova ciência da vida. São Paulo, Editora Cultrix, 2013.

Constelação estrutural num caso de insatisfação profissional

17

Marcelo U. Syring

Marcelo U. Syring

Filho de Ubirajara Flores Syring e Maria da Penha Syring, é formado em Gestão de Recursos Humanos e formação internacional em Constelações Estruturais pela Geiser com Guillermo Echegaray. É psicoterapeuta e ministrante dos cursos de formação em Psicoterapia Reencarnacionista pela ABPR, professor dos cursos de autoconhecimento e autodesenvolvimento pelo Instituto Safira, pesquisador e facilitador nas áreas de práticas integrativas e palestrante.

Contatos:

E-mail: marcelosyring@gmail.com

Site: www.institutosafira.com.br

Introdução

Quando compreendemos como funciona o sistema de uma família, num primeiro momento entendemos que somente os familiares têm seus sistemas específicos. No entanto, quando um indivíduo cria uma empresa, ele está criando um sistema novo, que terá seu desenvolvimento a partir do momento que este sistema terá seus elementos próprios, que são os membros da entidade. Sendo assim, quando se cria uma instituição, essa é praticamente uma extensão daquele que o criou.

O que costuma acontecer numa organização é que, como ela será constituída de pessoas que são seus elementos, simplesmente haverá um entrelaçamento de sistemas dentro de um grande sistema, ou seja, cada um acaba trazendo a extensão dos seus sistemas próprios dentro de um grande sistema que é a empresa. Consequentemente, se um sistema de uma pessoa tem complicações, estas acabam repercutindo dentro da empresa, seja do próprio fundador ou de seus colaboradores internos.

O processo do entrelaçamento de sistemas de pessoas e empresas pode, em algumas situações, não ter efeitos negativos, mas em outros casos acaba sendo um problema de proporções extensas e que atrapalha toda uma estrutura de processos internos e externos, na criação e desenvolvimento de produtos e serviços, baixa produtividade dos departamentos, problemas de relacionamento interpessoal entre colaboradores, dificuldade de trabalhar em equipe, o atrito entre o posto de autoridade e subordinado, problemas de doença do trabalho, entre outros. Um exemplo disso são as empresas familiares, que misturam seus sistemas com os da empresa, gerando uma série de complicações que refletem em suas ações na sociedade.

A partir disso, vemos nas constelações familiares uma maneira de auxiliar a empresa e seus colaboradores a resolver questões e pontos adversos que dificultam sua evolução. Entretanto, a linguagem que se é utilizada geralmente entra em choque com a da instituição, que tem uma visão mais racional das situações, sem compreender a ideia de campo morfogenético ou até mesmo de antepassados. Com isso, a linguagem das constelações estruturais consegue ter maior entendimento porque o pensamento sistêmico é mais adequado ao universo corporativo.

Definição

Constelação Estrutural é uma metodologia que nos auxilia a compreender toda uma estrutura de um sistema ou de vários sistemas, mostrando caminhos para reparar e encontrar soluções das situações apresentadas. É uma dinâmica de percepções que nos traz uma riqueza de informações relevantes num curto espaço de tempo, observando a linguagem transverbal da constelação e compreendendo a gramática de tudo isso. A Constelação Estrutural surgiu através das constelações familiares, pelo alemão Bert Hellinger em consultoria com empresários, adaptando-a para assuntos organizacionais. Entretanto, o casal alemão Mathias Vargas von Kibed e Insa Sparrer, desenvolveu uma forma de compreender toda uma gramática da estrutura desenhada pela constelação, abrindo caminho para a criação de formatos específicos para assuntos distintos.

As Constelações Estruturais servem então para situações dentro de uma empresa como, por exemplo, tomada de decisão, resolução de dilemas organizacionais, planos de negócio, intervenção em momentos de crise dentro de uma empresa ou departamento, conflitos internos entre áreas/colaboradores, lançamento de um produto ou serviço, problemas na sociedade, entre outras situações.

Embora esse tipo de constelação tenha maior penetração nas organizações pelas suas características, ela serve também para solucionar situações de ordem pessoal, como problemas de relacionamento de toda natureza, casos de doenças, conflitos internos, dificuldade em alguma área da vida, problemas profissionais, transição de carreira, tomada de decisão frente a um dilema, entre outras questões pessoais.

Diferenças entre Familiar e Estrutural

Ainda que toda constelação seja sistêmica por si só, existem semelhanças e diferenças entre as familiares e as estruturais. As constelações familiares compreendem que existe um campo morfogenético ou fenomenológico e que este nos traz informações que nos ajudam a entender questões importantes, sentimentos relacionados e que, na maioria das vezes, têm relação com nossos ancestrais: problemas de relacionamento, doenças, padrões de comportamentos, entre outros.

Já as Constelações Estruturais têm por característica fundamental serem mais objetivas e focarem na solução e não na origem. Sua linguagem não envolve campo morfogenético, mas sim a compreensão de que existe uma estrutura de informações que surgem através da posição dos elementos, suas dinâmicas de linguagem transverbal e a gramática apresentada naquele contexto. Existem três pontos fundamentais que mostram mais claramente seu diferencial e metodologia:

- **Análise da situação:** compreende-se o que está acontecendo;

- **Proposta de novos rumos:** possibilidade de simulação de uma nova estratégia para saber se dará certo ou não;

- **Processo de mudança:** uma vez descoberto o problema, realiza-se a correção para solucionar a questão.

Os princípios que encontramos nas constelações familiares são similares aos que encontramos nas estruturais:

Pertencimento – Dar e receber – Ordem

Como facilitador sistêmico e de acordo com minha experiência, não existe metodologia sistêmica melhor ou pior, mas devemos usar a que for mais adequada à situação que se apresenta na nossa frente. Tudo vai depender também daquilo que o cliente deseja constelar e o que pode ser feito para que ele alcance seu objetivo.

Caso

Este caso relatado é bem interessante e complexo, pois parece que é uma situação em que muitas pessoas encontram em suas profissões que exercem: a falta de prazer. O meu cliente me trouxe sua queixa de que perdeu o prazer em trabalhar naquilo que tanto gostava. Ele trabalha na área de Tecnologia da Informação (TI), num grupo de empresas no ramo da indústria e distribuição de peças. Vamos ao quadro da situação:

Esse grupo é composto por três empresas. Cada empresa tem seu gerente, mas na verdade ele responde para dois gerentes que são de duas empresas desse grupo, sendo um gerente de compras e outro gerente de vendas. Existe um processo de transição de sistema, e houve a situação de ele ser colocado de lado pelo consultor contratado pela empresa nesse processo. A relação com o gerente de compras e de vendas era desgastada e o gerente administrativo da empresa era o único com o qual ele não tinha problema. Contudo, sua relação com outros dois gerentes era mais próxima, apesar de tudo. Além disso, tem o fundador da empresa e tem seu filho que fazia parte da administração, e meu cliente teve problemas de relacionamento com ele. Sua relação com o fundador era mais próxima, mas com o tempo já não era a mesma, pois parecia que havia um distanciamento.

Como facilitador do processo, a primeira percepção que tive foi a de buscar, então, qual seria o objetivo do meu cliente, ponto fundamental num trabalho com a Constelação Estrutural. Seu objetivo foi de resgatar o prazer em trabalhar lá na empresa. Aos poucos, fui elaborando em minha mente quais seriam os elementos para serem colocados na constelação. Ao todo, foram dez elementos, sendo eles: o foco (cliente), seu objetivo (prazer em trabalhar), o fundador, seu filho, gerente administrativo, gerente de vendas, gerente de compras, o consultor contratado, a transição de sistema e o grupo de empresas, que colocamos apenas um representante.

Essa constelação foi realizada com pessoas. No dia em que a realizamos, ele colocou os dez elementos e, aos poucos fui começando a entrevistar cada elemento dentro da posição que ele colocou. Dentro das percepções, meu cliente foi percebendo a dinâmica e vendo que era essa a situação real do que estava acontecendo, ou seja, bateu totalmente com a percepção que ele tinha da situação.

Todavia, aos poucos percebemos que quem era um dos causadores da discórdia da empresa de forma indireta era o gerente administrativo, com o qual ele não tinha problema nenhum, mas esse gerente era problema para os outros dois que tinham mais poder de decisão, além de ser problema para os demais representantes dos outros elementos, menos para o representante do filho do dono, por quem sentia uma empatia muito grande. Depois de parte dessa questão resolvida (eliminar a sobreposição de contexto e mudança de posição) o que aliviou um pouco a tensão existente, voltamos ao foco principal que era o prazer em trabalhar, que depois percebemos ter relação com: o dono da empresa, o filho e o cliente.

Uma das coisas que a Constelação Estrutural permite é que, em parte, possamos entrevistar os representantes para identificar suas percepções e sensações perante onde ele se encontra e perante a posição de outros elementos, trazendo informações relevantes para entender a linguagem da situação e a melhor forma de solucionar.

Foi então que, nessa entrevista, percebemos uma divergência muito grande entre o representante do filho do dono e o representante do meu cliente, que era o foco. Um dos pontos que identificamos é que, a perda de prazer em trabalhar tinha uma relação direta com a insatisfação do filho do dono com seu posto na empresa, pois ele não estava feliz em atuar da forma como estava fazendo, além da divergência em relação ao pai. Depois entendi através do meu cliente que o filho do dono tinha vocação para outra área e, por trabalhar com o pai numa função que não tinha vontade de exercer, com o tempo criou desgosto e agia de maneira ríspida com muita gente, inclusive com meu cliente.

Usei uma ferramenta na Constelação Estrutural, que é a mão cataléptica, para perceber que havia uma sobreposição de contexto do ponto de vista do filho do dono para com o meu cliente. Depois de eliminar essa sobreposição, aos poucos começou a transformar-se em uma relação de aproximação, e consequentemente a aproximação do dono da empresa e também do elemento que era o prazer em trabalhar.

Nessa situação, a representante do prazer em trabalhar se aproximou e ficou próxima do meu cliente. Percebemos então que o representante do foco (cliente) estava muito feliz com essa nova situação e os demais elementos começaram a sentir uma harmonização entre as relações.

Comentário

Uma das coisas que percebo nas Constelações Estruturais (principalmente nesse caso acima) é que se torna muito comum ocorrer a situação de sobreposição de contexto. Ao nos deparar com uma situação em que dois representantes têm divergência, uma das possibilidades é de fazer um teste para saber se há algo entre os dois. Por exemplo, eu não gosto de uma pessoa ou ela me representa algo ruim, quando eu uso a mão cataléptica, que pode ser à frente ou atrás da pessoa, é notório que algo existe ali, alguma projeção de pessoa, sentimento ou algo do sistema de alguém e que está misturado com o sistema da pessoa, e dá a impressão de que não vemos a pessoa como ela é. Uma vez que resolvemos isso, parece que percebemos a pessoa como ela é, surge uma diferença como um alívio e até mesmo melhora muito a relação, fica mais leve.

Outra coisa importante que percebo é a maneira como nossas questões de ordem pessoal se misturam com as da empresa. Como mencionado logo no início, toda e qualquer organização é um sistema próprio que tem relação com outros sistemas, pois cada indivíduo é um sistema. Uma vez que há algum problema no sistema de alguém, causa ressonância no sistema da empresa, que pode atrapalhar todo um sistema organizacional. Uma vez que se é identificado e resolvido, dentro dos princípios sistêmicos, tudo vai encontrando um equilíbrio e a empresa se torna mais leve com foco em seus objetivos.

Conclusão

As Constelações Estruturais têm um papel fundamental nos objetivos de uma organização. Toda e qualquer empresa depende de pessoas, que são os maiores colaboradores de seus projetos e, consequentemente, seu maior ativo. Uma empresa feliz e com propósito é composta de pessoas felizes e com propósitos alinhados. Quando se soluciona um problema dentro de uma empresa, é possível solucionar problemas pessoais envolvidos. Quando um colaborador está bem, ele está com seu sistema em equilíbrio, não interferindo no sistema da organização.

18

Constelações familiares, organizacionais e sociais em territórios de grandes tragédias

Márcia Rodrigues Daian

Márcia Rodrigues Daian

Em seu nome Petru Daian, Nair Rodrigues Daian e Genoveva Faria Daian, toda honra e gratidão por terem me gerado, criado e ajudado a ser quem sou. Em honra dos atingidos, dos mortos, famílias e de todas as vítimas destes crimes.

Psicóloga – UFMG 1983, atualmente curadora de almas;

Psicoterapeuta de Regressão pelo método do DMP – Processo de Memória Profunda (Deep Memory Process – 2003);

Consteladora Familiar (Hellinger Institut Landshut – 2007);

Mestre em Ciências da Saúde – Ipsemg – 2009;

Praticante de Leitura dos Registros Akáshicos (livro da vida) - Instituto DIPRA – 2015.

A experiência em Brumadinho

A Tragédia

Era uma sexta feira, 25 de janeiro, aniversário de um irmão, quando as mensagens começaram a chegar dois minutos após o rompimento da barragem da mina da Vale em Córrego do Feijão, Brumadinho. Daí foram mais trinta minutos para as imagens se espalharem por todas as emissoras de TV. Atônita, fiquei durante cinco horas chorando muito e acompanhando as cenas aterradoras. Não consegui almoçar. Só chorar. Depois de ficar tanto tempo hipnotizada, como um autômato diante da TV, resolvi que era hora de agir. Tomei um belo banho e fui para a praça principal de Casa Branca verificar onde poderia ser útil. Olhei no relógio, 18h, e a movimentação era intensa. Não gostaria de ajudar na separação de roupas e mantimentos doados, queria acolher as pessoas. Dirigi-me para a escola municipal, ali sim seria bastante útil, ou não. O que fazer com pessoas desesperadas e em estado de choque? Apenas acolhê-las, dando as mãos e abraçando muito.

Quem veio à Casa Branca, distante 10 quilômetros do epicentro da tragédia, foi quem teve chance de sair correndo fugindo da lama. O quadro era de desespero, atordoamento e muita dor. Percebi o quanto foi importante ter chorado antes e realizado esse período de quase cinco horas de luto. Estava inteira ali para ajudar. As primeiras pessoas que acolhi falavam frases desconexas ou estavam mudas, algumas paralisadas e em crise nervosa, sendo levadas a pronto atendimento para serem estabilizadas em suas condições hemodinâmicas. Fiquei ali até às 23h, pois as famílias foram sendo alocadas em pousadas da região. Recebi inúmeros telefonemas de parentes e amigos preocupados comigo e se solidarizando com a cidade. Mas um foi precioso, Regina Caram, dileta amiga, médica atuante como voluntária em várias situações de emergência, passou seu mais valioso conselho: Vá com calma, não se doe demais, observe se tem condições físicas e emocionais de ajudar e até onde pode ir. Sempre que sair de casa para uma ação, pergunte-se como está se sentindo? Como pode ajudar? Se poupe, muitos precisarão de sua ajuda por muito tempo, esteja sempre inteira ao atuar. Segui sem questionar essa preciosa recomendação, e isso permitiu que não adquirisse o terrível estresse pós-traumático, condição física, mental e emocional que acometeu vários amigos voluntários de Casa Branca e profissionais da saúde atuantes na região.

Foi com esse espírito que me dirigi no dia seguinte ao Córrego do Feijão, não nas primeiras horas do dia, mas depois do almoço quando foi liberada a passagem de médicos e psicólogos pela estrada de terra para aquele local. Moro 10 km a montante do Córrego do Feijão. As estradas estavam cheias e interditadas para a população em geral, havia muita poeira com toda essa movimentação. Somente estavam autorizados a passar caminhões de bombeiros e frigoríficos (sabem porque, não?), carros de polícia e de diversas emissoras de TV. Um caos monumental. Viramos notícia mundial, infelizmente.

Fui para Córrego do Feijão junto a uma caravana de psicólogos e voluntários da região, percebia as pessoas em choque. Que fazer? Constelação? Claro que não. Palavras de consolo? Também não. Como consolar uma jovem viúva que se casou em novembro e enviuvou em janeiro? Que palavras poderiam ser ditas para aliviar sua dor? Seu sogro aproximou-se amistoso, quase sorrindo, de nervoso, penso, e pude iniciar uma conversa com ele. Estavam esperançosos.

Lamentavelmente, o corpo de seu filho e do sobrinho, ou partes deles, foram encontrados somente dois meses depois e receberam enterros dignos. Mas ali, naquele momento, recebi uma inspiração divina: me aproximei da jovem e perguntei se ela poderia passar o lenço que lhe enxugava as lágrimas para a outra mão, pois eu queria apenas segurar-lhe a mão esquerda, mais próxima de mim. Ali ficamos por quase meia hora, nada lhe disse, somente fiquei com meu coração sintonizado ao seu. Mesmo assim, num determinado momento, me senti invadindo seu espaço, duas estranhas de mãos dadas, que cena esdrúxula.

Muito caos naquele lugar, naquele momento, nada a fazer, a maior parte das famílias que restaram, não estava ali no posto de atendimento. Não soube dizer onde estavam, nem vi muita gente neste dia, talvez estivessem abrigadas em algum lugar, em hotel ou pousada nas imediações, ou seja, a 20 quilômetros daquele lúgubre e devastado distrito.

Contingentes enormes de profissionais da saúde, principalmente psicólogos e assistentes sociais, voluntários e contratados pela empresa, chegaram à cidade nas semanas seguintes. Providencialmente eu estava com carro em oficina, então permaneci em Casa Branca, (distante 30 quilômetros do centro de Brumadinho), visitando e atendendo os atingidos abrigados nas pousadas do distrito. Nas semanas seguintes em meio a muita dor, me concentrei neste atendimento, e novamente hordas de psicólogos voluntários invadiram a cidade. A palavra é essa mesma, invadiram, assim se sentiram todos. As famílias nos relatavam visitas de 5 a 10 psicólogos por dia, e eles em choque. Muito cansativo para corações tão devastados. Ações de apoio precisam ser melhor coordenadas. Recolhi-me em Casa Branca e os respeitei em seu luto, até hoje procuro respeitar esse luto.

Estávamos tentando processar toda a avalanche de acontecimentos na comunidade, então ninguém dormiu direito naqueles dias verdadeiramente terríveis e devastadores. Eu conseguia descansar umas quatro horas por noite com a mente indagadora e ativa: como isso pode acontecer? Três anos antes, quando a barragem do fundão em Mariana se rompeu, um funcionário terceirizado da Vale estava construindo meu consultório quando então lhe perguntei, o que aconteceria no Córrego do Feijão se a barragem ali se rompesse? Ele apenas disse: "acabaria com tudo, inundaria tudo". Foi profética sua fala, o que aconteceu foi quase isso, acabou com meio distrito, muitas vidas, flora e fauna.

Dia 28 de Janeiro, segunda-feira, acordei às quatro da manhã com frases gritando em meu coração e querendo sair, ganhar mundo. Comecei a escrevê-las em cartolinas. Tive então a ideia de construir na praça principal de Casa Branca um memorial para as vítimas. Assim o fiz, cuidei desse altar durante exatas duas semanas. Era ali meu lugar, gostei de coordenar essa ação. Foram chegando pessoas com flores, velas, cruz de minério, e muitos cartazes demonstrando nossa indignação com essa empresa responsável por toda essa devastação e também palavras de consolo às famílias e vítimas.

Honrei meu pai levando para esse altar a vela de um metro de tamanho, que ele confeccionou no ano 2000. Queria dar um destino nobre para ela. Aqui, cabe-me relatar um fato interessante que compõe meu trabalho com as constelações. Durante os grupos dou voz aos espíritos dos mortos e ancestrais por meio de seus representantes, permito que eles se expressem integralmente. E nesse momento ali na praça eles utilizaram uma forma inusitada, contundente e com veemência de se expressarem.

Ventava muito nesse janeiro, precisávamos de uma cúpula para manter a chama da vela acesa. Alguém a emprestou, uma amiga foi buscá-la e eu me dirigi para a vela acesa colocando a cúpula sobre ela. Minha amiga se despediu dizendo que iria para a escola ajudar na separação de roupas etc. Eu disse: "pois vou ficar aqui, tem muita gente ajudando os vivos, eu vou ajudar os mortos". Nessa mesma hora, a cúpula explodiu em vários pedaços. Apenas pensei, por favor, se possível, fiquem tranquilos, estou aqui para ajudá-los da melhor forma que puder. Todos os ensinamentos que aprendi com meu Mestre Roger Woolger, do DMP – regressão de memória, no trabalho com ancestrais e espíritos – na própria Brumadinho, eu sabia, muito contribuiriam para ajudá-los. A partir de então, iniciou-se meu trabalho com as almas das vítimas da Vale.

Nas semanas seguintes, várias pessoas passaram pelo memorial, contribuíram para sua manutenção, escreveram frases de revolta à Vale e de apoio às famílias e eu senti que ali era meu lugar, que ali estaria contribuindo muito mais para amenizar a dor de todos, principalmente das vítimas fatais. Rezamos um terço no sétimo dia em homenagem a elas. Dei muitas entrevistas para rádios e emissoras de TV. Mas sempre tive em mente que se estou adquirindo protagonismo em meio a essa tragédia, devo isso às vítimas. Me propus a honrá-las sempre que tivesse possibilidade. Assim tenho feito. Dedico então, esse capítulo em sua honra e memória, e à dor de suas famílias. Assim, sigo meu caminho tranquila e em paz.

Trabalhando com as constelações em Brumadinho

Fiquei impossibilitada de ir ao centro de Brumadinho por dois meses devido à interrupção da estrada que nos liga à sede. Não participei de várias ações, se fosse fazê-lo teria de andar 200 quilômetros ao invés de 30, então resolvi ficar em Casa Branca mesmo. Por isso não participei do evento I Cura Ancestral de Brumadinho, ocorrido em fevereiro, conduzido por tribo indígena que veio à cidade ajudar na cura de humanos, fauna e flora. Mas pude estar presente com as constelações no II Cura Ancestral, no mês de março, e a participação foi muito significativa.

Entre tantas atividades, e em meio a minha ansiedade, a constelação do rompimento da barragem foi a última. Me preparei muito por meio de meditações e orações. Havia uma equipe de filmagem e fotografia que registrava o evento, a constelação não foi registrada porque eles decidiram atuar como representantes. Assim, o que descrevo a seguir, foi tudo aquilo que consegui memorizar dessa vivência tão intensa.

Separei o grupo de mais de 50 pessoas colocando representantes para: as vítimas, (deitados ou sentados em tapete), para as famílias das vítimas (havia duas viúvas), para os atingidos (inclusive índios pataxós), uma pessoa quis representar o Rio Paraopeba, também uma pessoa representou o poder público (mais tarde nomeado como o prefeito da cidade), três mulheres representaram a Vale e coloquei um representante para a morte. Dias depois me lembrei que poderia ter colocado representantes para os curadores (terapeutas, médicos, psicólogos), mas na hora não me ocorreu, e, embora eles estivessem presentes, preferiram não participar como representantes de nenhum dos grupos. Eles tinham uma função nobre como proposta do evento, estavam disponíveis para atenderem com as práticas integrativas quem os procurasse.

As vítimas estavam sentadas no meio de todos os outros grupos, em sua maioria, desenergizadas, atordoadas, e, eu diria, cobertas pela lama, essa foi a imagem que aflorou naquele momento. Os representantes da Vale deram as costas, as famílias choravam, o poder público inerte, os atingidos inclusive o rio, chocados, e a morte reinando soberana. Permiti que os movimentos acontecessem livremente e os diálogos começaram. Atingidos questionando com raiva o poder público acusando-o de negligência, viúvas com muita dor e choro, e a reação da Vale merece destaque. Um dos representantes da empresa virou-se para as vítimas e iniciou um choro profundo, ao ponto de ter de ser amparada e ficar sentada. Outra se virou mas manteve-se fria, até que uma vítima a confrontou, sem falar nada, só olhando. Depois de um tempo, perguntei o que estava acontecendo, a vítima falou: "estou emanando amor para ela". Achei prematura aquela atitude, mas nada falei. Ficaram assim por muito tempo, mais de 20 minutos, até que o representante da Vale foi tocado e aproximou-se. Ainda bem que não intervi, essa vítima representa exatamente aqueles que, mesmo mortos, reverenciavam a empresa, sentiam orgulho de atuar nela. O terceiro representante da Vale ficou até o final de costas para todos.

Sem nenhum sentimento de amor, compaixão, ou arrependimento, nada, sempre frio, do início ao fim. Fiz a reflexão de que na empresa existiam esses três tipos de pessoas com diferentes reações e temos de lidar com isso.

Passou-se um bom tempo quando uma das viúvas se manifestou chorando: "minha dor é muito grande, não sei o que fazer", nessa hora minha intuição (recebida da força que guiava essa cura) e percepção do todo apontaram um caminho: chamei as pessoas para abraçá-la, pois, o caminho da superação da dor é o amor. Nesse instante, todas as vítimas se levantaram e disseram: "nós também queremos ser abraçadas". Então as vítimas ficaram no meio e foram abraçadas pelas famílias, que foram abraçadas pelos atingidos, que foram abraçados pela comunidade de Brumadinho e cidades da região, formando uma imensa comunidade de amor, se abraçaram, choraram juntos, rezaram, cantaram e se embalaram numa força curadora que permeou a todos. Emoções reinaram soberanas, inclusive as minhas, que moro na região e sou considerada atingida. Todos choramos. Confesso que me envolvi completamente e não consegui saber onde e como ficou a morte. Essa imagem de cura foi muito forte e nos tomou a todos, encerramos neste momento. E o aprendizado que ficou desta constelação, foi o de que somente com muito amor a comunidade de Brumadinho conseguirá se reerguer.

Desde então iniciei a oferta das constelações em pequenos grupos, em consultório cedido por psicóloga referência na região, a Cândida, figura doce e forte que emergiu na Cura Ancestral e hoje é sua coordenadora. Inicialmente ofertamos grupos aos sábados à tarde no centro de Brumadinho. Era a disponibilidade do consultório, sábado à tarde. A adesão foi modesta, 5 a 6 pessoas apenas, mas foi possível realizar duas constelações de mulheres moradoras da cidade, cujo tema não era diretamente ligado ao rompimento da barragem.

Mais tarde alteramos a data para as quintas-feiras à noite, de 15 em 15 dias, e novamente a adesão foi modesta. Ao transferirmos o encontro para as quartas-feiras, uma vez ao mês, conseguimos a presença de 10 pessoas. Isso porque descobrimos que nas quintas-feiras à noite havia uma reunião em que toda comunidade atingida era convidada a participar e isso impedia a presença de interessados.

Inicialmente, nossa intenção era realizar grupos uma vez por semana, pretensão pouco modesta para uma cidade ainda em luto. Posteriormente, adotamos a frequência de grupos de 15 em 15 dias, e atualmente, realizamos grupos somente uma vez ao mês. O aprendizado que ficou é que temos de refrear nosso ímpeto de ajudar, praticando o que o Hellinger chama de "boa ajuda" e aguardar que sejam despertos e se interessem pela técnica e, principalmente, que se fortaleçam superando o luto. Isso certamente leva algum tempo.

Gostaríamos, claro, de ter realizado palestras iniciais para sensibilização e divulgação da técnica, mas com a cidade em estado de caos, isso era impensável, não conseguiríamos adesão de pessoas-chave do município, envolvidas em outras frentes de trabalho. Nem mesmo o Núcleo de Práticas Integrativas esteve disponível para conhecer a técnica, que embora aceita pelo SUS, não era por eles conhecida.

Sabemos que essa é uma cidade bastante conservadora e foi por demais invadida por estranhos oferecendo ajuda. Talvez devesse ter pensado em estratégias mais eficazes de divulgação além das redes sociais, e talvez devesse estar menos ansiosa em ajudar com as constelações. Até hoje não sei se foi prematura toda a minha atuação em território tão devastado, talvez a cautela seja a melhor conselheira e o respeito ao luto, imprescindível. Enfim, estamos aprendendo sempre.

Ao longo das semanas seguintes alguns interessados compareceram, mas não necessariamente o público que eu pretendia trabalhar, os parentes das vítimas. Quem se interessou foram antigos moradores, vindos da vizinha cidade de Betim. Suas questões extrapolavam a temática ligada ao desastre.

A partir destas vivências, fui chamada a realizar uma constelação organizacional do grupo Amigos de Brumadinho, já no mês de maio. O dia e hora? Quarto sábado do mês de junho às 16h. O tema escolhido foi a desarmonia do grupo, mas o que veio à tona foi a despedida de uma mãe A, que perdeu seu filho no desastre, proporcionando momentos que sensibilizaram a todos.

Houve um emocionante diálogo com o representante do filho morto. A imagem de solução surgiu quando todos quiseram abraçar e consolar essa mãe e o fizeram de forma acolhedora e respeitosa.

Assim, ficou demonstrado como o grupo Amigos de Brumadinho poderia ajudar consolando os parentes de vítimas, além de distribuir donativos. As emoções surgidas durante o trabalho trouxeram um certo desconforto a alguns dos participantes, em sua maioria jovens moradoras da cidade, na faixa de 25 a 30 anos. Estiveram presentes cerca de 10 homens e duas mulheres. A constelação trouxe também alguma desconfiança quanto à exposição de sentimentos. Recentemente me chamaram para realizar uma nova constelação, demonstrando que, mesmo desconhecendo a técnica e mesmo um pouco assustados com todo o clima de dor e luto emergido, se beneficiaram e se abriram para o trabalho.

Posteriormente, no mês de junho, o coletivo "Eu luto – Brumadinho Vive" nos convidou para realizar uma constelação organizacional em que o tema seria também trabalhar a desarmonia do grupo e obter como resultado algo que os ajudasse a decidir se deveriam ou não continuar existindo. Iniciei a constelação colocando apenas dois representantes, um para a cidade de Brumadinho e outro para o "Eu Luto". Imediatamente levantou-se alguém que representava o grupo de trabalho do meio ambiente e entrou na constelação, não foi chamada, mas entrou. Começou a olhar para baixo. Coloquei uma pessoa deitada que teve reações agudas, muito choro e dor no corpo. O tempo todo falava, não estou entendendo nada, tudo dói. Avisei que ela representava todos que morreram, as vítimas, a fauna, a flora, o Rio Paraopeba.

Coloquei a representante do "Eu Luto" próxima e ela a amparou e cuidou, até que não reclamasse mais de dor. Foi necessário um tempinho para ela se acalmar. A representante do meio ambiente também se aproximou. Todos muito emocionados. O coletivo Eu Luto estava efetivamente demonstrando que poderia atuar também para amparar amorosamente a representante dos mortos e suas famílias. Então o objetivo foi atingido, o "Eu Luto" tem muito o que fazer pela cidade, pelas famílias e isso foi demonstrado na resposta que emergiu nesse momento.

Continuamos a ofertar constelações em pequenos grupos quando também em junho surgiu a M, que tinha perdido seu pai no rompimento da barragem. Estavam brigados. Na constelação priorizou seu diálogo de despedida com o pai, e foi muito emocionante e curador. Ela se entregou na vivência quando foi colocada em seu próprio lugar. Uma semana mais tarde ela me liga apavorada. Estava em crise depressiva porque seu gato havia morrido por ter sido espancado e o cachorro também seria sacrificado por estar com leishmaniose. Eu a atendi por telefone, durante uma hora e meia, monitorei seus passos pois falava em morrer e eu estava a 30 quilômetros de distância. Sugeri que ela procurasse o Caps – Centro de Apoio Psicossocial da cidade, ela se recusou. Orientei então que procurasse o Nupics – Núcleo de Práticas Integrativas e Complementares. Pedi que me ligasse pelo menos de 15 em 15 minutos para me dizer onde estava e o que fazia. Atenderam-na, sugeriram tomar um floral, encaminharam-na para outros tipos de atendimentos. Procurei e encontrei um artigo que comentava sobre a dor da perda de nossos animais de estimação, enviei a ela, que foi processando essas dores e se acalmando. O cachorro não precisou ser sacrificado. Encontrei-a uma semana depois por acaso, está linda e forte, sorriso escancarado no rosto e pronta para continuar e seguir sua vida com força e determinação. Sua última façanha: Postou no Facebook uma foto pulando de paraquedas e hoje está na Alemanha representando os atingidos em foros internacionais, denunciando os abusos da mineração.

Sigo com as constelações, a última foi no Córrego do Feijão durante a VI Cura Ancestral, no mês de julho. O local não era muito apropriado, uma matinha no centro da cidade que formava uma pracinha em meio a árvores ancestrais. Não achava que haveria muitas pessoas interessadas na constelação, mas formou-se um grupo com cerca de 20 participantes. Fizemos o trabalho com S, que perdeu um grande amigo no desastre. Não foi sobre a despedida dela com o amigo o que emergiu durante a constelação, foi um pedido do amigo falecido para que cuidasse de seu filho de 6 anos pois a mãe se mostrava fria e alheia. Isso ficou muito claro na imagem final e ela percebeu seu papel na vida da criança. Não será fácil, mas compreendeu que poderá atuar sendo um tipo de madrinha do menino.

Da segunda constelação da tarde, participou uma mulher que perdeu a mãe no desastre. A avó, uma irmã e um tio estavam presentes, mas eu somente soube disto durante a constelação. Trabalhou-se o processo de despedida com diálogos que gostaria de ter realizado com a mãe. O semblante da jovem mudou, aliviou. Mas aqui cabe mostrar os senões e os limites da constelação. Locais abertos não são mesmo recomendáveis, além de tudo, não havia tido tempo para explicações teóricas sobre a técnica. Como no grupo estava presente uma irmã da jovem, com claras tendências suicidas desde antes da morte da mãe, tive de ser proativa e resolutiva. A moça não reagia, a avó nos contou que ela sempre foi assim, mesmo antes da perda da mãe. Respeitamos seu desejo de morrer, mas ainda assim, coloquei a avó atrás da neta com tendências suicidas e representantes para as ancestrais da família até a sétima geração, dando forças para a jovem. Encerramos com a imagem do abraço da irmã constelada em sua mãe e toda a família se abraçou. O tio presente não quis participar, mas ficou o tempo todo assistindo. Esta jovem depois da morte de outro irmão, procurou ajuda terapêutica.

Percebo a necessidade de fazer o que chamo de planejamento de vida futura, o constelando se imagina estudando, trabalhando, casando-se, tendo filhos e netos e os vendo crescerem, estudarem e lhe darem netos e bisnetos. Assim a pessoa faz o compromisso de seguir com a vida, deixando para encontrar-se com o parente morto, quando for a hora, não antes.

Conclusão

Aprendi com tudo isso que, em territórios acometidos por grandes tragédias, com a dor e o luto corroendo as forças da alma das pessoas, temos de ser muito carinhosos e compreensivos para aguardar o melhor momento de atuar. Nada de pressa em ajudar. As organizações e grupos solidários que se formam podem se beneficiar num primeiro momento, posteriormente, os atingidos e familiares de vítimas.

Atualmente, estou participando de diversas ações solidárias e de grupos visando ações de recuperação das pessoas e da cidade para posterior conexão com aqueles que poderiam se beneficiar da técnica da constelação. Participo como curadora do Fundo Regenerativo de Brumadinho, e ajudo a selecionar projetos que visem ao desenvolvimento de diversos grupos que trabalham na recuperação da região. Sou também uma das gestoras do coletivo "Eu Luto – Brumadinho Vive", (convite que recebi após a realização da constelação e que aceitei por ter enxergado a contribuição que fiz com a aplicação da técnica). Este coletivo tem várias ações visando ao fomento de atividades em prol da recuperação da cidade. Nesta semana a principal tarefa em que estamos envolvidos é dar apoio à palestra sobre o "desenvolvimento territorial de Brumadinho: o papel da economia da funcionalidade e da cooperação na busca de alternativas à mineração".

Posteriormente, espero ficar mais conhecida no território e ofertar grupos de constelação nos diversos distritos e, por que não, em várias regiões de Minas, do Brasil e mesmo no exterior. Esse é meu plano de metas a médio prazo. Afinal, com a experiência adquirida nesse terrível desastre, nada melhor do que socializar minha forma de trabalho, evidenciando os diálogos entre ancestrais, espíritos e os que permanecem vivos. Assim me fiz, assim honro meu pai e minhas mães, meus ancestrais, as famílias e as vítimas deste crime e, por fim, a cidade de Brumadinho.

Uma última palavra aos responsáveis por esse crime

Vou relatar aqui o que não pude dizer, por falta de tempo, durante audiência pública da CPI da Assembleia Legislativa de Minas Gerais que abordou o rompimento da barragem da Vale em Brumadinho:

> "Me dirijo aos senhores engenheiros, especialistas, operadores, geotécnicos, gerentes, diretores, presidência da Vale, aos advogados que os defendem, aos responsáveis da empresa de auditoria de barragens, aos governantes, deputados, prefeitos, secretários, conselheiros e representantes de todos os órgãos que liberaram licenças concordando com a expansão da mineração na região e a todos responsáveis pelo rompimento das barragens das Minas de Córrego do Feijão em Brumadinho e do Fundão em Bento Rodrigues, Mariana: por amor aos seus filhos netos, bisnetos, tataranetos e aqueles que ainda virão nas próximas gerações, reflitam sobre seus erros, reconheçam que contribuíram para que toda essa catástrofe ocorresse, assim e somente assim, sua descendência será poupada de se emaranhar com tanto sofrimento, tanta dor e tanta morte ocorrida sob sua responsabilidade. Não assumir o erro implica que inocentes compensem por vocês no futuro. Espero que possam poupá-los das consequências destes genocídios e ecocídios. Todos os mortos pertencerão a partir destes crimes às famílias de vocês. Reflitam sobre seus erros, pois do contrário, seus descendentes terão de honrar com sua própria dor os sofrimentos das vítimas, de suas famílias, dos atingidos, da fauna, flora, dos rios, por várias gerações".

19

**Constelação Familiar
nos Relacionamentos**

Marco Meda
Josi Meda

Marco Meda

Filho de Armando Meda e Rose Mary de Carvalho Meda, nascido na cidade de Ribeirão Preto no estado de São Paulo. Psicoterapeuta transpessoal. Escritor e trainer em Eneagrama, Programação Neurolinguística Sistêmica, Hipnose Ericksoniana, Coaching Transpessoal, Oratória com PNL e Liderança. Fundador do Grupo Meda Academy e da MEDA – Minha Escola de Autoconhecimento, de Serra Negra-SP. Estuda Psicanálise e é Mestre Reiki na linhagem Gendai Reiki-Hô. Desenvolve programas de cursos presenciais e online, palestras e treinamentos nas áreas de Desenvolvimento Pessoal, Autoconhecimento, Espiritualidade, Psicologia Positiva, Mecânica Quântica e Neurociência. Responsável por treinar mais de 100 mil pessoas nos últimos 25 anos, é também terapeuta habilitado da ABRATH (Associação Brasileira de Terapeutas Holísticos), com o registro CRTH-BR 2704 no conselho.

Josi Meda

Filha de Carlos Augusto Santillo e Maria Aparecida Correa. Nascida na cidade de Ribeirão Preto no estado de São Paulo. É Pedagoga, Autora, Numeróloga, Taróloga, Psicoterapeuta, Holística, Terapeuta Ministrante, Practitioner em Eneagrama e PNL, Coach Educacional, de vida, empresarial e positiva. É sócia da Meda - Minha Escola de Autoconhecimento - e Facilitadora em temas holísticos atua, há mais de 10 anos, apoiando na transformação, e, nesse período, já auxiliou mais de 25.000 buscadores de autoconhecimento.

Nosso case

Quando recebemos o convite para escrever um capítulo desta linda obra repleta de estudos de casos com a Constelação Familiar Sistêmica e Organizacional, nós – apaixonados que somos pela Constelação – começamos a pesquisar dentre os inúmeros alunos que temos em nossa escola de autoconhecimento & espiritualidade os *Cases* mais relevantes que pudessem abrilhantar este material tão rico para os interessados no assunto.

Depois de tanto pesquisar os materiais que temos por aqui, concluímos que o melhor estudo de caso estava aqui conosco, em nossos corações, ou seja, o nosso mesmo. Sendo assim, decidimos escrever o *Nosso Case* para vocês, pois com absoluta certeza, a Constelação Familiar Sistêmica salvou o nosso relacionamento, o nosso casamento e por consequência a nossa relação com as crianças e a nossa relação com a prosperidade e a saúde.

Somos Terapeutas Holísticos e possuímos uma Escola de Formação de Terapeutas Holísticos, na qual ministramos cursos de Eneagrama, PNL Sistêmica com Hipnose Ericksoniana, Coaching Transpessoal, Reiki, dentre outros. Sempre trouxemos os conteúdos e ferramentas dessas ciências para a nossa vida prática. Acreditamos, infalivelmente, que o treinador ou terapeuta só consegue levar o seu aluno ou paciente até onde ele fez a sua própria cura. *Jung* que nos confirme tal verdade!

Alguns de nossos alunos acreditam que somos seres perfeitos, pois como mestres na arte do ensinar e formar, acredita-se que somos infalíveis. A grande verdade é que somos seres humanos normais e totalmente falíveis.

Processos abertos

Com base nisso tudo, nós erramos muito com nosso primeiro filho Biel, erramos um pouco menos com a Bella e tomara que a gente quase não erre com a Bia. Porém, iremos errar. E se errar, tudo bem! Como falamos na PNL: "Não há erros ou acertos e sim resultados". Portanto, em um determinado momento como casal, o nosso casamento também entrou em crise e passou por sérios desafios. Foi nesse momento que iniciamos o caminho de trazer para dentro de casa tudo aquilo que praticamos e ensinamos aos nossos alunos.

O primeiro trabalho a ser feito foi o de Coaching, alinhando o nosso futuro juntos, depois veio a PNL e começou a destravar algumas coisas do nosso passado. O Eneagrama entrou como a ferramenta que nos fez olhar para cada um de uma forma mais respeitosa e carinhosa, uma vez que cada um tem o seu padrão comportamental e motivacional por conta dos seus Eneatipos de Personalidade... mas, ainda assim, os problemas mais profundos não estavam sendo resolvidos, pois havia "emaranhados" que nenhuma destas técnicas resolviam. Iniciamos um trabalho forte com a Terapia Transpessoal, na qual cada um de nós passou por sessões individuais com a nossa Terapeuta (afinal um bom terapeuta também faz terapia), e em um determinado momento começamos as sessões em conjunto.

Muita coisa começou a se abrir, muitos processos começaram a ser trabalhados, até que a nossa terapeuta trouxe a possibilidade de passarmos por um processo de Constelação Familiar Sistêmica para entender os padrões que estávamos "honrando" em nosso casamento, a partir das relações anteriores de nossos pais e ancestrais. Confessamos a você que não foi fácil, doeu muito perceber que estávamos repetindo "compromissos energéticos" por conta de fatos e acontecimentos daqueles que vieram antes de nós.

As leis do amor no relacionamento

Com a Constelação focada no nosso relacionamento, as primeiras fichas que começaram a cair foram as Ordens do Amor, como nosso amado Bert Hellinger nos ensinava. Assim percebemos o "sacrifício" que fazíamos em prol da necessidade de pertencer a uma família **(Lei do Pertencimento)**. Ficou claro que este vínculo, não apenas era um desejo profundo da nossa alma, mas sim uma necessidade física e carnal que nos conectava no amor e também no sofrimento. Afinal, para Bert, *"sofrer é mais fácil do que encontrar soluções"*. De um lado um de nós havia honrado até então uma série de infidelidades na família, fazendo com que um dos lados de nossos ancestrais fosse sempre abandonado. Por sua vez, o outro honrava uma vida de escassez, com inúmeros exemplos de empresas quebradas financeiramente e uma vida sempre pequena e com dificuldades financeiras.

Passamos por pelo menos oito sessões de Constelação, com consteladoras incríveis e amorosas. Nossos representantes se mostravam sempre dispostos a entrar no campo e trazer à tona a nossa verdade ancestral. Lembramos que, em um dos nossos processos, um de nós foi arrebatado com o ajuste realizado na **Lei da Ordem**, no qual um de nós estava fazendo o papel de mãe da nossa mãe e não de filho ou filha da nossa mãe. Segundo a **Lei da Ordem**, *"quem entrou primeiro em um sistema tem precedência sobre quem entrou depois"*, ainda: *"O ser é estruturado pelo tempo. O ser é definido pelo tempo e através dele, recebe o seu posicionamento"*, e quando este posicionamento é invertido, acontece o caos no sistema.

E para complicar ainda mais, outro de nós dois infligia mais uma vez a Lei da Ordem, na qual *"sempre que acontece um desenvolvimento trágico em uma família, uma pessoa violou a hierarquia do tempo"*. E quando descobrimos em uma das sessões de Constelação que havia acontecido mortes por traição e outras por cobranças de dívidas financeiras, tudo ficou ainda mais claro. Estávamos com sérios problemas de manter a prosperidade financeira no nosso casamento, na nossa empresa, e por consequência, o medo, a dúvida, a insegurança e a ansiedade nos colocavam de costas um para o outro no casamento, e não de frente com projetos alinhados e para o mesmo lado.

Percebemos que o homem e a mulher precisam um do outro. O homem aceita uma mulher porque sente que, como homem, lhe falta a mulher e a mulher aceita um homem porque sente que, como mulher, lhe falta o homem. Ou seja, começamos a perceber a **Lei do Equilíbrio**. Para ambos falta o que o outro tem e cada um pode dar ao outro o que ele precisa. Neste momento, percebemos dois problemas: um deles é que os nossos Sagrados Masculino e Feminino estavam invertidos. Não havia um equilíbrio harmônico na relação. Havia um homem que agia como mulher e uma mulher que agia como homem no nosso casamento.

Outro ponto que fomos percebendo, aprendendo e obviamente ajustando, foi o fato de observar que a lei do **DAR e RECEBER** ou **DAR e TOMAR** não estava perfeita. Segundo a Lei do Equilíbrio: *"o que dá e o que recebe conhecem a paz, se o dar e o receber forem equivalentes"*, e havia um desarranjo. Além disso, percebia-se outro entrave na Lei do Equilíbrio: *"nós nos sentimos credores quando damos algo a alguém e devedores quando recebemos"*. Aprendemos, com a Constelação, que o equilíbrio entre crédito e débito é fundamental nos relacionamentos.

Os aprendizados

A verdade é que cada um de nós estava emaranhado, cada um a seu modo. O nosso papel como casal, foi perceber que não havia culpados e nem responsáveis. Nos olhamos com compaixão, afeto, carinho, respeito e, principalmente, muito amor. Iniciamos um trabalho interno de muita empatia, tolerância e paciência. O papel de uma consciência aberta a mudança foi fundamental para que aceitássemos e acolhêssemos nossos "perrengues" ancestrais e pudéssemos perceber que precisávamos cada qual recuar um pouco, ceder um pouco e assim iniciar um trabalho de reconstrução.

A constelação nos deu a oportunidade de perceber padrões que seguíamos, originados diretamente dos nossos pais. Havia uma honra muito forte! Como somos sócios e trabalhamos juntos 24 horas por dia, nas nossas contratações e parcerias (ou seja, nossa equipe), estávamos trazendo os mesmos padrões para dentro da empresa. A empresa se tornou um emaranhado familiar, exatamente similar aos emaranhados familiares que ambos sustentávamos.

Para você, leitor, ter uma ideia, logo após uma Constelação Organizacional na nossa empresa, saímos da média de 20 a 30 alunos por turma em nossos cursos para uma média de 60 a 70 alunos por turma imediatamente após a Constelação. Por mais de dois anos esses resultados perduram. O nosso faturamento multiplicou-se por três. A prosperidade enfim chegou. O casamento ganhou força, ganhou respeito, uma vez que nossos filhos vivem da nossa missão, estão conosco quase que 24 horas, dentro dos nossos auditórios, nos nossos cursos.

Aprendemos a dosar o equilíbrio do trabalho e lazer, do tempo dedicado aos alunos e às crianças, do tempo dedicado ao negócio e à relação a dois. Descobrimos, com a constelação, a causa das doenças familiares, descobrimos os agressores e vítimas dentro de casa. Encontramos o amor verdadeiro e os mecanismos de vingança se esvaíram.

Enfim, a Constelação foi o processo terapêutico mais profundo que encontramos para equilibrar o nosso casamento e honrar uma missão de almas gêmeas neste plano. Agradecemos ao grande mestre Bert Hellinger pelos seus ensinamentos, por nos orientar nas **Ordens do Amor**. Agradecemos a nossa Terapeuta e as nossas queridas Consteladoras que abriram caminhos para acessarmos a nossa essência e vivermos a vida que nos foi dada, que foi escolhida por nós e que o divino superior arquitetou. Somos e seremos eternamente gratos por esta ferramenta tão linda que tem ensinado agora, aos nossos três filhos, honrar as relações dentro de casa, no seio da família.

Práticas da constelação nos relacionamentos

E, para tornar este capítulo ainda mais prático aos leitores que estão buscando na Constelação Familiar Sistêmica uma oportunidade de cura e de desenvolvimento dos seus relacionamentos, descrevemos abaixo os principais aprendizados terapêuticos que a constelação nos ajudou e pode vir a ajudar qualquer pessoa:

1. O homem e a mulher precisam um do outro

Um completa o outro, um precisa do outro. Em ambos falta o que o outro tem e cada um pode dar, no relacionamento com o outro, o que ele precisa e busca. É uma troca! Assim, para que o relacionamento dê certo, o homem precisa ser homem e permanecer homem e a mulher precisa ser mulher e permanecer uma mulher.

2. O vínculo e as suas consequências

Há uma consumação do amor, quando o homem toma a mulher como sua esposa e a mulher toma o homem como seu esposo. Esta consumação do amor tem um profundo impacto na alma do casal. É através desta consumação que homem e mulher se vinculam de maneira indissolúvel. Ou seja, mesmo que queira, depois disso não são mais livres e deverão arcar com todas as consequências. Mesmo depois de uma separação, que ocorre um novo vínculo, o primeiro vínculo sempre continuará atuando. Assim, para um segundo casamento dar certo, o primeiro relacionamento deve ser honrado e respeitado após a separação.

3. Emaranhamentos se estendem por gerações

Uma família é uma entidade na qual todos comportam-se como se tivessem uma única alma em comum. Há uma profunda necessidade de justiça e compreensão. A alma comum da família busca sempre um equilíbrio entre a perda e o ganho, e este equilíbrio se faz por várias gerações. Haverá sempre um emaranhamento de sentimentos se estendendo no sistema. Por exemplo, se um homem trai a sua mulher e ela sente raiva dele, talvez a filha de um segundo casamento deste homem sinta raiva do pai, da mesma forma que a mulher do primeiro casamento.

4. O poder da sexualidade

Como comentamos anteriormente, a consumação do amor cria entre o homem e a mulher um vínculo profundo e indissolúvel, não por causa do casamento e sim por conta do ato de consumação do amor. Do sexo! Mesmo em casos de estupro ou incesto, este vínculo vai acontecer. Assim a sexualidade tem uma grandeza enorme nos emaranhados dos relacionamentos. Sendo a sexualidade um instinto poderoso e irresistível, ela leva a vida adiante apesar de todos os obstáculos. Assim sendo, a sexualidade é maior que o amor. E quando consumada com amor, tem uma grandeza especial. Muitas vezes há um jogo velado nos relacionamentos, no qual um dos parceiros quer e deseja e o outro só concede – este que concede se coloca em uma posição de superioridade. O parceiro que precisa e deseja fica em uma posição inferior ao outro, e isto destrói o amor. Ou seja, o amor se baseia no equilíbrio, na igualdade do querer e do conceder.

5. Dar e aceitar amor

Após entendermos a consumação do amor, e a grandeza da sexualidade, precisamos aprender que o relacionamento de um casal terá um resultado satisfatório através do equilíbrio do dar e aceitar o amor. Seja um presente ou um comportamento específico que entregue amor, após a mulher dar este presente ao homem, ela encontra-se em uma posição superior. Quando ele recebe, sente necessidade de retribuir com outro presente ou algum comportamento que compense o desequilíbrio. Desta forma, por meio da necessidade de equilíbrio, ligada ao amor, realiza-se um intercâmbio sempre crescente, pois cada um que recebe deve dar um pouquinho mais. Desta forma, o casal se une mais intimamente e assim cresce a felicidade entre eles.

6. Você se casa também com a família do cônjuge

Todos nós viemos de famílias diferentes, com questões específicas do sistema de cada família. Para que um casamento dê certo, é necessário que cada um dos parceiros abandone a sua própria família. Não só mudar de casa, mas principalmente deixar para trás hábitos, padrões, comportamentos e valores que eram válidos para as famílias. Devem agora constituir os valores da nova família. O casal deve negociar um com o outro os novos princípios que irão nortear a relação, de forma que ambas as famílias sejam honradas e respeitadas. Assim o casal viverá um relacionamento profundamente íntimo um com o outro e não inserindo os pais, por exemplo, na relação.

7. O relacionamento do casal tem precedência em relação à paternidade

É extremamente importante que o relacionamento do casal tenha precedência à paternidade, pois ele é o prosseguimento do relacionamento. Quando um casal tem filhos e está com problemas, as questões com os filhos absorvem a maior parte de sua energia, ao invés das questões dos relacionamentos. O amor dos pais pelos filhos se nutre do relacionamento saudável. É a continuação natural! Se o relacionamento do casal torna-se o primeiro lugar em uma casa, fica muito mais fácil o papel de ser pai e mãe neste lar. Assim, os filhos sentem que os pais se amam e, desse modo, sentem-se muito mais felizes.

Desejamos paz, amor e harmonia aos casais!

20

**As Constelações Familiares
Sistêmicas e a Nova Medicina
Germânica: um novo olhar
para a doença.**

Maria Angélica Schlickmann Pereira Hayar |
Elaine Sayuri Itikawa | Adriano Toshio Miura

Maria Angélica Schlickmann Pereira Hayar

Filha de Francisco Pereira e Letícia Schlickmann Pereira, graduou-se em Serviço Social pela Universidade Federal de Santa Catarina (UFSC/SC), é mestra em Gerontologia Social e doutora em Serviço Social pela *Pontifícia Universidade Católica* de *São Paulo* (PUC/SP), com enfoque no processo de envelhecimento e dor crônica, tendo atuado no Grupo de Pesquisa Epidemiologia do Cuidador de Idosos da PUC/SP. É formada em "Constelações Sistêmicas Familiar e Organizacional – níveis básico e avançado", *Expert* em Novas Constelações. Incrementou seus estudos com o curso de "Decodificação da Inteligência Inata: Nova Medicina Germânica" e, atualmente, é terapeuta integrativa sistêmica, consteladora e escritora.

Adriano Toshio Miura

Filho de Paulo Toshinori Miura e Nasoyo Uchiyama Miura, graduou-se em Fisioterapia pela UNIFESP. Aprimorou seus conhecimentos em Gerontologia pelo Instituto Paulista de Geriatria e Gerontologia e em Nova Medicina Germânica em curso ministrado pelo Emmanuel Corbeel, Microfisioterapia, Osteopatia. Atua como Fisioterapeuta em Saúde Integrativa combinando as diferentes técnicas e ainda ministra cursos sobre a Nova Medicina Germânica.

Elaine Sayuri Itikawa

Filha de Kunihide Itikawa e Tosie Camino Itikawa, graduou-se em Nutrição pela FSP-USP. Fez parte do Centro de Estudos em Nutrição e Alimentação Esportiva CEANE-USP. Graduação e especialização em Design de Moda pelo SENAC-SP. Foi docente no Centro Universitário SENAC no curso de Design de Moda (2000-2015). Especialista em Psicologia Transpessoal pelo Centro Latino Americano de Psicologia Transpessoal CLASI-Campinas. Consteladora Familiar pelo curso de formação em Constelações Sistêmicas Familiares – Simone Arrojo – níveis básico e avançado. Cursos: "Decodificação da Inteligência Inata: Nova Medicina Germânica" e Radiestesia Clínica com Sérgio Areias. Atua como Terapeuta Integrativa Sistêmica e Consteladora.

"A função da doença é nos levar para a cura."

Brigitte Champetier de Ribes

Introdução

Um novo olhar para a doença implica compreendê-la não como algo ruim a ser aniquilado, conforme o senso comum compartilha. Propõe observar o que a doença e seus sintomas podem nos contar na amplitude do que seria o processo saúde-doença. Nessa perspectiva integrativa e sistêmica, inclui-se a história completa com todas as vivências pessoais e ancestrais nos conduzindo à percepção do ser humano de forma integrada, individual e interconectada.

As constelações familiares trabalham com o campo quântico da realidade e criam espaço para a compreensão das complexidades do sistema familiar, das suas leis, e da tecitura dos fios invisíveis que vão construindo as diversas tramas, nos encontros e desencontros, ao longo da sua história.

Por sua vez, a Nova Medicina Germânica nos traz um novo conceito para o entendimento do sistema corpo-mente, suas ambiguidades e polaridades e, nos convida a olhar a doença além do sintoma e da enfermidade, mostrando a fascinante estrutura do processo biológico e a atuação das suas leis .

Aprofundar nos estudos destes dois saberes parece ser o mapa que nos leva ao caminho da compreensão da essência e do propósito da doença, como um movimento da nossa alma, movida pelos movimentos do espírito, o de estar a serviço da vida, como afirmava Bert Hellinger.

A nova Medicina Germânica

A Nova Medicina Germânica foi desenvolvida na década de 1970, por Ryke Geerd Hamer, oncologista especialista em cérebro, na Universidade de Munique, na Alemanha. Hamer iniciou seus estudos a partir de um grande trauma pela perda de seu filho e isso, associado à análise dos históricos médicos de seus pacientes com câncer, o levou a perceber que, em todos os casos, houve um episódio estressante anterior ao desenvolvimento da doença.

A partir da hipótese de que todos os eventos corporais são controlados pelo cérebro, ele observou que a cada órgão do corpo correspondia uma determinada região do cérebro que o controlava e que também era impactada quando esse órgão estava afetado. Constatou ainda que os órgãos e as regiões cerebrais tinham uma íntima relação com a sua formação embriológica. Hamer definiu então que uma doença se compõe por uma percepção, um órgão envolvido e uma determinada região do cérebro, nomeando o processo dessas descobertas como as "Cinco Leis Biológicas", que são uma base para a compreensão das percepções emocionais de uma pessoa doente, a partir de um sintoma físico.

1ª Lei: Lei do Ferro

A primeira Lei de Hamer explica como se dá a formação de um conflito, suas fases, e como o sistema responde a esse estresse.

Um conflito se forma a partir de um pré-programante: que é o conflito vivido pelos nossos antepassados; um programante: conflito vivido pelo indivíduo, pela primeira vez, gerando uma sensibilidade, mas ainda sem sintomas; e por fim, um ativador: conflito vivido com a mesma percepção dos anteriores, mas de forma mais intensa contudo, agora, apresentando sintomas.

2ª Lei: Bifásica do Programa Biológico

Explica o comportamento do organismo durante a fase de resolução do conflito e o que ocorre a partir dessa resolução, momento onde acontece a recuperação de todo o sistema corporal.

3ª Lei: Sistema Ontogenético das Doenças

Essa Lei apresenta as características e percepções dos diferentes tecidos a partir de sua origem embrionária. Hamer dividiu os tecidos nos seguintes folhetos embrionários: Endoderma, Mesoderma Antigo, Mesoderma Novo e Ectoderma.

4ª Lei: Sistema Ontogenético dos Micróbios

A 4ª Lei vem explicar a atuação dos microrganismos em cada um dos tecidos durante a fase de recuperação.

5ª Lei: A Quintessência

A última lei mostra o mecanismo envolvido no programa biológico de sobrevivência. Esse sistema, em estresse, vai utilizar a primeira forma de sobrevivência conhecida pelo primeiro ser vivo – a bactéria – que é a proliferação celular, nomeado pela medicina tradicional de tumor (Câncer).

Esta 5ª Lei completa os pilares que embasam toda a Nova Medicina Germânica e, a partir dela, pode-se encontrar as percepções emocionais dos sintomas apresentados pelo corpo físico.

As constelações familiares e a nova Medicina Germânica

Para Bert Hellinger (2017), a doença é um movimento da nossa alma, movida pelo movimento do espírito, que nos liga à nossa família e aos seus destinos e, pertencer à nossa família, é uma necessidade maior que a de sobreviver.

Quando acontece uma exclusão o sistema vai encontrar

maneiras de viabilizar a reinclusão de modo que um membro da família, de forma inconsciente e involuntária, representará essa exclusão apresentando alguma doença, deficiência ou comportamento. Isso, para que seja visto por toda a família e incluído, aliviando assim as consequências dessa exclusão. Todos, sem exceção, têm o direito de pertencer ao sistema familiar mesmo que o ato de um indivíduo seja considerado imoral, reprovável, errado ou passível de punições legais, ainda assim permanecerá com esse direito. (HELLINGER, 2017).

Segundo Brigitte Champetier, na origem de todas as enfermidades está um conflito bloqueado e uma dinâmica com duas polaridades: o excluidor/perpetrador e o excluído/vítima, sendo o excluidor/perpetrador aquele que exclui algo ou alguém de sua vida ou causa algum dano a um membro do sistema. O emaranhamento com um excluidor/perpetrador do sistema afasta esse indivíduo da vida e o impede de tomar sua mãe. A mãe é a vida e o primeiro excluído na doença física é a mãe, a vida como é.

A consciência familiar, na busca pelo equilíbrio, manifesta mecanismos "cegos" de compensação e, quando há rejeições ou exclusões, sobretudo quando disso decorrem grandes perdas ou mortes, a consciência familiar vai manifestar algum fenômeno colocando-os à vista de todos para que esses eventos sejam recordados e a doença funciona como um mecanismo de reparação.

A doença vem como um desafio proposto pelas forças de cura do sistema familiar para que tudo se equilibre. Essas forças de cura trarão a prova necessária para liberar o emaranhamento e voltar à vida. No entanto, o amor cego ao excluidor/perpetrador provoca um bloqueio que leva à recusa de enfrentar essa prova. A recusa se transforma num conflito bloqueado que está na origem de todas as enfermidades e desencadeia um estado de estresse, ou estado de simpaticotonia, próprio, segundo Hamer, de uma doença na fase ativa. Nesse momento, o indivíduo vive a dinâmica sistêmica – "eu como você" – com o ancestral que excluiu alguém ou causou algum dano grave e fica preso ao seu campo de crenças.

Assim, a doença é uma metáfora desse conflito em que, na fase ativa, o estresse no corpo representa a fidelidade do enfermo ao excluidor/perpetrador. Contudo, ao resolver o conflito, com a consciência, necessariamente mais expandida do que antes da enfermidade, entra-se na fase de resolução da doença. A partir daí o estresse desaparece e o corpo com sintomas de cansaço, inicia sua recuperação. Esse momento representa a inclusão daquele ancestral excluído/vítima, que ainda não havia sido visto. O cansaço que conduz ao necessário recolhimento poderá possibilitar a percepção daquilo que é necessário transformar em si para que a doença possa ser superada. (RIBES, 2011)

Quando a pessoa aceita, dizendo sim a tudo como foi, sim à vida, à enfermidade, essa informação é assumida pelo campo morfogenético do seu sistema familiar. Esses campos a que pertencemos se compõem de tudo o que foi vivido por nós e por todos que vieram antes, inclusive suas crenças. Essas novas inclusões ficam integradas nesse grande reservatório quântico de memórias e disponíveis como um recurso de cura para os demais membros do sistema familiar.

Brigite nos mostra que o conflito e a doença estão ligados e a serviço da vida, dirigidos pelo movimento do espírito. Quando aceitamos o conflito, a crise, a doença e a nossa vida exatamente como ela se apresenta, entramos em ressonância com a força desse movimento, assim podemos crescer, nos curar e nos transformar em uma poderosa força de cura para todos em nosso entorno. (2011, Pág. 42)

Nossa experiência

Realizamos workshops de constelação familiar com pessoas que apresentavam doenças como: Doença de Crohn, Tireoidite de Hashimoto, Síndrome de Von Hippel-Lindau (VHL) e Artrose. Para isso, foram utilizadas âncoras sistêmicas de solo, que se constituíam em quadrados de feltros de lã coloridos, representando cada um dos tecidos embrionários ligados aos órgãos do corpo em que se manifestava a doença (Endoderma, Mesoderma Antigo, Mesoderma Novo e Ectoderma). Essas âncoras ficavam dispostas no solo, disponíveis para os movimentos da constelação. Os participantes não tinham conhecimento sobre o que elas representavam. Iniciava-se a observação dos fenômenos no campo, que decorria de forma livre e espontânea, a partir da escolha de um representante para o constelado e um representante para a enfermidade.

Em todos os casos constelados, foi possível perceber um padrão onde o representante da doença, em algum momento da constelação, se posicionava sobre a âncora que representava o tecido embrionário correspondente aos órgãos atingidos pela doença. Além disso, representantes de ancestrais que tiveram doenças com o mesmo tipo de percepção, também se posicionavam sobre o tecido correspondente à doença, indicando uma conexão ancestral com a atual enfermidade. A partir disso, e com referência às bases dos conceitos desses dois saberes, pudemos inferir que as percepções podem ter sido estruturadas no âmbito do campo mórfico familiar, a partir de um conflito não resolvido nas gerações passadas, que se manifestam no presente como sintoma de uma doença.

Ao longo das Constelações se evidenciavam conflitos de exclusão, de não aceitação e de dinâmicas na qual a rejeição ao pai ou mãe se repetia em várias gerações. Eram dinâmicas em que se apresentava claramente a relação excluidor/perpetrador – excluído/vítima e, ao dar lugar a essas vivências, com falas sistêmicas de resolução, o representante do constelado ou do ancestral se posicionava em outro tecido e diziam que se sentiam leves ou desconectados do outro tecido, indicando uma possível ressignificação.

Caso: atendimento individual

N. M., uma mulher com 56 anos, apresenta-se com uma queixa de perda da sensibilidade da coxa esquerda há cerca de cinco anos.

A partir desta informação foi realizada a seguinte pergunta:

"Houve, há cinco ou seis anos atrás, algum episódio marcante, ainda não superado, envolvendo um sentimento de perda ou separação?"

Ela relatou que por volta dos dezoito anos, fez um aborto sob a orientação de sua mãe e sentia muita culpa por isso, culpando também a mãe por essa escolha.

A Nova Medicina Germânica nos mostra que perda de sensibilidade da pele está relacionada a um conflito de "perda ou separação", no qual a pessoa vive a perda de um ente querido ou objeto de valor pessoal numa percepção onde "não pode mais tocar o que se foi perdido". Ou ainda, deseja de forma ineficaz se separar de algo, alguém ou situação, gerando um incômodo, "esta pessoa me dá urticária" em fase ativa, ou seja, a pessoa está vivendo o conflito no momento presente.

Ao indagar se fazia sentido para ela essas percepções, ela assentiu de forma emocionada e, com base na origem emocional do sintoma, foi realizada uma constelação familiar com bonecos.

Na constelação ela pôde reconhecer e dar um lugar à criança abortada e à criança que a mãe havia abortado também na juventude, seu irmão, evidenciando a dinâmica "eu como você", em relação à mãe. Foi possível a reconciliação com a mãe, assumindo sua parte na responsabilidade.

Após alguns dias N. M. relatou melhora da sensibilidade na perna e leveza do corpo, mesmo que apresentasse sintomas de resolução de conflito como febre, corrimento vaginal escuro com cólicas e leve indisposição.

Após três meses da constelação relatou o retorno normal da sensibilidade da perna e sua relação com sua mãe estava mais tranquila mesmo que a mãe não tenha modificado seu comportamento distante.

Considerações finais

As nossas percepções diante do estudo e observação desses

dois saberes em questão nos trouxeram grande aprendizado e um refinamento na compreensão ampliada do processo saúde-doença. Permitiu-nos, ainda, um olhar para as doenças como um movimento do espírito no sentido da reconciliação e da união das polaridades, da inclusão e do pertencimento.

Foi possível perceber o quanto as implicações do sistema familiar e suas leis, como as crenças e as percepções, atuam no processo biológico traduzindo um microsistema do sistema familiar, dos seus conflitos e da história da evolução da vida como um todo.

O movimento do espírito nos conduz de volta à saúde, e Hamer nos mostrou que a enfermidade é um movimento do espírito pelo princípio de que "tudo o que compensa e equilibra é o movimento do espírito".

Referências

FLÉCHE, C. El origen emocional de las enfermedades: Cómo identificar la causa psicológica de los trastornos de la salud. Traduccion Rosa Borrás Montané. Barcelona. Espanha. Editora: Ediciones Obelisco, 2015

HAMER, R.G. Tabela Científica da Nova Medicina Germânica. Correlações entre as três camadas germinativas embriológicas e Programas Significantes Embriológicos Especiais da Natureza nos três níveis: Mente-Cérebro-Órgão- Baseadas nas cinco Leis Biológicas Naturais da Nova medicina Germânica. Apostila do curso "Formação Internacional em Leitura Biológica", ministrado por Emmanuel Corbeel, Instituto Salgado de Saúde Integral. Londrina/PR. 2016.

HELLINGER, Bert. A cura: tornar-se saudável, permanecer saudável. Tradução: Daniel Mesquita de Campos Rosa. Belo Horizonte: Ed. Atma, 2017.

RIBES, C. Brigitte. Constelar la Enfermedad desde las compreensiones de Hellinger y Hammer. 3ª edição. Madrid/ES: Ed. Cofás, 2014.

21

As possibilidades de ressignificar a história familiar e mudar o destino das famílias depois de consequências ligadas ao estupro e ao incesto

Oliria Mattos

Oliria Mattos

Filha de Judith Mendes Mattos e Guiomar Pereira Mattos.

Graduanda em Licenciatura em Filosofia pela Universidade Federal da Fronteira Sul, UFFS (Erechim) RS e Uniasselvi. Formação e Aperfeiçoamento como Consteladora Sistêmica, Familiar e Organizacional pela Sistêmic School com a psicoterapeuta Daniele Tedesco.

Atuante há três anos como Consteladora Sistêmica, Familiar e Organizacional através dos Encontros, Workshops, Vivências e Palestras presenciais e a distância. Atendimentos individuais em consultório, presenciais e on-line.

Criação de Cursos de Formação e Tratamentos em Grupos à distância.

Estudante e Pesquisadora na área da espiritualidade a 9 anos, e a três anos das Terapias Sistêmicas, Física Quântica, Neurociência Mindfulnees, Projeção da Consciência, e Conscienciologia). Terapeuta Reikiana Níveis 1, 2 e 3, Usui, Karuna e Tibetano. Terapeuta Florais de Bach.

Contatos:

E-mail: oliriamattos@gmail.com

Rede Social: www.instagram@oliriamattos

Inicio aqui a minha experiência profissional, com a prática, e estilo de vida ligada à constelação sistêmica familiar, nos atendimentos individuais e em grupos, presenciais e a distância. Especialmente os atendimentos ligados ao incesto, abuso sexual e ao estupro. Ocorrendo com muito mais frequência do que se é pensado. Menos de 15% dos casos vêm à tona, segundo alguns registros nacionais. É algo incomunicado que precisa ser urgentemente visto por todos nós, e ser olhado com empatia.

Contato Inicial com a Constelação

A primeira vez que tive contato com as constelações sistêmicas, eu estava muito ansiosa, e em busca de tratamentos e ferramentas para autoconhecimento e desenvolvimento pessoal. Conforme fui estudando descobri que muitos dos meus sintomas existiam porque eu sofri abuso sexual entre os meus três e cinco anos de idade, pelo homem mais íntimo do meu círculo familiar. E que o fato de existir o abuso no meu sistema familiar fez com que eu sentisse que os homens tinham prazer com o meu sofrimento e que eu criava um mecanismo interno, para repetir esse sofrimento. Para mim não existiam histórias felizes no amor, hoje sei que há.

Talvez, você que está lendo este capítulo possa sentir alguma familiaridade ao saber da minha história, sabendo que realmente ser consteladora é mais que uma missão na minha vida, agora também é um propósito. Agora que você descobriu que como Consteladora também vivenciei algumas questões relacionadas ao abuso, podemos começar a nossa conversa. Quais foram os abusos que você vivenciou até aqui? Você acredita que é possível isso ter um fim na sua vida? Como você se sente? Existe culpa? Quais os seus maiores medos?

> *"As constelações não são a solução, mas um método para mostrar e encontrar o caminho. (REGOJO)"*

O que eu entendi foi o porquê de eu não estar encontrando uma boa solução e o alívio, então, descobri que o que eu pensava ser o problema, na verdade, era apenas um sintoma de algo muito maior e que eu precisava ver a origem do problema pela última vez, tirar o foco dele e a partir daí focar apenas na solução, seguir em frente.

Fenômenos e apoio entre familiares

Conversando com alguns familiares descobri que os pesadelos se repetiam também com algumas pessoas no meu sistema familiar materno. É importante ressaltar aqui a importância de uma comunicação equilibrada entre a família. Algo extremamente extraordinário aconteceu, porque em menos de um ano após eu ter feito o movimento sistêmico para resolução deste conflito, ele foi solucionado da seguinte forma: certa noite acordei de uma projeção enquanto dormia, senti a presença de pessoas excluídas pela minha família no local onde eu estava dormindo e fiz um movimento de inclusão sincero. Percebi que minha filha de quatro anos sentia algo enquanto isso ocorria e minha mãe me contou logo de manhã que sonhou com algo bem parecido com o que eu vi.

Recursos Utilizados

Vamos aos movimentos de inclusão que utilizei, mas fique em pé para executá-los: sinta os excluídos do seu sistema familiar chegando atrás de você, foque nos sentimentos, emoções, sensações físicas e psíquicas, vire-se de frente para eles e fale as seguintes frases: "(diga o nome do excluído), eu vejo você! Você é meu ancestral excluído. A partir de agora eu te incluo na família, você faz parte, sigo te aceitando e te respeitando, do jeito que você é. E independente do que você tenha feito, eu amo você porque você faz parte de mim, faz parte do que eu sou. A partir de hoje você tem um lugar em meu coração. E, para que nossos caminhos se liberem, não há mais nenhuma pendência entre nós agora. Eu abençoo o seu caminho e peço que abençoe o meu também. Em homenagem a você, prometo fazer algo de bom com a minha vida enquanto eu viver. Gratidão!" Então, se despeça e vire-se para o lado oposto, imaginando seus pais atrás de você agora te impulsionando para a vida, para um caminho a seguir que você vê na sua frente muito claro, cheio de amor, luz e tranquilidade.

Como finalizou o meu conflito

Meses após o evento acima tive um sonho projetivo, que eu estava com o abusador caminhando sobre as pedras num local muito lindo e coberto de verde, árvores altas, local ensolarado, brincando e sorrindo com ele como crianças, ou "inocentes" naturalmente. Eu estava tranquila com a presença dele nessa imagem. Logo apareceu uma nova imagem em preto e branco a direita, uma porta rangiu e se abriu sozinha, e atrás um cenário aterrorizante para minhas memórias infantis, gavetas se abriam e fechavam e objetos se moviam sozinhos, era um daqueles terríveis pesadelos de sempre que estava surgindo. Então, eu tive lucidez naquele momento e fiz um autoquestionamento: você tem a escolha de continuar nesse pesadelo se quiser ou decidir por acordar. E eu decidi acordar. Vi entre as imagens que se dissipavam uma mulher alucinada gritando histericamente. Senti nesse momento como se eu estivesse dentro de um ciclone de luz muito rápido, que fazia um barulho agradável, abri meus olhos muito grata e estava acordada em casa. Até hoje me emociono, porque os pesadelos acabaram naquele dia.

Consequências do abuso

O abuso ocorre porque existe um desequilíbrio sistêmico nas leis da hierarquia e do equilíbrio, que se configura da seguinte forma: o adulto dá e a criança recebe. Segundo Hellinger, na Palestra em Kioto:

> *O vínculo criado, entre o abusador e o abusado, precisa ser reconhecido e a separação deve ser com respeito e amor, mesmo em casos de estupro, e a vítima reverencia e se coloca ao lado dos perpetradores e sente que ali é o seu lugar. (HELLINGER)*

Meu ponto de vista aqui, pelo fato de a vítima se juntar aos perpetradores, percebe-se que a vítima se torna um perpetrador, mantém uma relação abusiva em algum aspecto, até que isso seja consciente.

No caso de incesto, podem existir dois agressores, a mãe omissa e o pai, ou, o cuidador às claras. Neste caso, geralmente, a esposa afasta-se e recusa-se a relacionar-se sexualmente com o marido, a filha toma o seu lugar por compensação e infringe a lei da hierarquia fazendo o papel da mãe para "ajudar", ou, vê a mãe como fraca e impotente. E o caso fica sem resolução se o agressor oculto não for olhado sem acusações, para que o incesto não continue mais.

Caso

Caso de Abuso de Paciente

O caso que relato a seguir trata-se de uma pessoa que tinha sensações de estar fazendo algo errado, quando entrava em contato com o corpo de sua criança. A paciente relata que, às vezes, sentia muito desconforto quando ia cuidar da criança, principalmente dar banho ou trocar. E ao sentir vontade de constelar, foi montada a dinâmica inicial para expor o sintoma, ela se viu nesses momentos de banho do filho, sentindo como se estivesse sendo observada pelo seu avô materno. O avô que sempre foi visto como um criminoso na família.

Os temas abuso e incesto são de extremo tabu, pelo tema trazer consigo muito sentimento de culpa e vergonha. Essa moça era uma paciente identificada. E a explicação a seguir mostra como isso ocorre:

> *A conjugação dos variados saberes que constitui a constelação sistêmica, permitiu a constatação de que nas relações e sistemas, familiares ou profissionais, normalmente quem sofre psiquicamente é o que acusa o sofrimento inteiro por meio de seu próprio sofrimento, a quem se denomina paciente identificado.* (TEDESCO, 2016)

Esta nova compreensão trouxe à luz todos os "emaranhamentos" gerados no inconsciente coletivo familiar, geralmente causados pela discrepância ou incoerência gritante entre o que as imagens inconscientes (ou sensações e sofrimento psíquico) do paciente identificado, confirmam sobre o funcionamento da família e que lhe são impossíveis comunicar (seja por repressão ou mesmo manutenção do segredo) versus o que a família fala (ou não fala), mas que carrega em seu campo invisível de informações e consequentes dificuldades de linguagem (cibernética da comunicação), comumente causadas por segredos pesados ou emaranhamentos diversos, como acordos inconscientes entre determinados membros da família para proteger alguém de algo ou de algum sofrimento inevitável perante fatos difíceis que ocorrem ou ocorreram na própria família (abuso sexual, alcoolismo, violência doméstica, adoção, traição, assassinatos, mortes precoces etc.).

E, conforme a paciente ia contando seu caso, realmente ela se encaixava nesse emaranhamento, porque todos esses "fatos difíceis" existiam no seu sistema familiar. O problema é que, na tentativa de "abafar" o sofrimento, muitas vezes estes tornam-se ainda maiores ou transformam-se em verdadeiras bolas de neve, com reações em cadeia que podem atingir pessoas que sequer tinham a ver com o problema original. (TEDESCO, 2016a)

A cliente, a qual chamamos de "paciente identificado", começou a sentir, se expôs internamente a reviver a sensação desagradável, vendo que isso referia-se a uma memória e sensação de outra pessoa do seu grupo familiar que era excluída, no qual ela estava seguindo, ela estava identificada com o avô. E ela não causava perigo nenhum para a criança.

Coloquei a cliente de frente para o avô e pedi para que ela focasse por um momento a imagem interna dela com a filha, nos momentos em que ela se sentia desconfortável, quando estava perto da criança. Ela viu, teve a sensação de que nesse momento seu avô olhava para ela de forma fixa como se estivesse hipnotizado pela cena, então, relatou-me sentir-se desonrada nesse momento. Ela também estava carregando o sofrimento da mãe que sofreu incesto e essa sensação de desonra que agora sentia era da sua mãe.

Então, contou-me que lembrava-se vagamente de ter sido abusada por um homem mais velho, amigo íntimo da família, numa idade entre três e quatro anos, justamente a idade que a criança dela tinha quando ela buscou a constelação. E reparou que ambos tinham o mesmo olhar.

Agora ela encoraja-se mais a contar o que a mãe revelou-lhe que quando tinha catorze anos de idade foi estuprada pelo pai, alguns dias depois da morte prematura da mãe. Após o estupro saiu de casa grávida dele, teve o bebê e deixou-o com um familiar.

Portanto, colocamos o representante do avô materno e começamos com as frases de cura:

> "Vovô, eu vejo você, você é meu avô materno e eu sou a sua neta. Eu incluo você a partir de agora na nossa família. Sou grata a você e a vovó por terem dado a vida à minha

mãe, porque senão eu não existiria. Obrigada pela vida que passou através de você e chegou até mim. Você tem um lugar no meu coração agora. Eu sinto muito por não ter tido a oportunidade de conhecer você e ter convivido contigo, independente do que aconteceu entre você e mamãe e o que você fez no passado. Não cabe a mim querer me meter e julgar, certamente existe uma justa razão (tem a ver com o problema original) por tudo que tenha ocorrido. Eu aceito o passado como ele é, mas preciso também entregar tudo aquilo que por amor carreguei que é seu, por amor eu segui você na sua dor, agora sei que você é forte e grande porque veio antes de mim e é capaz de carregar sozinho e isso é muito pesado pra mim porque eu sou pequena.

Vovô, eu libero você, estamos liberados.

Gratidão."

Depois foi entregue para a mãe o que era dela também, que a paciente carregava.

Dentro de sistemas familiares, é comum que um de seus indivíduos repita acontecimentos difíceis da vida de outro familiar que veio antes, esta é uma das premissas do conhecimento da Constelação Sistêmica. Para Hellinger, esta repetição é uma forma de identificação entre gerações que tem uma grande utilidade ao sistema: garantir o pertencimento de todos.

Ao repetir, um membro mais jovem do sistema traz de volta a experiência daquilo que em algum momento foi difícil para a família. Algo que talvez tenha motivado a exclusão daquele membro anterior. Ao deparar-se com a mesma situação, a família se vê "movida" a lidar com a mesma dinâmica. É como se fosse uma segunda chance de o sistema lidar com o que ocorreu, porém, desta vez gerando um novo movimento, uma nova memória que irá restaurar aquele que teve seu pertencimento negado.

É uma segunda chance de lidar com a mesma situação, porém sem excluir, pois, na vida e na natureza, tudo faz parte, tudo tem lugar, ninguém pode ser excluído, todos fazem parte do todo. Repetição é um movimento do inconsciente coletivo de uma família, ou grupo, tribo, ligado aos instintos mais primitivos de grupo. A consciência individual é fortemente influenciada pela consciência coletiva, ou seja, pela consciência grupal. O conceito de consciência coletiva foi criado pelo sociólogo francês Émile Durkheim e é definido como o conjunto de características e conhecimentos comuns de uma sociedade, que faz com que os indivíduos pensem e ajam de forma minimamente semelhante.

> O conjunto das crenças e dos sentimentos comuns à média dos membros de uma mesma sociedade forma um sistema determinado que tem vida própria; podemos chamá-lo de consciência coletiva ou comum. Sem dúvida, ela não tem por substrato um órgão único; ela é, por definição, difusa em toda a extensão da sociedade, mas tem, ainda assim, características específicas que fazem dela uma realidade distinta. De fato ela é independente das condições particulares em que os indivíduos se encontram: eles passam, ela permanece. (...) Ela é, pois, bem diferente das consciências particulares, conquanto só seja realizada nos indivíduos. Ela é o tipo psíquico da sociedade, tipo que tem suas propriedades, suas condições de existência, seu modo de desenvolvimento, do mesmo modo que os tipos individuais, muito embora de outra maneira. (DURKHEIM, 2010, p. 50)

Hellinger afirmava que o abuso precisa parar, e que para poder parar, precisa-se não mais julgar ou acusar. Isso é extremamente polêmico porque nem mesmo levar o agressor à justiça deve ser feito para que o abuso pare e para que a vítima não expie o que for feito ao agressor.

Como evitar que o ato se perpetue

Meu querido leitor, neste momento você pode estar passando por algo parecido e pensando se isto pode estar acontecendo dentro da sua casa, e como resolver isso?

Já se você tem medo que possa estar acontecendo algo com crianças da família, saiba que o melhor meio para se proteger dessas dinâmicas ocultas é estar sempre harmonizado consigo mesmo, com o cônjuge, com o sistema familiar, e ver se você está realmente olhando para a seu filho e para as reais necessidades dele, dialogando.

Conclusão

Existem infinitas possibilidades de dar um novo significado para a história da nossa família, e mudar de direção o que chamamos de destino, mesmo numa situação desafiadora como no caso das consequências ligadas ao estupro, incesto e abuso sexual.

Referências

DURKHEIM, E. Da divisão do trabalho social. São Paulo: Martins Fontes, 2010.

HELLINGER, Bert. As Ordens do Amor. São Paulo: Cultrix, 2007.

HELLINGER, Bert. Palestra de Kioto.

JUNG, Carl. Os arquétipos e o inconsciente coletivo.

REGOJO, C. F. Constelações organizacionais: problemas aparentemente muito complexos podem ter soluções muito simples. Material complementar de workshop realizado em 14 de janeiro de 2017, Curitiba, PR.

TEDESCO, D. O que Freud tem a ver com as constelações sistêmicas? Disponível em: <http://www.danieletedesco.com.br/single-post/2016/05/07/Sem-título>. Acesso em: 21 set. 2016.

22

O uso das constelações familiares nos processos de elaboração do luto por animais

Washington Luiz A. Santos

Washington Luiz A. Santos

Filho de Anelino Batista dos Santos e Eva Vitória Afonso dos Santos, nascido na cidade de Contagem, Estado de Minas Gerais.

Atuo há mais de 30 anos com desenvolvimento pessoal, aconselhamento e espiritualidade. Sou psicólogo, especialista em Terapia Familiar Sistêmica, hipnólogo e Constelador Familiar. Doutorando em Psicologia com dupla titulação pela UCES (Buenos Aires) e USP (São Paulo). Coordenador do Instituto Harmonizando Vínculos. Adepto às medicinas e práticas xamânicas.

Embora a morte seja uma certeza perene poucos estão preparados para ela, isso é fato. Desde que a vida é instalada, paradoxalmente, inicia-se também o processo de morte. Ariès (1982, p.13) afirma que *"morremos todos"* e acrescento: tudo que vive morre, tudo que pulsa tem um fim. Trata-se de uma lista infinita: o carro, o pai, a casa, o amigo, o dia, a hora, a dor, o medo, a beleza, o outono, as férias, este livro que você está lendo, eu e você. Tudo morre. Nos anos que venho trabalhando com constelações familiares, percebo que de pano de fundo, quase sempre, todos os dramas humanos estão diante do binômio vida e morte. Por isso, é comum aparecer alguém morto ou algo perdido em uma constelação.

Etimologicamente a palavra luto vem do latim *luctus* e está relacionada a luta, combate, mágoa, pesar, lástima, dó, nojo, aflição e dor. Fica evidente que se trata de um processo profundo, uma batalha de sentimentos. É a dor da alma, ou melhor, dor de amor. Pode-se perguntar: que amor é esse? Na minha opinião é amor apego. Isso significa estarmos tão adormecidos que, sinceramente, acreditamos que algo definitivamente é nosso. Meu lápis, minha esposa, meu filho, minha mãe, minha escola, meu time de futebol, meu partido político, meu planeta, minha cama, minha samambaia, meu gato, infinitamente, meu, meus, minha, minhas. Então qual a função desse apego? Creio que é iludir-nos. Dar-nos a ilusão de que algo possa ser para sempre. É um desvio do olhar, é um "por favor me diga que essa verdade é mentira".

Klüber-Ross (1996) realizou uma investigação vivencial,

acompanhando pacientes terminais em um hospital. Para a autora o nosso inconsciente é incapaz de conceber a nossa morte e se é mesmo verdade que a vida acaba, isso só pode ser obra maligna. *"Portanto, a morte em si está ligada a uma ação má, a um acontecimento medonho, a algo que em si clama por recompensa ou castigo"* (p.14). Provavelmente, ela inspirou-se no que Freud (1976) escreveu ao vivenciar a guerra. O pai da psicanálise expôs que no inconsciente não há espaço para a morte e, por isso, deve ser negada, ou seja, em defesa do ego, desmente-se a morte enquanto fim da existência. Esse fenômeno, em psicanálise, é chamado de desmentido (*Verleugnung*), recusa à realidade ou renegação. Sabe-se que é verdade, mas desmente-se para evitar a dor, é ao mesmo tempo um saber e um desconhecimento.

Como dito anteriormente, sabe-se que a morte é real e inevitável, isso provoca angústia e para suportá-la nega-se, desmente-se. Assim, diante da morte a humanidade se esbarra com a certeza do fim e a esperança da imortalidade. Paradoxalmente, coexiste a pretensão da vida eterna e o desígnio da morte: *"[...] Assim a mesma consciência nega e reconhece a morte, nega-a como aniquilamento, reconhece-a como acontecimento"* (Morin, 1997, p. 26).

Como não sabemos lidar com a morte e o morrer, muitas vezes, deixamos de lado o importante processo de elaboração do luto, acarretando consequências físicas e emocionais. Em relação aos animais de estimação tenho observado a importância de se permitir a elaboração do luto. Ainda hoje há contextos em que, de forma velada ou explícita, o luto é proibido. O médico não pode chorar a perda de um paciente que acompanhou durante muito tempo, o psicólogo não deve se emocionar diante da morte, um socorrista deve ser frio, o cuidador deve permanecer distante. Quando se trata de animais de estimação, a incompreensão é acentuada. Já ouvi dizerem: "Era só um bicho, compra outro".

Porém os *pets* estão em todo lado, nos lares, escolas, oficinas, comércios etc. E a ligação entre eles e os humanos pode ser equivalente ao laço sanguíneo. As atuais pesquisas apontam os benefícios tanto para o homem como para o animal e as pessoas envolvidas. Então não é só um bicho, há um vínculo, uma história e, quando da morte, dor e luto são inevitáveis. Surge um arsenal de sentimentos confusos que necessitam ser organizados.

Sobre esse tema, Hellinger, Weber & Beaumont (2002) classificam 4 tipos de sentimentos: sistêmicos, metassentimentos, secundários e primários. Os sentimentos sistêmicos são aqueles herdados de algum familiar. Quando, por exemplo, alguém chega ao consultório e me diz "tenho uma tristeza que não é minha", presumo que há um emaranhamento sistêmico e que a pessoa carrega a tristeza de um familiar atual ou de outras gerações.

Já os metassentimentos são os mais nobres, não estão carregados de emoções. *"São energia pura, concentrada. Coragem, humildade (a aceitação do mundo tal qual é), serenidade, remorso, sabedoria e satisfação profunda [...]"* (p.144).

Os chamados sentimentos secundários possuem como características a impossibilidade de se realizar uma ação concreta (como elaboração do luto), dramaticidade e perda de energia estão presentes. Em vez de agir a pessoa se justifica ou acusa o outro. Trata-se de um desvio, uma frágil camada de verniz que, pretensiosamente, deseja mascarar a realidade.

Quando, ao contrário, se permite vivenciar visceralmente a dor, viabiliza-se a expressão dos **sentimentos primários,** que realmente levam à cura e à transformação, pois são promotores da ação. A pessoa consegue realizar atos concretos, liberar a dor e deixar que o morto vá. Como consequência, sente intensa conexão, amor e paz.

A seguir será apresentado um caso de luto não elaborado pela morte de três cães. Além da descrição do percurso da constelação, também será abordado o aspecto teórico pertinente.

A dor da perda: constelando animais mortos

Em um "Encontro Vivencial Terapêutico de Constelações Familiares", promovido pelo Harmonizando Vínculos, uma cliente chamada Andressa[1] relatou a impossibilidade de exercer a profissão de veterinária e a perda de energia (quadro depressivo). Na maioria das vezes, quando se trata de perda de energia a ação mais eficaz é fazer com que o cliente se conecte com seus pais, que são a fonte de vida. Então iniciei a constelação colocando representantes para a cliente, seu pai e sua mãe. A representante da Andressa olhou em três pontos específicos no chão (em uma constelação quando um representante olha fixamente para o piso, significa que está olhando para um morto ou algo perdido). No entanto, fiquei em dúvida porque a representante mudou o olhar para frente, havia uma tristeza estampada na face. Os representantes da cliente e dos seus pais estavam longe um do outro, o desenho que se formou foi um triângulo.

O terapeuta familiar de base psicanalítica, Murray Bowen, acredita na força emocional dos triângulos, base do sistema emocional familiar. Quando entre duas pessoas a tensão emocional se eleva acima de determinado nível, uma terceira pessoa é convocada para triangular (geralmente um filho) e assumirá a posição de para-raios (Bowen, 1991).

Diante disso, minha intenção era promover a "destriangulação". Andressa confirmou o que a imagem da constelação trazia: uma mãe alienada e sofrida; um pai que não estava disponível; e a cliente que permanecia como um para-raios do conflito do casal.

Nesse momento intuitivamente perguntei:

— Por que você escolheu ser veterinária?

— Por causa dos meus três cachorros, eles nasceram no mesmo ano que eu, passaram a vida toda comigo, conforme

---
[1] Nome fictício.

foram envelhecendo tiveram muitas doenças e foram morrendo, definhando um a um. Foi muito sofrimento, então decidi seguir essa profissão para poder cuidar dos animais. — Respondeu muito mobilizada.

— Eles não foram tratados? — Prossegui.

— Na verdade meu pai só comprava comida, éramos muito pobres e não havia dinheiro para pagar veterinário — explicou com visível sofrimento.

Inseri a própria cliente na constelação de frente para o pai, era ela quem deveria fazer e experienciar os movimentos: ir para ele, tomá-lo e, posteriormente, elaborar os lutos. Antes disso, pedi que o representante do pai falasse: "Não fui eu quem matou seus cachorros, foi a pobreza".

Muitas vezes, um luto está sobreposto a um outro não resolvido. No caso apresentado, além dos problemas familiares, do casal e da triangulação, a imagem do pai (*imago* paterna) foi distorcida com o agravamento da situação: o definhamento e morte dos cães por falta de tratamento adequado.

Quando se trata de imagem, sempre se trata de percepção (interpretação do evento). Quanto mais arcaico e turbulento o ocorrido, maior chance de haver uma distorção cognitiva. Assim, o que o será lembrado é um recorte do momento (sujeito a inúmeras variáveis). Outro fator relevante é que o cérebro infantil não possui condições para realizar julgamentos sensatos, a psique imatura buscará uma resposta, muito simplista, por atalhos: "a culpa é do pai"; "minha mãe me odeia"; "eu não presto"; "ninguém gosta de mim"; assim por diante.

A imagem distorcida do pai precisava ser restaurada, ou melhor, precisava ser posto em marcha um movimento para o pai. Ressignificar um trauma, quase sempre, requer tempo. Poderíamos perguntar: "Quanto tempo?" Respondo: "Só o necessário para dar crescimento". Hellinger (2007) diferencia a ânsia de consertar e o deixar crescer. Ao querer consertar, o terapeuta impede o crescimento, atrai para si a energia e força, retirando-as do cliente e de seu sistema. Em contrapartida, ao deixar crescer, o terapeuta respeita, impulsiona e facilita o desenvolvimento.

Voltando à constelação. A filha foi para o pai com movimentos bem lentos e por fim abraçou-o. A tensão do ambiente foi mudada para uma comoção libertadora, o processo de reconciliação entre o pai e a filha iniciou-se.

Ficou claro que a cliente tinha outras questões a serem trabalhadas, um exemplo é a quebra da triangulação perversa. Porém, é preciso dar espaço para o crescimento. Muitas vezes, o próprio processo interno da cliente encontra outras soluções. Temos que ter em mente que os efeitos de uma constelação podem permanecer ativos por dois anos.

Na constelação faltava trabalhar as perdas e facilitar o processo de elaboração do luto, então usei ferramentas auxiliadoras. Os ritos são fortes instrumentos terapêuticos, usar uma música, contar uma lenda ou história, dar nome ao filho abortado, devolver um ícone[2] como símbolo de algo que não nos pertence, entre outros, são rituais que mobilizam forças para cura. Diante do luto, geralmente, realizo um rito de despedida. Nele o cliente deve fazer conexão com o morto, lamentar a perda sofrida, dar um lugar de pertencimento ao que se foi, fechar os olhos do representante daquele que morreu e depois cobri-lo totalmente (significando enterrá-lo).

Assim foi, a cliente fez o mesmo rito para cada cachorro, um por um. Com os dois primeiros foi mais fácil, mas com o último foi bem difícil, ela tremia muito, chorava copiosamente e teve dificuldade de fechar os olhos do representante do último cão. Dei o tempo necessário, por fim, todos estavam cobertos, ela mais serena e calma e a constelação foi encerrada.

Dias depois, quando pedi a autorização para escrever sobre

---

[2] Aprendi usar âncoras (ícones) e ritos em minha especialização em Constelação Sistêmica. Gratidão a Marusa Helena da Graça e Vera Boing.

sua constelação, Andressa comentou que esse último cão era o mais próximo, mesmo depois de morto sentia sua presença e que o enxergava regularmente. Felizmente, depois da constelação, o cão não foi mais visto.

Réquiem para um gato: minha experiência e luto

A motivação para escrever sobre luto de animais e as Constelações Familiares está diretamente ligada a uma perda que tive, "meu" querido gato chamado Freud. Encontrei-o abandonado quando ainda era filhote, sua malhagem lembrava um tigre e na primeira vez que olhei em seus olhos houve uma conexão profunda, inexplicável. Ele ficou conosco por volta de cinco anos.

Nos últimos dias, comecei a observar que ele estava emagrecendo e com dificuldade de subir nos móveis. Levei-o para uma consulta e após examiná-lo o veterinário[3] disse: "Vou fazer o possível para salvá-lo". Essa frase me deixou preocupado, na verdade não era possível, um exame de sangue constatou que era leucemia felina e o prognóstico era muito ruim.

Minha rotina mudou completamente, ia para o consultório somente para atender os casos de emergência e voltava rapidamente para casa. Os cuidados paliativos eram noite e dia: controle clínico rígido, medicação e superalimentação. Durante a noite era pior, eu acordava várias vezes para ver como ele estava e alimentá-lo com uma seringa, entretanto, ele rejeitava a comida. Passados alguns dias, a situação piorou, Freud estava muito magro e sem vigor. Foi realizada uma transfusão de sangue, mas apesar de todos os esforços não havia melhora.

Neste ínterim, um amigo, ao observar o desgaste meu e do gato, disse: "Ele está sofrendo muito, deixe-o ir". Era verdade, uma dura realidade que eu deveria encarar. Meu medo era o de

---
[3] Agradeço ao Dr. José Tavares da Silva e sua equipe, pela dedicação, profissionalismo e respeito dispensado a mim e ao Freud.

não ter feito o suficiente, o possível. Porém, esse possível que eu desejava era impossível de ser aferido.

Como saber o limite?

Quando render-se?

Ao ver tanto sofrimento, entendi que aquele era o momento de aprender e exercitar a humildade, de curvar-me diante da realidade. Sobre isso Hellinger, Weber & Beaumont (2002) falam com propriedade:

> A única possibilidade que nos resta, então, é submeter-nos, ceder à força inexorável do destino, para vantagem ou desvantagem nossa. Podemos chamar a atitude interior que possibilita a submissão de *humildade*; ou seja, o perdão singelo e a aceitação da inevitabilidade. [...] Pode-se, a partir daí, gozar a vida e a felicidade — enquanto durarem — independentemente do preço pago por outros. Aceitamos, então, a nossa própria morte e as dificuldades da existência, sem olhos para a culpa e a inocência. (p. 28).

Meu amigo me trouxe a clareza. Fui ao quarto e conversei com o Freud, contei o quanto estava sendo difícil tomar uma decisão: "Meu querido se você deseja ir ou se deseja ficar, por favor, me avise de alguma maneira, eu respeitarei, vou te acompanhar até o fim... Você não estará sozinho". Foi interessante, a mesma energia e força do primeiro olhar que nos conectou, quando eu o conheci, surgiu. Eu entendi, li nos seus olhos, era hora de partir.

No dia seguinte, acordei cedo. Cancelei minha agenda de trabalho e fiquei com ele, era o último dia. Foi um dia especial, cumpri apenas alguns procedimentos básicos, não o forcei a nada, só fiquei sentado ao lado dele, observando tudo.

Ele andou pela relva, cheirava tudo, sentia o vento, o sol, era plenamente ligado à natureza, parecia mais leve e livre. Apesar da dor, eu sentia plena certeza do que estávamos fazendo. Conversei muito com ele, relembrei todos nossos momentos, mas além das lembranças era também preciso silêncio. Por quê? Porque o silêncio conversa com a alma, traz perfeita conexão e nele, sem palavra alguma, tudo é dito. Minha mão estava quase todo o tempo tocando-o e meus olhos não deixaram de segui-lo, a única coisa que estava da mesma forma, que jamais mudaria era o nosso olhar de amor.

Dormimos juntos e no dia seguinte voltamos para a clínica. Pedi para fazer nova avaliação, ver se havia alguma possibilidade de cura. O ultrassom revelou que havia muitos tumores e líquido no abdômen.

— Há alguma possibilidade? — Apegado a uma vã esperança, perguntei.

— Não, não há. O caso é muito grave — Disse o veterinário.

— Ele está sofrendo? — Gaguejei.

— Sim, está. — Falou com firmeza.

Mesmo sabendo a resposta inquiri:

— Você recomenda a eutanásia?

— Isso é com você. — Afirmou.

— Vamos fazer. — Respondi imediatamente, pois não queria que ele sofresse mais.

— Está bem. Aguarde aqui, te chamo quando tudo terminar. — Gentilmente me pediu.

— Preciso ir com ele até o fim... eu prometi. — Falei com ansiedade.

— Não é fácil presenciar isto. — Me advertiu.

— Eu quero. Vou com ele até o fim, foi uma promessa.

O procedimento foi rápido. Primeiro uma anestesia, depois a injeção letal, aos poucos ele foi indo e sua cabeça tombou no meu braço... um último abraço.

— Acabou, ele se foi. – Com tristeza, falou o veterinário amigo.

Ir até o fim era o que eu deveria fazer, então peguei o corpo e o levei comigo, comprei uma planta e sepultei-o em meu jardim.

Nos dias seguintes fiquei arrasado, sentia muito sua falta, tive que admitir que a perda do pequeno Freud me derrubou e nenhuma teoria, crença ou explicação racional dava conta da minha dor. A única frase que fazia sentido era a de Parkers (1998): *"Poderia parecer banal dizer que a intensidade do luto é determinada pela intensidade do amor. É mais fácil afirmar isto do que prová-lo"* (Parkes, 1998, p. 146).

Por que foi tão intensa a dor e a conexão? Será que os animais se conectam a nós com a mesma intensidade que os humanos? É possível que nosso destino esteja unido com o destino de um animal? Quais são os limites dessa relação?

Na minha experiência, esta conexão foi maior do que eu podia imaginar. Parece que sim, é possível uma profunda conexão e, ainda mais, o encontro de destinos não pode ser desconsiderado. Quanto aos limites, creio que é fundamental respeitar a natureza do animal e do seu clã, não os tratar como humanos, mas amá-los como animais.

Segundo Marusa Helena da Graça, em uma das aulas ministradas sobre o vínculo, é importante lembrar que uma vez existindo o vínculo, não há possibilidade de desfazê-lo. O que restará então será uma das duas possibilidades: ou vínculo tenso ou o vínculo harmônico[4]. Quando nossos olhos se conectaram da primeira vez, eu e o Freud, criamos um vínculo que não pode ser desfeito.

Abordando o tema da conexão e do vínculo, Hellinger (2009, p. 116) fala de uma alma abrangente:

> O que nos conecta e possibilita reconhecermos um ao outro é uma alma. Nessa alma eu abranjo a pessoa e ela a mim. Nessa alma em comum nos reconhecemos. Essa alma é extensa,

---

[4] Dessa aula surgiu o nome da Instituição que criei: **Harmonizando Vínculos**.

não apenas em relação ao espaço, mas também em relação ao tempo. Assim sendo, os mortos também estão presentes nessa alma. Tudo que já existiu nesse campo, tudo que já passou atua sobre mim. Estou em ressonância com tudo o que foi.

Dois anos depois, compreendi o que significa essa ligação de alma. Em uma meditação, entrei em estado alterado de consciência. Então eu vi o Freud, sua forma era semelhante a um tigre e suas patas eram enormes. Eu tentava levantar a cabeça, mas ele suavemente com a pata forçava para me manter curvado. Me disse suavemente: "Submeta-se... Quando você vai me soltar?". Nessa meditação, reeditei a dor passando pelo sentimento primário, sem dramaticidade. Percebi que eu estava preso e que realmente devia soltá-lo. Quando consegui liberá-lo ele disse: "Muito obrigado por tudo. Cuide dos animais, da natureza e das crianças e onde quer que você for leve essa mensagem". Ele se foi, estávamos livres.

O pequeno gato Freud veio me ensinar muito, fiquei mais humilde, humano e sensível. Também me ensinou o quanto os animais podem ser salutares e quão intensa pode ser essa relação. Mostrou, em minha própria carne, que a dor e o luto por tais perdas podem ser profundos e que devem ser respeitados.[5] A experiência que tive aumentou minha capacidade de compreensão e atuação diante desses casos.

O italiano Stefano Cattinelli[6], que é veterinário, homeopata e constelador de animais, revela que os bichos têm amor incondicional para com o humano. Se eles não tiverem uma pessoa para se dedicar, voltarão ao estado de predador (ligados à natureza), mas tudo muda quando domesticados, pois o ecossistema natural (selvagem) é substituído pelo sistema familiar do dono. Para o homem e para o animal essa mudança é boa, os animais trarão consigo

---

[5] Muitos estudos sérios têm confirmado a força dessa relação. Como exemplo veja: **"A química que une cães e seus donos"** (Revista Galileu – *por Murilo Roncolato*).
[6] Baseio-me no texto de 2017: **Le Costellazioni Sistemiche Familiari per gli Anima-li** do Dr. Stefano Cattinelli, encontrado em: https://www.stefanocattinelli.it/single-post/2016/10/24/Le-Costellazioni-Sistemiche-Familiari-per-gli-Anima-li

forças inerentes aos predadores e essas forças contribuirão na manifestação das leis internas do sistema familiar. Portanto, a perfeita vinculação entre o humano e o animal traz benefícios mútuos.

As constelações para animais e seus donos trazem resultados importantes. Mostram que, além do contexto sistêmico familiar, outros aspectos devem ser olhados. Principalmente, os tidos como de "menor" significância. Não somos nós os consteladores que devemos dar peso e significado às coisas e acontecimentos. Este significado está impresso na alma da família e é aí, com muito respeito e cuidado, que devemos atuar.

Quanto ao Freud só posso dizer: meu querido, fico com o peso da minha decisão, com a responsabilidade dos meus atos e com a minha culpa... com amor.

Referências

Ariès, P. (1982). **O homem Diante da Morte**. Rio de Janeiro: Francisco Alves.

Bowen, M. (1991). **De la familia al individuo: la diferenciación del sí mismo en el sistema familiar**. Buenos Aires: Paidós.

Cattinelli, S. (2017). **Le Costellazioni Sistemiche Familiari per gli Anima-li** do dr. Recuperado de: https://www.stefanocattinelli.it.

Freud, S. (1976). De guerra y muerte. Temas de actualidad. En J. L. Etcheverry (Trad.), **Obras Completas: Sigmund Freud** (Vol. 14, pp. 273-301). Buenos Aires: Amorrortu. (Trabajo original publicado en 1915).

Hellinger, B., Weber, G. & Beaumont, H. (2002). **A simetria oculta do amor: Por Que o Amor Faz os Relacionamentos Darem Certo**. São Paulo: Cultrix.

Hellinger, B. (2007). **Ordens do amor: um guia para o trabalho com constelações familiares**. São Paulo: Cultrix.

Hellinger, B. (2009). **O Amor do Espírito na Hellinger Ciência**. Patos de Minas: Atman.

Klüber-Ross E. K (1996). **Sobre a morte e o morrer**. São Paulo: Martins Fontes.

Morin, E. (1997). **O homem e a morte**. Lisboa: Europa – América.

Parkes, C. M. (1998). **Luto: Estudos Sobre A Perda Na Vida Adulta**. São Paulo: Summus.